Todos los libros de Linkgua Ediciones cuentan con modelos de Inteligencia Artificial entrenados por hispanistas. Pregúntale al chat de tu libro lo que desees acerca de la obra o su autor/a.

Para **ebooks**: Accede a nuestro modelo de IA a través de este enlace.

Para **libros impresos**: Escanea el código QR de la portada con tu dispositivo móvil.

Obtén análisis detallados de nuestros libros, resúmenes, respuestas a tus preguntas y accede a nuestras ediciones críticas generativas para una experiencia de lectura más enriquecedora.

La transparencia y el respeto hacia la autoría de las fuentes utilizadas son distintivos básicos de nuestro proyecto. Por ello, las respuestas ofrecen, mediante un sistema de citas, las fuentes con las que han sido elaboradas.

Luis Orrego Luco

Casa Grande
escenas de la vida
en Chile

Barcelona **2024**
Linkgua-ediciones.com

Créditos

Título original: Casa grande.

© 2024, Red ediciones S.L.

e-mail: info@linkgua.com

Diseño de cubierta: Mario Eskenazi.

ISBN rústica: 978-84-9007-895-2.
ISBN ebook: 978-84-9007-593-7.

Cualquier forma de reproducción, distribución, comunicación pública o transformación de esta obra solo puede ser realizada con la autorización de sus titulares, salvo excepción prevista por la ley. Diríjase a CEDRO (Centro Español de Derechos Reprográficos, www.cedro.org) si necesita fotocopiar, escanear o hacer copias digitales de algún fragmento de esta obra.

Sumario

Créditos _____ 4

Brevísima presentación _____ 9
   La vida _____ 9
   La obra _____ 9

Presentación _____ 11

Primera parte _____ 13
   I _____ 15
   II _____ 37
   III _____ 61
   IV _____ 67
   V _____ 74
   VI _____ 80

Segunda parte _____ 89
   I _____ 91
   II _____ 101
   III _____ 104
   IV _____ 118
   V _____ 130
   VI _____ 138
   VII _____ 144
   VIII _____ 162
   IX _____ 185
   X _____ 199

Tercera parte _____ 207
   I _____ 209
   II _____ 218

III	225
IV	229
Cuarta parte	**243**
I	245
II	256
III	269
IV	274
V	282
VI	287
VII	291
VIII	307
IX	312
X	315
Libros a la carta	**327**

Brevísima presentación

La vida

Luis Orrego Luco nació en Santiago de Chile, 18 de mayo de 1866 y murió el 3 de diciembre de 1948.

Fue un político, abogado, novelista y diplomático. A pesar de haber escogido la carrera de abogacía, Luis Orrego Luco se dedicó principalmente a escribir. Su obra pertenece a la corriente literaria denominada «Criollismo», de principios del 1900. En 1884 obtuvo un premio literario en el certamen de la Universidad de Chile. Como periodista trabajó para *La Libertad Electoral*, *La Mañana*, *La Época*, *El Ferrocarril*, *La Nación de Buenos Aires* y *El Mercurio de Santiago*, y fundó la revista literaria *Selecta*.

La obra

Cuando se publicó la primera edición de *Casa grande* en 1908, con el epígrafe de «Escenas de la vida en Chile», se convirtió en un éxito editorial sin precedentes en Chile. Pero al mismo tiempo, surgieron severas y polémicas críticas, ya que ciertos personajes de la oligarquía chilena se vieron reflejados en la novela.

En 1985 Rodrigo Nulf escribió: «Cuando su novela *Casa grande*, sale a la luz en 1908, se produjo un escándalo entre la "gente linda" y su autor, fue rotundamente combatido, condenado al aislamiento, se le negó el saludo en la calle y la prensa lo fustigó sin piedad (...)».

Para Orrego el punto de partida de cualquier obra literaria es la observación y el análisis de la verdad actual. La trama de la vida es la trama de la novela; el ejercicio literario no puede reducirse a una mera fantasía, el autor debe sacudir y conmocionar a lector con el propósito edificante y ético de mejorar la sociedad.

No pensé, ni por un momento, en escribir la relación de un caso determinado, cualquiera que fuese. Comencé por este punto de partida: el estudio de «un matrimonio» dentro de la «nueva» sociedad chilena y en la época actual de transición. Escogí como medio la alta sociedad santiaguina con sus tradiciones nobiliarias —aún más cerradas que la sociedad vienesa, según me decía un diplomático—, en el momento en que se ve desbordada por improvisadas fortunas. Las luchas del dinero y del lujo le dan un carácter especialísimo de actitud, de tirantez, casi de agonía, sacrificio supremo para no ceder el paso.

Presentación

No pensé, ni por un momento, en escribir la relación de un caso determinado, cualquiera que fuese. Comencé por este punto de partida: el estudio de «un matrimonio» dentro de la «nueva» sociedad chilena y en la época actual de transición. Escogí como medio la alta sociedad santiaguina con sus tradiciones nobiliarias —aún más cerradas que la sociedad vienesa, según me decía un diplomático—, en el momento en se que se ve desbordada por improvisadas fortunas. Las luchas del dinero y del lujo le dan un carácter especialísimo de actitud, de tirantez, casi de agonía, sacrificio supremo para no ceder el paso. A esto se agrega el espíritu de imitación de la vida cosmopolita de París, traído a nuestro suelo por los viajes frecuentes. Quise escoger un ejemplar, entre mil exactamente iguales en el fondo, y hacer, con éste, una novela, cuyo desarrollo y desenlace debía ser dramático, forzosamente, para producir efectos sobre la muchedumbre y llamar la atención hacia el problema tan serio que ahora se presenta a los ojos de los padres de familia. No se crea que hubiera pensado ni por un instante en escribir novelas de «tesis»; la tesis brotada por sí sola, del estudio del caso y del medio.

Primera parte

VIDA Y SOMBRA
Al fin hombre nacido
De mujer flaca, de miserias lleno,
A breve *vida* como flor traído,
De todo bien y de descanso ajeno,
Que como *sombra* vana,
Huye a la tarde y nace a la mañana.

Don Francisco de Quevedo y Villegas
Libro de Job.

I

Alegre, como pocas veces, llena de animación y de bulla, se presentaba la fiesta de Pascua del año de gracia de 190... en la muy leal y pacífica ciudad de Santiago, un tanto sacudida de su apatía colonial en la noche clásica de regocijo de las viejas ciudades españolas. Corrían los coches haciendo saltar las piedras. Los tranvías, completamente llenos, con gente de pie sobre las plataformas, parecían anillos luminosos de colosal serpiente, asomada a la calle del Estado. De todas las arterias de la ciudad afluían ríos de gente hacia la grande Avenida de las Delicias,[1] cuyos árboles elevaban sus copas sobre el paseo, en el cual destacaban sus manchas blancas los mármoles de las estatuas. Y como en Chile coincide la Noche Buena con la primavera que concluye y el verano que comienza, se deslizaban bocanadas de aire tibio bajo el dosel de verdura exuberante de los árboles. La alegría de vivir sacude soplo radiante de sensaciones nuevas, de aspiraciones informes, abiertas como capullos en esos momentos en que la savia circula bajo la vieja corteza de los árboles.

El río de gente aumentaba hasta formar masa compacta en la Alameda, frente a San Francisco. A lo lejos se divisaba las copas de los olmos envueltas en nubes de polvo luminoso y se oía inmenso clamor de muchedumbre, cantos en las imperiales de los tranvías, gritos de vendedores ambulantes:

—¡Horchata bien helaa!

—¡Claveles y albahaca pa la niña retaca!...[2]

Aumentaban el desconcertado clamoreo muchachos pregonando sus periódicos; un coro de estudiantes agarrados del brazo entonando «La Mascotta»; gritos de chicos en bandadas, como pájaros, o de niñeras que los llamaban al orden; ese rumor de alegría eterna de los veinte años. Y por cima de todo, los bronces de una banda de música militar rasgaban el aire con los compases de «Tanhauser», dilatando sus notas graves entre chillidos agudos de vendedoras que pregonaban su mercadería en esa noche en que un costado entero de las Delicias parece inmensa feria de frutas, flores, ollitas de las monjas, tiendas de juguetes, salas de refresco, ventas de todo

---

1   Antigua avenida de Santiago. (N. del E.)
2   Persona gorda y de baja estatura. (N. del E.)

género. Cada tenducho, adornado con banderolas, gallardetes, faroles chinescos, linternas, flecos de papeles de colores, ramas de árboles, manojos de albahaca, flores, tiene su sello especial de alegría sencilla y campestre, de improvisación rústica, como si la ciudad, de repente, se transformara en campo con los varios olores silvestres de las civilizaciones primitivas, en medio de las cuales se destacara súbita la nota elegante y la silueta esbelta de alguna dama de gran tono confundida con estudiantillos, niñeras, sirvientes, hombres del pueblo, modestos empleados, en el regocijo universal de la Noche Buena.

—¡Claveles y albahaca pa la niña retaca!...

Y sigue su curso interrumpido el río desbordado de la muchedumbre bajo los altos olmos y las ramas cargadas de farolillos chinescos, entre la fila de tiendas rústicas, cubiertas de pirámides de frutas olorosas, de brevas, de duraznos pelados, damascos, meloncillos de olor. Las tiendas de ollitas de las monjas, figurillas de barro cocido, braceros, caballitos, ovejas primorosamente pintadas con colores vivos y dorados tonos, atraen grupos de chicos. ¡Qué bien huelen esos ramos de claveles y de albahacas! Tal vez no piensa lo mismo el pobre estudiantillo que estruja su bolsa para comprarlo a su novia, a quien acaba de ofrecérselo una florista. La muchedumbre sigue anhelante, sudorosa, apretados unos con otros, avanzando lentamente, cambiando saludos, llamándose a voces los unos a los otros, en la confusión democrática de esta noche excepcional. Por sima de todo vibran los cobres de la *fanfarra* militar... ahora suenan tocando a revienta bombo el can-cán de la «Gran Duquesa»...

Sería cosa de las once de la noche cuando se detuvo un «Vis-a-vis», tirado por magnífico tronco de hackneys, frente al óvalo de San Martín, en la Alameda. El lacayo abrió rápidamente la portezuela por la cual se deslizó fina pierna cubierta con media de seda negra, un piecesito encerrado en zapatilla de charol y una mano pequeñísima que alzaba la falda de seda clara. Luego, a la luz de los faroles nikelados, se dibujó el contorno de primorosa criatura que parecía de porcelana de Sajonia. En pos de ésta, otra hermosísima joven, alta de cuerpo, de líneas esbeltas y mórbidas, cabellos rubios y expresiva fisonomía descendió lentamente. De un salto se dejó caer la tercera, pues, había observado cierto grupo de pie junto a los árboles. Apenas abandonaron el carruaje, acompañadas de unos caballeros, dirigiéronse, en grupo, a unirse con la masa formidable que en esos instantes invadía el paseo. Todas charlaban a un tiempo, con la voz clara y fresca de los veinte años, y esa instintiva sensación de las alegrías de la vida, propias de aquellos para quienes no existen contratiempos ni durezas, ni amarguras, sino el camino llano y cómodo del lujo, de todos los halagos de la riqueza y de la posición social.

El grupo de jóvenes y niñas se introdujo de lleno en la muchedumbre del paseo, en la cual se divertían y mezclaban camareras, obreros, comerciantes de menor cuantía, empleados modestos, gente de clase media, militares y campesinos de manta. En tan revuelta confusión, sin embargo, sabían conservar el porte de gran tono, el perfume aristocrático, el no sé qué refinado e inimitable que constituye la fuerza y la esencia de las clases sociales superiores-esencia tan perdurable y poderosa que no han sido parte a horrarla ni las sangrientas sacudidas de la revolución francesa, ni las guerras civiles, ni el avance de la democracia, ni las invasiones omnipotentes del dinero.

Dos o tres jóvenes se acercaron a ellas sombrero en mano y después de saludarlas, continuaron en marcha con el grupo. Dirigiéronse alegremente a la parte de las ventas situadas frente a la calle del Peumo. Se detenían junto a cada puesto, comprando de cuánto veían: flores, ollitas de las monjas, chocolates, frutas, toda suerte de baratijas, con algazara, charlas y exclamaciones varias. Julio Menéndez, adquirió una gran muñeca rubia, con traje y sombrero de gasa, que puso en brazos de Pepita Alvareda, como regalo de Noche-Buena, especialmente enviado por los Reyes Magos —el novio de Pepita se llamaba entonces Baltazar. Se resolvió de común acuerdo, bautizar la muñeca en casa de las Sandoval, una vez terminada la Misa del Gallo.

—Deseo, Pepita, que usted imite a esta muñeca en la constancia. Fíjese, usted. Para que varíe, en algo, es menester moverle brazos y cuello, sin lo cual se queda siempre fija, cualidad que a usted le falta. Además la muñeca es discreta y habla poco.

—Cállese; usted es digno de figurar en el Circo en compañía de los elefantes sabios de la Princesa de Mairena —replicó Pepita con el ligero ceceo habitual en ella.

El grupo siguió por la corriente, hasta dar con una tienda en la cual, por unos cuartos, se arrojaba pelotas a la boca de leones de cartón, y se tiraba con flechas al blanco.

—Déjeme arrojar una, a la boca de esa fiera... —dijo Magda—: en la nariz se parece a Menéndez.

—¡Cállate, Magda! —interrumpió su hermana Gabriela—. Mira, no seas tan indiscreta»...

—Bueno, hija, bueno —replicó la otra.

En torno de aquel brillante grupo se había formado un vacío. La multitud admiraba los trajes elegantes y los sombreros de paja adornados de plumas por algún modisto parisiense y las fisonomías exangües, pálidas y anémicas en pos de una larga temporada de bailes de invierno; la distinción de movimientos de aquel grupo femenino. Los jóvenes, con sombreros de paja y smocking, encendido el cigarro habano, arrojaban pelotas a la boca de los leones sin dar en el blanco.

En ese instante acababa de abandonar su victoria un apuesto muchacho de hasta veinticinco años de edad, alto de cuerpo, de musculatura vigorosa, ojos negros, cabello ligeramente crespo, tez morena y sonrisa abierta y franca. Notábase algo lento y como calculado en su andar, a la manera de los animales felinos, en tanto que su pupila, a ratos dejaba caer fulgores fosforescentes, produciendo en el ánimo extraña impresión de fuerza mezclada con languidez, de energía aterciopelada, de audacia tímida, de algo encubierto y velado. El mozo rompió por entre la multitud repartiendo codazos y empujones, sin consideración alguna, ni dársele un ardite las protestas de las víctimas, como si en él revivieran los impulsos de antiguos conquistadores o «encomenderos» abuelos suyos, por instinto atávico. Acercose al grupo que tiraba las pelotas a la boca de los leones y lo saludó con ligera sonrisa.

—Ustedes sirven para maldita de Dios la cosa... —les dijo...

Y cogiendo el canasto lleno de pelotas, las arrojó con habilidad y tino pasmoso, una por una, a la boca de los leones, sin perder un solo tiro. Otro tanto hizo con las flechas en el blanco.

El grupo le aplaudió. Entonces el joven, en voz baja, pidió al dueño de la venta una botella de champagne.

Y se inclinó respetuosamente, solicitando ser presentado a las jóvenes que le recibieron con el franco shake-hand usado en nuestra sociedad de buen tono. Al saludar a la hermosa joven rubia, bajó la vista ligeramente ruborizado, en tanto que ella palidecía.

—Ángel Heredia.

—Gabriela Sandoval...

Era que desde hacía tiempo se conocían, sin saber sus nombres. ¿Acaso existía entre ambos algún «flirt», o como tan expresivamente se dice entre nosotros, un «pololeo»,³ recordando el zumbar inútil del insecto que se acerca o se aleja, haciendo resonar en el vacío leve rumor de alas que nada significa? Nadie hubiera podido afirmarlo con visos de verdad. La primera vez que ella le había divisado, lo recordaba perfectamente, había sido con motivo de una fiesta solemne, la de su primera comunión. A pesar de sus doce años tenía cuerpo alto y esbelto, excesivamente crecido para ser tan niña. Sus hermosos cabellos rubios le caían en largas trenzas. El brillo intenso de sus ojos negros contrastaba con aquel hermoso color rubio de Venecia, propio de las vírgenes del Tiziano. Gabriela avanzó con paso trémulo hasta la verja de hierro, en donde recibió la comunión de mano del señor Arzobispo, en el encantador y minúsculo templo de las Monjas. Y luego, cuando volvía a su asiento, con el cirio de luz pajiza y trémula en la mano, y el alma transportada a las regiones místicas, en donde habitaba con sus contemplaciones a menudo, sintió que su vista se iba, sin saber ella cómo, con fuerza de sugestión extraña, a uno de los rincones en donde se agrupaban los jóvenes parientes de las heroínas de la fiesta. Allí divisó a su primo, y más lejos, a un hermoso joven, alto, de cabellera crespa, grandes ojos negros, cuya mirada ejercía sobre ella irresistible poder de atracción, en tanto que por sus labios vagaba sonrisa levemente sardónica. Era una fisonomía perturbadora y enigmática, en la cual, a ratos, dominaba sello

---

3   Chilenismo que significa noviazgo o relación amorosa. (N. del E.)

melancólico de profunda tristeza, que atraía, y a ratos, mueca irónica de crueldad premeditada, de frialdad agresiva, que alejaba. Todo eso lo sintió Gabriela desde el primer instante en que se clavaron sobre ella aquellos ojos desconocidos, como los del halcón sobre su presa. ¿Le gustaba? ¿le era, por acaso, antipático? No hubiera podido decirlo. Solo recordaba el haber recibida impresión extraña. No podía separar sus ojos de los ojos de aquel joven. Luego, se había reprochado a sí misma semejante distracción en hora tan solemne. A su entender, había revestido las proporciones de pecado la mirada profana dada por ella, con delectación casi amorosa, en el propio instante en que acababa de recibir el cuerpo de su divino Redentor con la hostia consagrada. Y la ola de arrepentimiento, de amargura, de disgusto para consigo misma, había tomado proporciones desmedidas en el alma de la niña, hasta ser de todo punto insoportable. Se creyó perdida, las puertas del cielo cerradas para ella. Y mientras el mundo giraba en su cabeza, próxima al desvanecimiento, por las emociones del día, el estado nervioso y el dolor agudo de sus escrúpulos y de sus imaginaciones, un suspiro ronco, a manera de gemido, la hizo volver la cabeza. Pudo contemplar, entonces, un espectáculo extraño: el joven aquel se inclinaba, con la frente al suelo, extendidos los brazos como si su alma entera se prosternara en supremo anonadamiento ante la infinita belleza y poderío de Dios. Era, el suyo, al parecer, espíritu místico, de aquellos seres aislados, superiores y solitarios que nacen y viven para el amor divino; naturalezas hechas para contemplación y ensueño en que el ser parece como suprimido y desvanecido hasta confundirse en el Amado, como Santa Teresa. Transcurrieron algunos años de esta escena inolvidable, sin que volviese a ver al joven. Había salido del colegio, tenía ya diecinueve cumplidos, y cuando se presentaba en los primeros bailes, murmullos de admiración acogían su expléndida y opulenta belleza rubia, su esbelto y espigado cuerpo, su mirar suavísimo, y aquella su encantadora expresión de bondad y de grave prudencia impresa en su boca de labios un tanto gruesos y entreabiertos.

    Los jóvenes la asediaron, llenando su cartera de baile, hasta disputarse la mitad de los paseos, y giros de boston, de *Two-steps* o de Washington-Post. Había sido marcha triunfal la suya, en la vida mundana. Rica, de hermosura expléndida, de raza distinguida, Gabriela Sandoval y Álvarez pertenecía a una familia antigua, ilustre en tiempo de la Colonia.

La sociedad chilena, se compone de oligarquía mezclada con plutocracia, en la cual gobiernan unas cuantas familias de antiguo abolengo unidas a otras de gran fortuna, trasmitiéndose, de padres a hijos, junto con las haciendas, el espíritu de los antiguos encomenderos o señores de horca y cuchillo que dominaron al país durante la conquista y la Colonia como señores soberanos.

Gabriela, junto con el sentimiento instintivo de superioridad social, templado por su bondad y su modestia ingénitas, había recibido educación refinada, hablaba francés como parisiense, era música, y tenía hábitos de lujo de princesa, que todo lo pide sin averiguar nunca precios. Todo eso contribuía, desde el primer momento, a sus éxitos mundanos. La rodeaba una corte de admiradores, en la cual figuraban muchos aventureros de frac; a pesca de dote, algunos excelentes partidos y grandes apellidos, de figura y condiciones mediocres, infinitas de esas nulidades elegantes que ocultan en los giros de vals todo el vacío de su existencia, y de su persona. Gabriela se manifestaba igual con todos. El bostezo, encubierto detrás del abanico, la mirada fría o indiferente, ponían término a las pretensiones de más de uno de sus galanes. De vuelta a casa, tanto su madre doña Benigna Álvarez como su hermana Magda la interrogaban inútilmente sobre sus impresiones...

Mientras Magdalena o *Magda,* como le decían sus amigas íntimas, charlaba como cotorra, decía futilezas con su media lengua de andaluza y lanzaba las mayores enormidades con gracia inconsciente, al parecer, Gabriela callaba y sonreía. Muchas veces, de vuelta del Teatro o del baile, había contemplado, en honda meditación, el desfile del Santiago nocturno envuelto en girones de neblina que humedecían las aceras de asfalto o de ladrillo de composición, arrastrándose por las calles, trepándose a las altas cornizas de edificios de lujo, envolviendo faroles del alumbrado público, cercando de un nimbo los focos eléctricos. Su alma, también, tenía algo del tono difuso de las gasas de neblina; se buscaba a sí misma sin encontrarse. En los salones esperaba también un hombre que no parecía y que ella misma ignoraba quien fuese.

Durante el año último, se paseaba una tarde por el Parque Cousiño en el vis-a-vis recién llegado de Europa, cuando su carruaje se cruzó con cierta victoria muy bien puesta, arrastrada por tronco de raza. Vio pasar una hermosa y elegante chiquilla vestida de oscuro, acompañada de un joven de grandes ojos negros y cabellera levemente rizada, como en los retratos de Lord Byron, con la misma tristeza melancólica y fatal que atrae a las mujeres de manera invencible. Era el mismo joven, divisado en el día de su primera comunión, con la expresión apasionada y su mística de entonces. ¿Cómo no le había encontrado en baile ni en fiesta alguna, aquí, en Santiago, en donde es tan fácil cruzarse en la vida mundana?

La manera de presentarse, el aire, el corte de su traje y de su persona, le daban inmediatamente puesto en la sociedad santiaguina y en círculos de moda. ¿Por qué no le conocía ni siquiera de nombre? Acaso estaba de luto y comenzaba, apenas, su vuelta a la vida mundana, como lo indicaban al parecer, el color de su traje y algo de su fisonomía, un no-sé-qué. Desde entonces no había vuelto a verle. Miraba dentro de sí, en sus recuerdos, ejercitando examen de conciencia. Cierto era que había experimentado impresión extraña, pero bien diversa del amor, según se lo pintaban imaginaciones y romances. Pues, señor, ¿a qué decir una cosa por otra? En suma, el joven le había gustado, pero borrándose poco a poco de sus recuerdos como las olas del mar sacuden y aplanan las huellas del caminante. Por otra parte, la característica de Gabriela eran tranquilidad permanente de espíritu, equilibrio de sus facultades y de su temperamento, algo fácil de señalar con la divisa de *pax multa*. Aquí habían parado sus reflexiones esa vez.

Ahora, en la Noche Buena, acababa de conocerle de modo imprevisto y cuando menos lo pensaba, con los años transcurridos. No era ya el místico, el piadoso muchacho que suspiraba en la capilla, ni el Byron elegante y melancólico vestido de luto que cruzaba su camino, sino joven animado y vivo, de extraordinaria habilidad para el sport, de musculatura vigorosa y extremado brío. Notaba patente contraste entre éste y los demás elegantes, un tanto afeminados, acaso demasiado prendidos y consagrados al culto de sus propias personas. En las mujeres, del punto de partida de admiración de todo esfuerzo físico, y rompiendo por todo género de consideraciones de orden intelectual, se llega en la mayoría de los casos a presentir el ideal en la fuerza, en el torso de un hércules, en la osadía de Guillermo Tell, y el mismo don Juan, acaso no hubiera sido el don Juan de la leyenda, a no ser por el valor temerario y el turbulento espíritu con que arriesgaba su vida a todo instante. Del detalle, tal vez nimio, de sensación informe, acaso iba a depender el futuro de esa joven, tan hermosa y elegante, la más bella del grupo aristocrático de moda.

—Quedan ustedes invitados para dentro de una hora en casa... al bautizo de la muñeca —dijo Magda con su voz clara.

Bebieron alegremente una copa de champagne y siguieron, enseguida, por la corriente humana que invadía la Alameda, entre los chicos armados de globos y juguetes, con cajas en los brazos, haciendo sonar sus chicharras o cornetas. Más allá, sirvientas, padres de familia, niñas elegantes, gente anónima, medio-pelo,[4] hombres del pueblo, soldados y viejas, sombreros de copa revueltos con «guarapones» de *huaso*,[5] olor de albahaca y de yerbabuena, de fruta, chillidos de mujeres del pueblo: todo se barajaba en el torbellino de las fiestas populares, en las cuales se mezclan los encontrados apetitos y deseos, desde el humilde vendedor del pueblo, dispuesto a contentarse con unos cuantos pesos de ganancia, hasta la sirvienta come debajo de los árboles su docena de brevas, comprada con la gratificación especial dada en la casa, y el niño que toca la corneta por lucir el regalo. El polvo levantado por la gran corriente humana tomaba tono dorado y luminoso, al fulgor de los millares de farolillos encendidos en las ventas.

Los bronces de la banda de música militar entonaban la Marcha Nupcial de Mendelson, tan oída en fiestas de matrimonio.

—¿Oyen ustedes la música? —interrogó Magda—. Es la marcha nupcial... ¡Y qué contenta va a quedar Manuelita cuando escuche una marcha nupcial que no sea tocada especialmente para otra. Ayer estuvo en casa y Javier, mi primo, la sujetó para darla un beso, con lo cual se puso ella como un *quique*.[6] «Deja no más, hijita, la dije, y hazte la desentendida... que es el primer beso que te dan...»

---

4 Expresión despectiva de las clases altas para referirse a los menos favorecidos. (N. del E.)
5 En Chile hombre de campo. (N. del E.)
6 Se refiere a una persona encolerizada. (N. del E.)

—¡Cállate, Marga! —murmuró Gabriela en tono de cariñosa reconvención—. No habías de tardar mucho en salir con alguna de tus barbaridades. Ponte candado en la boca...

Los jóvenes, entre tanto, celebraban estrepitosamente la genialidad de la niña. Conocían a Manuelita y no ignoraban los deseos locos de casarse de la pobre muchacha, deseos no compartidos por ninguno de los miembros del sexo feo y fuerte, a pesar de los esfuerzos y de la actividad gastada inútilmente por ella en sus tentativas matrimoniales. Los demás, con la alegría ligera de los veinte años, hicieron coro a Magda, y luego, inconscientemente, unos por decir una gracia, otros celebrándola, pusieron a Manuelita de oro y azul. No juzgaban, ni ellos ni ellas, que tan ligeras bromas, lanzadas como zaetas y por vía de diversión social, decidían el porvenir de una niña, formando en torno suyo esa atmósfera levemente ridícula y desprestigiadora que aleja los pretendientes y mata, sin sangre, destruyendo tantas y tantas esperanzas legítimas.

Estaban contentos y no dejaron locura por hacer Javier Aguirre cogió media docena de ollitas de las monjas, de vistosos colores y todas perfumadas, arrojándolas a la multitud. Se hicieron añicos, en medio de miradas furibundas de aquellos a quienes caían en la cabeza. Y como la vendedora, vieja de cabeza atada con pañuelo de yerbas, se sulfurase, la dio un billete de diez pesos, con lo cual, la buena mujer, encantada, le pasó muchísimas ollitas que Aguirre iba repartiendo, a todos los chicos que pasaban.

—Javier Aguirre es loco —dijo Pepa a Gabriela. Y luego refirió su aventura última. El joven acercándose con disimulo a un carruaje del servicio nocturno del Club,[7] y después de cerciorarse de que el cochero se encontraba dormido, había desenganchado los caballos. Luego, abriendo la portezuela con estrépito, despertó al cochero, remeciéndole de un hombro:

—Te doy diez pesos si me llevas volando a la estación —le dijo. El auriga, recogiendo las riendas propinó media docena de feroces huascasos[8] a sus bestias, que echaron a correr, dejando el coche parado y al cochero estupefacto, en medio de las carcajadas de los que presenciaban el hecho desde la puerta del Club. Era un tipo raro.

---

7 Se refiere al Club de la Unión, fundado en Santiago en 1864. (N. del E.)
8 Latigazos. (N. del E.)

El grupo, deteniéndose en las tiendas, moviendo los farolillos con los bastones, comprando fruta que arrojaban los muchachos disimuladamente a las cabezas de los paseantes furiosos, revolviéndolo todo, seguía su marcha triunfal. Javier Aguirre inventaba nuevas locuras, Magda decía disparates, Ángel Heredia los celebraba, mientras Gabriela Sandoval amonestaba sonriendo a Magda.

—¿Y esto llaman divertirse? —preguntaba, indignado, a Gabriela, el joven Emilio Sanders, recién llegado de Europa—. Si es cosa verdaderamente salvaje. Miren ustedes este olor a... esta hediondez de...

—Albahaca —agregó Pepita riéndose.

—Así es, de albahaca y otras yerbas rústicas; esto es insoportable. Y tanta gente cursi, tan mal vestida —agregó el joven Sanders—. Eso no se ve en París. Cuando me acuerdo del *Moulin Rouge* o del *Palais de Glace*, me dan ganas de volverme a Europa en el próximo vapor. ¡Ah!... Sí... Esos sí que son trajes los que se ponen esas damas y ¡qué brillantes! y ¡qué pieles! Señor mío, las que gastan...

—¿Sabe que me haría gracia ver mujeres con pieles en verano? —interrumpió Pepita.

—¡Ah! no... ¡Ah! no... Usted me *confunde*... —agregó Sanders—. Yo no hablo de la *hight-life,* de la *créme,* a la cual usted pertenece, sino de la masa en general. Mire usted que el poncho[9] de los campesinos es atroz.

—En cambio, el jipi-japa no les ha parecido tan mal a los europeos, puesto que es su gran moda —interrumpió Leopoldo Ruiz que era, al revés de Aguirre, uno de esos patriotas furibundos que todo lo encuentran bueno—. ¿En dónde ha visto usted un paseo como el Santa Lucía? —agregó en tono triunfal—. M. Tays, el inspector de Paseos Públicos de Buenos Aires, dice que no hay nada superior en el mundo.

—Lo que es a mí solo me gustan los cerros en el campo —replicó Sanders—. En la ciudad prefiero el *confort,* la vista de las *bellas* y las *toilettes* confeccionadas por Paquín o por Laferriére. ¡Ah!... sí... esta ciudad es insoportable con sus pavimentos horribles que lo hacen a uno remecerse en el carruaje.

---

9 Manta de lana o vicuña. (N. del E.)

«No digo nada de estas fiestas populares en que uno anda revuelto con todo el mundo. ¡Qué falta de distinción! ¡Qué ordinaria y vulgar es la gente! Me gusta decididamente más la del *Palais de Glace* o la que uno ve pasar en el *coin* del Café de la Paix... ¡Ah!... sí...» Con esto, Sanders se ajustó el monóculo en el ojo izquierdo.

En ese instante volvía el grupo, dando vuelta por la avenida central de las Delicias, al óvalo de San Martín. La estatua, rodeada de farolillos de colores, parecía un águila gigantesca ya próxima a tomar el vuelo. La multitud se dividía en dos enormes corrientes al llegar a ella, perdiéndose el mar de cabezas en una masa a cuyo extremo se apiñaban las luces de faroles nikelados de americanos y carruajes de lujo. Al enfrentar a San Borja se oía inmenso ruido de cantos y tamboreos en guitarra, con acompañamiento de harpa. Allí principiaban las *chinganas* o sea las tiendas o casitas portátiles, con divisiones de tela, cubiertas de banderas y gallardetes nacionales e iluminadas por faroles chinescos, festones de hojas de yedra y papeles de colores picados, en las cuales se bailaba. Los jóvenes vacilaron en seguir adelante, pues no querían llevar a las niñas a esa parte, exclusivamente compuesta de gente del pueblo y de borrachos. Pero ellas insistían. ¿Qué nos puede pasar? ¿Acaso no vamos acompañadas por ustedes? Gabriela se puso un tanto seria. No daría ni un paso más, por ningún motivo; aquello no le parecía correcto. Su ceño ligeramente fruncido, sus labios apretados, revelaban el temperamento decidido y firme, que no cede, a pesar de su dulzura.

Magda no le hizo caso; en compañía de Pepita y de cuatro jóvenes se aproximó a la primera de las tiendas, dando vuelta por la parte de atrás, junto a los coches; allí, desde un agujero del telón, se podía divisar el movimiento de la «Zamacueca».[10] Los galanes, con pañuelo alzado, sobre sus cabezas, o «borneándolo» suavemente, avanzaban o retrocedían a ligeros saltos en el taco o en la punta de los pies, mientras la dama seguía el compás de la música moviendo ligeramente el cuerpo, la cabeza echada atrás y girando en ciertos versos de la zamacueca. El movimiento es unas veces lánguido y voluptuoso, otras sentimental y triste, pero siempre animado y lleno de viveza. Es como el poema de cortejo silvestre, en el cual se pintaran las

---

10 Baile nacional chileno. (N. del E.)

fases de los amores primitivos. El tamboreo en guitarra y el acompañamiento grave y melancólico del harpa, contrastan, aumentando, en ciertas ocasiones, el entusiasmo hasta el frenesí con los palmoteos acompasados de los espectadores y las frecuentes libaciones que interrumpen el baile.

—¡Aro! ¡Aro! dijo ña Pancha Alfaro... —exclama un mocetón rollizo, pasando enorme vaso o *potrillo* de ponche en leche a los danzantes. La gracia consiste en hacerlo bajar a lo menos un dedo, sin resollar. En cuanto acaba de beber la pareja, el enorme vaso comienza a circular de mano en mano y de boca en boca, a la redonda.

De todas partes salían fuertes olores a pescado frito y empanadas,[11] guisos favoritos del pueblo en las cenas de Pascua, mezclados con los de albahaca y flores silvestres. Gritos salvajes de ebrios, voces chillonas o enronquecidas de cantadoras, ecos de harpa y guitarra, clamoreo de vendedores llamando a su clientela, todo subía confundido con estrépito, al cual se unían llamados lejanos y gritos informes.

Magda sintió que su hermana la cogía del brazo, apartándola del escondite desde el cual presenciaba el baile. Mientras la una, movida de infantil curiosidad, se entretenía con el espectáculo de la zamacueca, a la cuál tantas veces se había asomado, de niña, en las fiestas de los inquilinos en el fundo de su padre, la otra no podía tolerarlo como contrario a lo íntimo de su refinada naturaleza. Lo plebeyo, la repugnaba, la hería, produciéndole escozores insoportables. Semejantes movimientos nerviosos, tales manifestaciones de voluntad, sorprendían en temperamento, como el suyo, al parecer apático y frío de rubia, pues poseía una de esas naturalezas estrechas y felices en las cuales no existe el género en que se cortan las faltas. Y luego, recordando el modo de ser de su hermana Gabriela murmuró a su oído: «Eso no es de buen tono...»

En el acto los del grupo volvieron, en sentido inverso, hacia el óvalo de San Martín. Las tres jóvenes marchaban adelante, acompañadas de su primo Félix Alvareda y de Emilio Sanders. Leopoldo Ruiz iba furioso porque no habían querido asomarse francamente a la carpa en donde se bailaba zamacueca:

---

11 Masa de pan rellena de carne molida y gisada con cebolla. (N. del E.)

—A mí no me agradan esos fruncimientos. Soy chileno y castizo como ninguno, partidario de las empanadas de horno, del arrollado,[12] de las humitas,[13] del huachalomo salpreso, de la zamacueca y del canto con harpa y guitarra y tamboreo por lo fino y horchata «con malicia».[14] Ni por nada me iría Europa, ni mucho menos a París, para volver con un vidrio el ojo, como el joven Sanders, y encontrándolo todo malo hasta la cazuela de ave, y exponiéndome a que los rotos me digan, como a él, señalándome las polainas: «Patroncito, mire que las medias se le han queído...».[15] ¿Dónde en jamas los jamases, ha visto la gracia de Dios palmitos que se comparen con los que van por delante?

Los cuerpos de las encantadoras criaturas, vestidas de claro, se diseñaban elegantes, modelados por la mano que recogía el vestido para evitar el polvo, dibujándosela morbidez de las caderas en el traje delicioso. Encantaban con sus guantes largos y sus manos finas, los corsées cortados por artista, sombreros «adorables»; con los nudos de cintas y los encajes, la fantasía en el gesto y el ritmo en el andar, el rumor de sedas, las mil naderías que constituyen el atractivo de las mujeres elegantes que aun sin ser hermosas saben embellecerse con la plenitud de una sonrisa, con el crujido de seda, con la animación de la fisonomía, con la viveza discreta de los gestos.

Al llegar a los coches se detuvieron, formando grupo desordenado.

—Van a ser las doce —dijo Magda—: Vámonos a oír la misa del Gallo a Santo Domingo. De ahí pasaremos a casa, a donde quedan ustedes invitados a una fiesta de género nuevo: al bautismo de la muñeca. Habrá sorpresas.

Y dirigiéndose especialmente a Heredia:

—Contamos con usted —agregó.

Sin más, subieron a los carruajes. Los jóvenes se treparon al automóvil de Julio Menéndez que pasaba por el primero de los *chauffeurs* de Santiago.

La iglesia de Santo Domingo alzaba sus torres de piedra hacia el cielo estrellado y límpido —uno de esos cielos de verano en el cual palpitan las

---

12 Carne de puerco aderezada y enrollada. (N. del E.)
13 Maíz tierno rallado y condimentado que se cuece envuelto en hojas de mazorca. (N. del E.)
14 Con alcohol. (N. del E.)
15 Quiere decir «caído». (N. del E.)

estrellas con fulgor casi húmedo. Gran resplandor rojizo brotaba de sus puertas, en las intensidades de la noche. Los altares, cuajados de cirios y de flores, centelleaban con el fulgor alegre de las fiestas de Noche Buena. La multitud entraba y salía, en masa compacta, por los anchos portones, preparándose la famosa misa del Gallo.

Los acentos graves del órgano dejaban caer torrentes de armonía por las anchas naves del templo, sobre los corazones de los humildes, para quienes constituyen esas fiestas el tesoro de la vida. Los jóvenes esperaban en la puerta la llegada de sus amigas que habían pasado a casa en busca de mantillas, pues la costumbre santiaguina desautoriza la entrada a los templos con sombrero. Pepita, Gabriela y Magda cruzaron devotamente, por entre la muchedumbre, hasta su reclinatorio después de persignarse con agua bendita. Y cuando principió la misa, al bajar sus ojos fascinados por los resplandores luminosos del altar mayor, sintió Gabriela como atracción involuntaria que desviara su vista. Detrás del pilar, signándose devotamente, se arrodillaba, en ese instante, Ángel Heredia. Experimentó la joven, con esto, algo de confusión.

Más de una vez había pensado en meterse de monja, sin contar para nada su belleza, ni su fortuna, ni sus éxitos mundanos. Era un revivir en su alma de sentimientos místicos, de apasionadas y fervorosas adoraciones. Era un crecer y desarrollarse en su imaginación los escrúpulos de faltas no cometidas, de laceraciones de pensamientos. Sollozaba sobre desfallecimientos que no eran sino la expresión informe de los anhelos de los veinte años. Y sollozaba para sentir luego alivio, pensando con el místico: «si ha prendido en tu alma la llama de la contricción, llora y duélete de tu culpa y juntamente alégrate de ese dolor y gózate que ha dado espacio de penitencia».

El órgano resonaba por el dilatado hueco de las naves con sones alegres y nuevos, a la venida del Hijo de Dios. Gabriela sintió dentro de sí regocijo inesperado. Los ojos negros, junto al pilar, la atraían y fascinaban como los del halcón a la avecilla. Esto la sorprendió. ¿Ese joven?... ¿será que el mundo me llama? ¿será que Dios me lo indica? Y quiso sumirse en su alma, sin renunciar a la razón, ni dejarse llevar de los nuevos sentimientos. Deseaba formar silencio en el entendimiento para escuchar las voces que vienen de Dios. «Así es, dice Pascal, como se cierra los postigos, a la caída del crepúsculo a fin de que la luz de la lámpara brille más...» Y los ojos negros la atraían nuevamente.

Terminada la misa, entre rumores de campanas y estallidos de cohetes y voladores, a lo lejos, salieron apresuradamente las jóvenes, antes de verse envueltas en apretura. En la puerta se acercó a ellas Manuelita Vasquez, su parienta, dándoles muchos abrazos y sonoros besos.

—Linda, preciosa, encantadora, por fin te encuentro —decía a Gabriela—. Unos jóvenes ingleses, recién llegados, aseguran que no han visto en el mundo creatura comparable a ti. He pasado cinco o seis veces a tu casa sin encontrarte. Mi mamá está un poco resfriada. ¡Qué bonito es el traje que llevas! Es encargado a Europa, con toda seguridad. ¿Podrías prestármelo para sacarle molde? A propósito, dime dónde vive la Filomena, la costurera de la calle Ramírez que se ha mudado. ¿Sabes que la Elena acaba de separarse de su marido? Dicen que le pegaba y la tenía con los brazos azules de moretones. Miren ¡qué hombre, Señor, qué hombre! ¿Y dónde piensan pasar ustedes el verano? ¿se van al fundo o a Viña del Mar?

Manuelita dejó caer este chaparrón de preguntas y de observaciones sin dar tiempo a replica; todo se lo preguntaba y respondía sola, menudeando abrazos, grititos, exageraciones, superlativos y diminutivos. Su cara redonda brillaba de satisfacción, con grandes ojos de carnero inmóviles y la boca sonriente, balanceándose de un pie al otro, y meciendo su cuerpo bien alimentado y maciso. Experimentaba la satisfacción de mostrarse a los ojos de la gente, en compañía de las tres más hermosas y elegantes jóvenes de nuestra sociedad, en escena de familiaridad íntima y pública. Perteneciente a buena familia que había venido a menos por diversos percances de fortuna, no se resignaba a la pérdida del palco y del coche, asiéndose de sus primas y parientes ricas con la extraordinaria tenacidad de los náufragos a la tabla. Así conseguía invitaciones, asistía a fiestas, se trepaba al mejor asiento de un victoria y al primero de los de palco en la Ópera, poniéndose, de paso, las boas y los sombreros o las capas recién extrenadas por sus primas, cogiéndolas al pasar sobre las cómodas, sin consentimiento de sus dueños. Gabriela, con esto, se reía, sin protestar; Magda, en cambio, echaba la casa abajo.

—Es una intrusa insoportable —decía—. Es capaz de quitarle su capa a la Virgen en la procesión del Carmen. Esto ya no se puede aguantar. Hay que levantarle los vestidos y darle... palmadas...

Y se ponía tartamuda de cólera. En cambio le hacía las bromas del siglo a cada instante.

No bien se hubieron acercado a la reja del templo, cuando Manuelita divisó el grupo de jóvenes que venía a su encuentro, ya comprendió, con su inteligencia rápida, y su malicia que se preparaba alguna fiestecilla improvisada en casa de las Sandoval; reconocía el vis-a-vis de éstas, el victoria de Alvareda, y el automóvil de Sanders. «¡Ah, pícaras! ¿Con que cena tenemos?... ¿Habrá pavo también? Llévenme siquiera en el automóvil, ya que vivimos a una cuadra de tu casa.» Y sin decir más, la muchacha, moviendo a un lado y otro su cuerpecillo regordete, con paso decidido y firme se abalanzó al automóvil, abrió la portezuela y se arrellanó en el fondo. Magda siguió tras de ella.

—¿Dónde te vas a meter? Eso no es correcto —le dijo Gabriela a media voz—. No puedo dejar sola a la novia —repuso Magda.

—¿Qué novia?

—¿No saben ustedes que Manuelita se casa?

—¿Con quién? —preguntaron todos los jóvenes en coro, adivinando una picardía.

—Con un caballero ilustre, con... don Pedro de Valdivia —agregó Magda sentándose junto a Manuelita. Y mientras ésta se sulfuraba, salió el automóvil hecho un infierno, haciendo resonar la bocina y arrojando bocanadas de humo de petróleo.

Minutos después, la comitiva se detenía a la puerta de Sandoval, en la calle de la Compañía, Era una casa construida cuarenta años atrás, por el arquitecto Wilman, siguiendo, por indicaciones del propietario y en virtud de la rutina, el antiguo sistema de patio andaluz importado por los primeros conquistadores.

Presentaba fachada imponente, de grandes ventanas con rejas de hierro en forma de lanzas. El vestíbulo estaba enlozado con mármol, así como el patio. Dos estatuas de bronce, oscuras, sostenían faroles de gas que iluminaban el techo artesonado y todo blanco del vestíbulo. Al frente, a la entrada del corredor, otras dos estatuas gemelas, arrojaban su luz hasta las grandes galerías vidriadas del segundo patio. Grupos de sicas, de palmeras y de bambúes daban al primer patio el aspecto de colosal jardín de forma irregular y caprichosa. Junto con apretar el botón eléctrico de la campanilla, abrió la mampara el viejo portero de fisonomía enteramente afeitada y de cabeza blanca. El jardín presentaba magnífico aspecto. Siguiendo las rápidas indicaciones de Magda y mientras oían misa, habíase colgado infinidad de farolillos chinescos de las ramas de las palmeras y de los bambúes, de los techos de los corredores, de los alambres del telón que daba sombra al patio. Las puertas se hallaban abiertas y las habitaciones a media luz. Sentíase el lujo discreto de pesados cortinajes; de luz reflejada en grandes espejos biselados de cuerpo entero de muebles de estilo Luis XV tallados, de las *psiches;* revelado en lavatorios de plaqué colocados sobre planchas de mármol; en los encajes de las cortinillas; en el perfume característico y uniforme de las habitaciones; en las mesillas de laca blanca llenas de útiles de marfil, cepillos y frascos de baccarat; en los floreros japoneses por los cuales se arqueaban, colgando, los manojos de rosas; en la cubierta fresca de la última novela; en el cortador de carey cincelado, en la pequeña lamparilla de plata esmaltada, con pantalla de encajes de Inglaterra. Los detalles exquisitos de refinamientos y de lujo de aquella expléndida casa pasaban desapercibidos a los ojos de los profanos que solo esperimentaban la sensación imponente de algo desconocido y misterioso, atributo de un culto extraño, de ídolo.

    La comitiva penetró a la casa con algazara y risas. Marchaban a la cabeza Magda, y Pepita, seguidas de Gabriela, de Manuela y de los jóvenes, dirigiéndose al pequeño salón de la izquierda. Allí sentado sobre cómodo sillón Voltaire se encontraba don Leonidas Sandoval y Guzmán, padre de las jóvenes, con las piernas envueltas en fina manta de vicuña, un cigarrillo en la mano y la *Revista de Ambos Mundos* en la otra. La cabeza enteramente blanca, los ojos expresivos, la sonrisa benévola, la barba cuidadosamente recortada, le daban ese aire que atribuían a los antiguos senadores romanos, mezcla de majestad y de familiaridad: imponía.

—Adelante, caballeros —les dijo—; espero disculpen si mis achaques y el reumatismo a la pierna, me impiden recibirlos como yo quisiera. Pero están ustedes en su casa. Adelante.

Los jóvenes penetraron al saloncito, amueblado a usanza de 1840, época en que habían sido traídos de París los pesados cortinajes de brocato de seda y los macizos y grandes sofáes de caoba tallada. Alto espejo subía de la chimenea al techo. La mesa de boule, con incrustaciones de bronce y carey, era verdaderamente regia y de carácter, así como la pieza de centro, de porcelana de Seyres, traída hacía medio siglo. Las paredes, tapizadas de seda verde oscura, estaban adornadas solamente por dos cuadros: un paisaje de Corot y un retrato del oidor de la Real Audiencia de Lima, don Nuño de Sandoval, atribuido a Goya, lo que no era de extrañar, dada su admirable factura. En ese retrato de abuelo se notaba el labio grueso y la nariz aguileña características de la familia, tan pronunciadamente señaladas en don Leonidas, y la misma fealdad, llena de aristocrática distinción. El tapiz de la salita era de Aubussón y de una sola pieza. Dos o tres vasos, llenos de flores, colocados sobre pedestales cuadrados de laca blanca, daban a la habitación su nota fresca, rompiendo la solemnidad y el estiramiento que naturalmente se imponían.

Gabriela penetró con paso y aire propio de mujeres que conocen una habitación, seguida de los jóvenes, que saludaron a doña Benigna, madre de las Sandoval, y a doña Sabina, hermana de don Leonidas y madre de Pepita Alvareda. Se hizo la presentación de Ángel Heredia a quien acogió don Leonidas con mirada penetrante y excrutadora al par que con su sonrisa fríamente cortés. Magda arrojó sus guantes blancos sobre la bandeja de plaqué cargada de tarjetas, se transportó de un salto al salón vecino y abriendo el piano de Erard se puso a tocar, sin sentarse, la marcha de «Sambre et Meuse», muy de moda en aquellos días. «Lo hago para alentarles la confianza» dijo en su tono habitual «y para que le pierdan el miedo a mi papá... ¡Pobrecito! tan bueno y tan suave, pero con una cara que asusta, como yo se lo digo muchas veces»... Y poniéndose de otro salto en el saloncillo dio a su padre un beso en la frente, iluminándolo con rayo de luz cariñosa. Era la niña mimada y regalona. Gabriela, habitualmente seria, no tenía los atrevimientos, ni se permitía las licencias de Magdalena que todo lo creía lícito.

En un instante los jóvenes se adueñaron del gran salón, profusamente iluminado. El resplandor de luz eléctrica parecía multiplicarse en inmensos espejos que cubrían las paredes, con mil reverberaciones. Grandes vasos de china, llenos de flores frescas se alzaban junto a los biombos cubiertos de fantásticos dragones. Un alto jarrón de porcelana de Charlottemburg, de tono blanco y oro, decoraba la esquina. Junto al largo piano de cola, una palmera extendía sus finas y largas ramas.

Pepita se puso al piano; tocaba sin mirar, volviendo la cabeza al joven Sanders y sonriendo, con la melancolía de la mazurka de Godard en las pupilas. Seguía levemente el compás con las ondulaciones vibrantes de su busto, señalando el ritmo con el talle, como esbozando la melodía. Sanders se colocó cerca del piano, sentándose en el brazo de una silla.

Sobre otra, se hallaba Gabriela. Ángel Heredia se fue acercando a ella lentamente.

—Hace ya muchos años que yo la conocía... —dijo, con voz de timbre metálico, un tanto lenta.

—¿Sí?...

—Su recuerdo está unido al de la primera comunión de mi hermana Marta. Creo que usted era una niñita rubia y adorable que llamaba mucho la atención... y... perdóneme... que parecía un sueño de Murillo.

—¿Marta? Sí, recuerdo —respondió Gabriela con voz algo turbada, en ese tono especial que toman las mujeres cuando desean agradar a un hombre—. Marta Heredia... era una chiquilla encantadora... ¿Y qué es de ella? —preguntó con interés.

—Ha muerto.

—¡Ah!... no la sabía...

Hubo súbita pausa durante la cual se oyeron caer, como perlas, unas notas de la mazurka de Godard. Por distracción involuntaria, Ángel dirigía su mirada hacia la sombra de la cabecita de Pepa que se movía sobre el papel de música, a impulso de las velas del piano.

—Dispénseme usted si renuevo un recuerdo para usted tan doloroso —díjole Gabriela a media voz.

—Al contrario, se lo agradezco, pues el recuerdo de los cariños santos nos eleva y nos consuela, haciéndonos a nuestros propios ojos mejores de lo que somos.

Gabriela al oír estas palabras experimentó regocijo íntimo y delicioso, exquisito placer de sentir su alma palpitando al unísono con otra alma en los mismos sentimientos delicados y nobles. Era que ignoraba la sugestión poderosa e inconsciente ejercida sobre nosotros, aún a pesar nuestro, por circunstancias exteriores, la noche, los nervios, la temperatura, el calor de otra alma, los sonidos melódicos de un piano, las armonías y tonalidades quemantes de la voz humana; ignoraba las falsificaciones inconscientes del sentimiento que no viene de adentro y es despertado por de fuera.

Ambos callaban. Pepita continuaba la melodia de Godard con movimientos tiernos y gestos apasionados. Las luces del piano proyectaban reflejos sobre sus cabellos negros y arrancaban destellos luminosos de sus aros de brillantes. El gran clavel rojo prendido sobre su pecho se extremecía junto con las notas que desgranaban en cascada sentimental terminada en uno de esos pianos en que la música se suspende, quedando pendiente la última nota, pronto fundida como en suspiro harmónico.

Gabriela bajaba la vista; al levantarla, cruzándola con la mirada ardiente de Ángel Heredia, su suerte se hallaba decidida por el rayo luminoso y fulminante de esos ojos, por la ráfaga de música de Godard, por el enervamiento especial de aquella noche, acaso por el perfume de heliotropo del pañuelo, por lo imprevisto, por lo desconocido, por mil pequeñas circunstancias exteriores. Y su corazón palpitaba henchido de algo nuevo, como si escuchara ese verbo divino, esa palabra revelada que llenaba el alma de los primeros creyentes de la historia del cristianismo.

Momentos después, se abría de par en par la puerta del comedor y aparecía Javier Aguirre vestido con toallas, a guisa de sobre-pelliz de cura, y capa pluvial arreglada con un pañuelo de terno de doña Benigna; Félix Alvareda le llevaba la punta de la capa en carácter de monaguillo. Magda traía en fuente de plata la muñeca regalada en el paseo y Emilio Sanders la ayudaba, como padrino, con toda la gravedad del caso. Llegáronse al centro del salón, en donde la concurrencia se agrupó en torno de la muñeca.

—Te bautizo y doy por nombre para tu corta vida terrestre, los de Magda, Josefina, Victoria, Ema, y Emilia, en recuerdo de tu madrina, la señorita Magda Sandoval y tu padrino don Emilio Sanders, a quien Dios bendiga y conceda suficiente paciencia para vivir en Chile...

—Con semejante madrina... *cava sans dire*... —contestó Sanders.

Arrojose unas gotitas de champagne sobre la cabeza de la muñeca, gravemente sostenida por los padrinos en la fuente bautismal, y sin más, el joven Aguirre vació el resto de la copa sobre la cabeza de Sanders que puso el grito en el cielo. Y con grande algazara pasaron los jóvenes a la mesa de la cena. Hallábanse en aquella edad dichosa, aún no humillada por la vida, en la cual, lo presente, se ilumina con esperanzas y destellos de luz de lo futuro.

II

Las casas nuevas de la hacienda «Romeral de Culipeumo» se encuentran situadas en lo alto de una colina; son de construcción moderna, de un solo piso, pero levantadas sobre terraplén con subterráneo; de elevados y espaciosos techos, grandes ventanas, anchos corredores y pilares por los cuales trepan enredaderas de madreselva, de campanillas y de yedra, formando verdaderos muros artificiales que cubren la parte baja de la casa con tapiz de verdura. Las habitaciones son espaciosas, todas de piso encerado y cubierto con tapices en el centro; el salón y comedor tienen *parquet,* zócalo de madera y techo con artesonados de madera estilo Jacobo II, imitación de antiguo. Presentan una elegante y confortable instalación a la moderna, con lámparas de gas acetileno, sala de billares y expléndida capilla, monumentalmente decorada, con techos estucados y vidrios de colores y hasta un harmónium-pianola que se tocaba los domingos durante el servicio religioso.

A un costado de la casa deslizábase el río con hilos de agua en verano, transformados en mar durante los inviernos o en la época de los deshielos, como todos los ríos de Chile; lleno de canales y de bocatomas y de turnos y de comuneros que se llevaban peleando todo el año, salvo los propietarios felices de primeras aguas. A la izquierda, a no considerable distancia, estaban las casas viejas del fundo, de techos bajos, cubiertos de teja, y corredores enladrillados al ras del suelo, con ventanas de hierro, anchos portones y gruesas murallas de adobe. Servían ahora para administración, lechería y uno de sus costados de bodega de vinos. Así, con la prudencia económica de la gente de campo, nada se echaba en saco roto.

El paisaje, desde las Casas Nuevas, era admirable: al costado se deslizaba por su enorme hoya el río; en el fondo, la Cordillera de los Andes con altos y acerados picos, todavía cubiertos de veladuras de nieve, y otras fajas de montañas azuladas, recortadas las unas encima de las otras en las lejanías diáfanas. Al pie de las casas se desarrollaban las avenidas y jardines del parque, de altos árboles al estilo ingles, con prados verdes en los cuales surgían pinos, abetos, araucarias, palmeras, plátanos de anchas hojas brillantes, un hermoso grupo de pataguas y de boldos primitivos que formaban tupido bosque, enlazado con quilas y plantas parásitas. Desde la entrada del parque, cerrado por reja de madera blanca, hasta las puertas del fundo, corría espaciosa avenida de álamos de Carolina. En el fondo se divisaba el techo vidriado del Conservatorio que brillaba al Sol como bracero de fuego. Las avenidas del jardín estaban cuidadosamente cubiertas de concha. Sentíase, al caer la tarde, ambiente de frescura, con solo mirar la estrella giratoria colocada al extremo de una manguera, que arrojaba lluvia de rocío sobre el prado. Ráfagas cargadas de olor a magnolia o a floripondio pasaban envueltas en perfumes de rosa. Oíase alegría, del vivir, voz de la naturaleza en las tardes de verano, en la época en que comienzan las trillas y van a las máquinas los carros cargados de doradas mieses.

Don Leonidas contemplaba con secreta melancolía ese espectáculo, paseándose por uno de los corredores de la casa, apoyado en su bastón, con la cabeza cubierta con gorra de *jockey,* echada sobre los hombros su ancha manta de vicuña. Parecíale que ya su vida se hallaba próxima al final de la jornada; su Sol, también, iba a ponerse para siempre. Le sería preciso abandonar honores, fortuna, y goces conquistados con tan rudo e infatigable batallar, en pos de cincuenta años de faenas campestres, mezclados con aventuras políticas, en el momento en que su familia se encontraba grande y las muchachas quizás próximas a casarse. Era don Leonidas uno de los curiosos tipos característicos de nuestra tierra chilena y de las viejas tradiciones que los han criado, mezcla de energía y de astucia, de espíritu aventurero y disimulado, sin cultura intelectual. Perteneciente a familia que había desempeñado puestos de honor durante la colonia y en la patria vieja, tenía el orgullo feroz de los antiguos *encomenderos* y conquistadores españoles, convencido como estaba de que su extirpe descendía del Rey don Pelayo o poco menos; si hubiera nacido en Francia, habría mirado con desdén a los Montmorency. Su familia, desde su llegada a Chile, hacía dos siglos, se había entregado a la agricultura, poseyendo inmensas extensiones de dominios territoriales en los cuales el *inquilino* era considerado como el siervo de la Edad Media, y el patrón impartía sus órdenes con autoridad soberana e inapelable, en forma despótica y tratando de aprovechar hasta las utilidades más ínfimas, y estrujando el cinco del peón forastero o el latiguillo de la carreta y los rastrojos de la siembra. De aquí resultaban ciertos caracteres especiales de orgullo personal y de dureza, transmitidos de generación en generación, a la par que un dejo de malicia propio de casi todos nuestros hombres de campo, entre quienes la mala fe llega a formar algo como segunda naturaleza, con el arte de explotar al prójimo. Después de recibir la educación un tanto rudimentaria dada en Chile durante medio siglo, don Leonidas fue enviado al extranjero, en donde viajó durante algún tiempo, en compañía de un eclesiástico. De vuelta a Chile, cansado ya de rodar tierras, y con el prestigio que procuraba entonces cada viaje a Europa, se caso con doña Benigna Álvarez, quien, si no brillaba por su hermosura, le llevaba por lo menos fortuna cuantiosa. Ya era tiempo de matrimonio, pues don Leonidas tenía sus ribetes de calavera gastado. Con esto, y, entregándose de lleno a trabajos de campo, hablando poco y opinando menos, cobró reputación de hombre reposado y frío, y hasta las condiciones físicas «del personaje grave». No tardaron mucho en llegarle honores y fortuna política. Hiciéronle diputado, votaba constantemente con la mayoría y seguía como artículos de fe las opiniones y caprichos del Presidente de la República, de quien dependían entonces la lluvia y el buen tiempo. Habló dos o tres veces pidiendo se protegiera la industria nacional, creándose el impuesto al ganado argentino, pues, para él, todo el fin de la política consistía en servir a sus propios intereses personales, sea por medio de gabelas que los favoreciesen, sea trabajando por la construcción de un ferrocarril, puente o camino carretero en su provincia, sea pidiendo la creación de algún destino público inútil para dárselo a parientes que hubiesen venido a menos. En cambio, para los hombres de gobierno era don Leonidas amigo inmejorable, a pesar de ser hombre personalmente honrado, votaba sin vacilación los poderes más vergonzosamente falsificados por los amigos del Gabinete, y tomaba la defensa del Ministro con motivo de negocios harto enredados y turbios. Con estos antecedentes, fisonomía simpática, acentuada por grandes bigotes, aire grave y reposado, andar tranquilo, tono discreto, y cierta reputación de fortuna, llegó pronto a sentarse en sillón Ministerial, lo que no era poco en aquellos tiempos del tabaco en que los Ministerios duraban varios años y no meses como ahora.

El caballero, cuya edad frisaría con los sesenta y cinco años, se paseaba, apoyado en su bastón, con el paso lento que le daba importancia en la vida pública, acentuado ahora por el reumatismo. Contemplaba el paisaje, mascando pastillas para el pecho, cuando vio salir a su hija Gabriela, y la hizo con la mano seña cariñosa para que lo aguardara.

—Espérate hijita, no más. Mira que a los vicios les gusta mucho andar acompañados, sobre todo con chiquillas. Uno se remoza, así, como si sacudiera de encima el peso de los años que se llevan las ilusiones y nos dejan el reumatismo.

—¿Cómo se siente, papá? —le preguntó la joven con ese tono solícito y regalón a la vez, de los niños que desean alguna cosa y se preparan el camino para conseguirla—. ¿Ha dormido bien su siesta? ¿Se le fue la siática? —y contemplaba con interés el rostro de piel amarillenta y arrugada de su padre a quien los grandes bigotes y la cabellera cana daban aspecto de senador del Imperio—. ¿Se le han quitado los dolores?

Don Leonidas tuvo gesto desalentado:

—¡Ay! no... muy al contrario...

En el fondo experimentaba placer cada vez que tenía ocasión de hablar de sus dolencias y achaques, exagerándolos un poco, y complaciéndose en describirlos con todo género de minuciosidades y detalles. «Mira, aquí el hombro me ha dolido algo, y bastante me ha molestado la parte inferior de la rodilla... siento una puntada en el costado que no me deja... suele hacerme ver estrellas... pero ahora me siento mejor. Tengo la pierna más desprendida.

—Vamos a dar un paseo por el parque —le dijo, apoyándose en el brazo de su hija, con el orgullo paternal de sentirla tan hermosa, y acaso pensando en el cuadro que ambos formarían, mirados desde los corredores por alguno de los invitados—. No estaría mal que echáramos un párrafo, Gabriela.

Sus pasos crujían por las avenidas cubiertas del blanco polvo de la concha. —¿No tienes nada nuevo que contarme? —le preguntó en tono malicioso.

—Nada, papá —contestole Gabriela, cubriéndose involuntariamente de rubor, al sentir el peso de la mirada interrogadora de su padre.

—Es inútil que lo niegues, porque tú no sabes mentir... ya ves como la cara te desmiente —agregó el caballero—. ¿Qué no has oído la canción?

«Piensan los enamorados
y en esto, no piensan bien
creen que nadie los mira,
y todo el mundo los ve.»

«A mí no se me escapan estas cosas, hijita, que más sabe el diablo por viejo que por diablo. Desde la primera noche que vino a casa el jovencito, ya comprendí que andaban moros en la costa. Y a ti no te disgusta ¿eh? picarilla», agregó jovialmente.

Y luego, después de una pausa, dijo en tono melancólico:
—Para eso, no más, cría uno sus hijas, y las regalonea, para que llegue cualquier mozalbete y se las robe...

Contemplábala con el rabillo del ojo y el corazón palpitante. Las más encontradas sensaciones asaltaban a la joven: temor de que su padre no recibiera bien a su pretendiente, el de que la hallara demasiado joven para pensar en matrimonio, mil ideas diversas. Así es que cuando le oyó hablar en tono ligero sintió que la quitaban peso enorme de encima. Se consideraba salvada, y respiró con la amplitud feliz del que acaba de cruzar grave peligro.

Don Leonidas iba siguiendo las diversas impresiones en el rostro de su hija, y para eso, precisamente habían iniciado su conversación en tal forma. Ahora ya estar ya no le cabía pisca de duda: Gabriela debí enamorada de aquel joven. Una nube preñada de preocupaciones cruzó por sobre sus ojos.

—¿Crees que yo te quiero? ¿tienes fe absoluta en mi cariño? —preguntó, de repente, a su hija, deteniéndose junto a una mata de claveles.

—Sí, papá...

—Entonces, déjame que te hable con franqueza, con el corazón en la mano, como pintaban en las caricaturas del *Charivari* a don Pancho Marín...

La joven se sonrió al ver la salida de su padre, a quien miraba con profundo respeto, casi endiosándolo.

—Vamos a cuentas, agrego el caballero. Tú no conoces el mundo, hija mía, ni sabes lo que es la existencia, ni los resortes que mueven a los personajes de la comedia humana llamada vida social. A ti te parece lo más sencillo del mundo que un hombre corteje a una niña, que se amen, se casen y sean felices. Crees a pie juntillas en la sinceridad de sentimientos, en la bondad de los hombres y en la virtud de las mujeres. Eso les pasa, al comenzar la vida, a los seres honrados y llanos como tú, hasta que llega el instante en que el velo se corre de los ojos, y se llora con lágrimas de sangre los errores, ya del todo irreparables, de una juventud tan inquieta como despreocupada. Y lo peor es que, cuando comienzan a ver claro, ya los males no tienen remedio, dentro de la defectuosa organización de la sociedad en que vivimos encadenados por preocupaciones. Mira, hija, es mentira que seamos libres: otros se encargan de darnos corte para los trajes y sus colores, con modas y hasta formas de sombreros. No será ésta la que nos agrade sino la impuesta por lo demás. Las ideas que abrigamos son recibidas de ciertos libros de colegio o impuestas por la familia, por amigos, por gente que nos rodea. El modo de considerar las cuestiones públicas nos lo dan todas las mañanas impreso en diarios; las reglas de conducta generales, nuestros más graves intereses, y hasta nuestros sentimientos se rigen por el «que dirán» ¿Y qué papel desempeña la libertad en todo esto? Absolutamente ninguno. Pero noto que me voy alejando de mi punto de partida. Estábamos tratando de los jóvenes del día, me parece. Para ustedes, en general, todos son iguales; se entiende, en el trato social del mundo en que ustedes viven, pues fuera de los *jóvenes de baile* y de sociedad, el resto no existe para ustedes. Así, los dependientes de tienda, a los ojos de ustedes, son simples maniquíes, unos *muebles* a los cuales se regatea el precio de las mercaderías, y no cuentan, no son *hombres* como no lo son los sirvientes, ni el mayordomo, ni los llaveros del fundo ni el medio pelo. Si ustedes consideran a los jóvenes de sociedad como iguales, en cuanto visitan los mismos salones y están emparentados o relacionados con las mismas familias, luego principian a establecer pequeñas diferencias entre ellos, según el temperamento, las inclinaciones o las necesidades de cada cual. A unas les gustan los buenos mozos, esas son las sentimentales; a otras, los ricos y adinerados, esas son las prácticas. Todas desearían que su novio fuese de gran familia, rico y buen mozo, condiciones que hacen recordar las del buey Apis, entre los Egipcios, con escarabajo, en la lengua, en la frente, las patas blancas y los pelos de la cola, dobles... Pero en la vida este animalillo no se encuentra, y de existir, como no puede casarse con todas, quiere a una princesa rusa... como Florencio, aquel amigo mío que se casó en París, formando el circulo de mozos elegantes conocido con el nombre de «los Floros».

Aquí le interrumpió el acceso de tos, sacó su pañuelo, y continuó de esta manera, clavando los ojos perspicaces en su hija.

—Bueno... Las que no se enamoran, o más bien, las que se casan con un hombre por dinero, no siempre lo hacen conscientemente y de manera cruda. Las seduce la elegancia del joven, la manera de presentarse, sus coches, su reputación de generoso, etc. Ni tampoco suelen soplarle buenos vientos, pues más de una conozco ahora viviendo en la miseria, pues el rico, en malas especulaciones y en derroches ha perdido toda su fortuna. El capítulo del lujo abre pesada y ancha brecha en la vida santiaguina. A pesar de todo, y dejando cálculos a un lado, la que suele llevar la peor parte es la niña de temperamento sentimental, la que se enamora de los buenos mozos.

Al pronunciar estas palabras, don Leonidas miró a su hija de soslayo, notando que palidecía ligeramente, y luego continuó de esta manera: «Las chiquillas sentimentales se enamoran frecuentemente de hombres de hermosa apariencia física, dejándose arrastrar por exterioridades, sin conocer antecedentes de familia, ni carácter, ni vida, ni valer personal, ni cosa alguna del joven. Y dentro del cálculo de probabilidades, esos factores, descuidados por ellas, deciden la felicidad o la desgracia de su vida. Si un joven tiene padres o abuelos alcohólicos o tuberculosos; si su temperamento es disipado y ardiente; si alguno de sus tíos o parientes es loco; si existe en la familia alguna mezcla no muy visible de cursilería, como dicen los españoles, todo eso influye en la vida, y trae, casi siempre, desgracia en el hogar. De aquí la oposición de los padres a ciertos matrimonios, llamada tiranía por los hijos, a quienes nunca faltan cómplices o encubridores en familias amigas que les sirven de terceros, haciéndoles, «buen tercio».

«Lo más común es hallar en las fiestas un jovencito elegantemente vestido, de conversación agradable, a menudo brillante, de exterioridades atrayentes que sabe presentarse en buen coche, propio o ajeno, en el Parque de Santiago, o en sillón de teatro, con orquídea en el ojal y guantes blancos.

No le falta desplante, conoce el arte del empuje o de la «pecha» hasta colocarse en primera fila. Habla al revés y al derecho de todas las cuestiones, de hombres, de cosas, de letras y de política, sin entenderlas, por cierto; lo critica todo, sin que deje de ser pasto de su maledicencia la honra de las mujeres, ni la integridad de los hombres. A él le constan los escándalos. Si puede meter en la conversación alguna gracia, no vacila en burlarse del sabio, del escritor o del político a quienes mira con el más profundo menosprecio. Es capaz de burlarse de su padre. No cree en cosa alguna, a pesar de que, si le conviene, suele ponerse esclavina en procesiones. Está careado hasta la médula, como diente viejo, por depravación, por cálculo, por deseo de surgir, de alcanzar honores y fortuna sin recurrir al trabajo; por brutal y egoísta anhelo de los parásitos sociales que, se aferran a vestidos de mujeres, a la mesa de los ricos, al salón de los poderosos. Siempre cuidan sus personitas: no se les verá en las filas del ejército en las horas de peligro, indiferentes como son a los triunfos o a las desgracias de la patria. Pero no descuidarán el mejor puesto cuando se trate del reparto del botín, sacando entonces garras de cernícalo. Esos pechadores insolentes y buenos mozos, disimulados y astutos, cazadores de dotes, enamorados de vida fácil, de buena mesa, de copa llena y de la mujer del prójimo, esos aspirantes a mano de niña rica y a vida ociosa forman legión, son tan innumerables como las estrellas del cielo y como las arenas del mar...»

Otro acceso de tos interrumpió al viejo que no recordaba el haber hablado tan largo en los anales de su vida. Gabriela, intensamente pálida, lo escuchaba en silencio. Su brazo tiritaba ligeramente como pudo notarlo su padre, y un movimiento de lástima le hizo detenerse en sus observaciones que pisoteaban tantas y tantas ideas juveniles, produciendo trastorno completo en el concepto del mundo por ella formado. Solo que si las palabras de don Leonidas podían alterar las ideas de su hija, no eran parte a variar sus sentimientos, pues, según la profunda frase de un filósofo, «el corazón tiene razones que el entendimiento ignora».

Luego, virando rápidamente, para borrar la impresión inexpresiva que temía producir, añadió el caballero: «Felizmente hay un corto número de hombres que a mí me gusta; los de combate, los que se agarran mano a mano con la vida, sin pararse en barras y luchan contra todas las dificultades, la pobreza, la indiferencia de los más, el egoísmo general, el desprecio de los afortunados, el eterno desdén de los que han nacido más arriba y se consideran semidioses por el hecho de criarse en cuna dorada. Esos que dan y reciben golpes sin pedir cuartel, y que suben a fuerza de talento, de estudio, de constancia y de trabajo me agradan a mí en extremo; esos que van con los pantalones remendados y zapatos de doble zuela, tiritando de frío, a sus clases de medicina; esos que se levantan con el alba a estudiar y que sueñan con redimir el mundo y con poner algún día su patria a la cabeza del continente, mientras golpean, una contra otra, sus manos azuladas por el frío, esos me son simpáticos. Pero la vida es lucha feroz en que los hombres se muerden y se arrancan trozos de carne a dentelladas. El que surge, se levanta ya gastado, coloreando en sangre, con el brazo roto, viejo en plena juventud. En el camino, al ver cerradas las puertas de la alta sociedad, se ha casado con alguna mujer a quien arrastrará más tarde como bala de cañón atada al pie, olvidando, en las horas de fortuna y de honores, a la compañera de los tiempos difíciles que le sigue como los remordimientos de su pobreza y de sus amarguras. Esta especie de hombres no será la que tú encuentres en el camino, y si la hallaras, acaso tu madre y toda la familia te moviera guerra, pues nosotros no aceptamos sino a los bien nacidos, a los adinerados, a los vencedores, no a los que pueden vencer; a los de cuna dorada, a los que juntan halagos de juventud y de dinero al prestigio de nombre heredado y formado desde antaño. En este bolsón de lotería meten ustedes la mano a ciegas...»

Don Leonidas seguía caminando lentamente, haciendo crujir el camino de conchas, apoyado en el brazo de Gabriela que inclinaba su cabeza pensativa. Un rayo de Sol, a través de las ramas de los árboles, venía a juguetear con su cabellera rubia, ondeada según el peinado de moda. Por las ramas saltaba, cantando, un jilguero y en la tarde luminosa dilatábanse la paz de los campos, la feliz tranquilidad tan apacible del caer de la tarde. Los jardines, recién regados, arrojaban bocanadas de olor a reseda y de ese otro tan exquisito de la tierra húmeda.

—No puedo aceptar, papá, todo lo que usted dice, contestones, con su voz ligeramente extremecida, Gabriela. Bien comprendo que debo inclinarme ante su conocimiento del mundo y su experiencia de la vida, yo que la comienzo apenas, pero no creo que el mundo sea tan malo, ni que viva empeñado en esa lucha tan feroz; yo, por lo menos, no la veo. Suele suceder que cuando se recibe desengaños, uno se pone a dudar de todo, y generaliza, como el inglés que al desembarcar en Francia se halló con hotelera de mal humor y de cabellera roja, con la cual apuntó en su libro: «Todas las fondistas francesas tienen el pelo colorado y mal genio». ¿Acaso porque en su vida le han tocado ingratos o malos amigos cree usted que los demás hombres lo sean? ¿Adónde iríamos a parar si las niñas cuyos padres tuviesen fortuna creyesen que los jóvenes se les acercaban por dinero? Ya no nos quedaría sino el convento, la soledad, el alejarnos de un mundo lleno de corrupción y de bajeza. Muchas de mis amigas se han casado o tienen sus novios y viven felices, a pesar de que no poseen fortuna. Yo no puedo creer que el dinero sea en este mundo una maldición; por el contrario, sirve para soportar las horas difíciles, las dificultades materiales de los primeros tiempos. No crea usted que yo he dejado de ver en bailes y fiestas esos tipos de cazadores de dote, de que habla usted; no son tan difíciles de descubrir, aún para los olfatos más juveniles. Créame que existe en las mujeres un sesto sentido de adivinación, para saber cuando se acerca a ellas el hombre verdaderamente digno de su cariño y de su respeto. Hay un latir apresurado del pecho, se experimenta sorpresa, angustia deliciosa, una zozobra rara que parecen decirnos: «ése que se acerca es el elegido de tu corazón; ése, quien te hará feliz por todos los días de la vida, y sin el cual sentirías el vacío eterno; con él puedes pasar pobrezas, enfermedades, soledades, amarguras, y, sin embargo, la vida será color de rosa. Su voz, su andar, su figura, te parecerán únicas; es el hombre. Y cuando se aleje quedarán vibrando sus palabras en tu oído, y hasta recordarás el acento con que te dijo tal o cual frase de esas que solo él sabe decir. Bastará una sola de sus miradas, cargadas de fluido magnético y de poder misterioso para que la voluntad se doblegue, vencida, ante la dulzura irresistible de la súplica. A mí me parece que las mujeres, cuando aman, experimentan algo parecido... ¿Soy demasiado expansiva? ¿Acaso franca en extremo?»

—¡Pobre Gabriela mía! —interrumpiole, con voz queda, el caballero, mirándola de hito en hito, con la ternura de los padres, cuando leen el porvenir de sus hijos como en libro abierto—. ¡Quiera Dios que me engañe!

Pero me parece que estás destinada a ser víctima eterna de la vida. Eres tan confiada como sincera y lo que domina en tu alma es el corazón puro y de niño, que por no comprender ni la sombra del pasado, está pronto a ser víctima de explotaciones sentimentales que no por ser las más disimuladas son las menos peligrosas. A ti te engañaría un niño chico; nada comprendes aún de las comedias inconscientes del sentimiento, insinuadas o avivadas por intereses, por egoísmo o espíritu de lucro, por las mil formas repugnantes del cálculo. Vas a entregar tu corazón al primer hombre que te dirija una mirada ardiente con la misma facilidad con que el cordero entrega su blanca lana. ¿Pero qué raro es que a ti te engañen si la mayor parte de los seres humanos viven perturbados, corriendo perpetuamente tras de quimeras, en pos de *sombras*. Desde luego nadie se conoce, ni existe armonía entre éstos tres valores: lo que *somos* en realidad de verdad, lo que nosotros *creemos* ser en nuestro fuero interno, y lo que el *mundo juzga* que somos. Enseguida viene la imaginación y todo lo abulta, y todo lo transforma, convirtiendo hechos insignificantes en montañas, sea creándonos desgracias inminentes que no vienen, sea poniendo en nuestras manos, como próximas, la riqueza, el poder, la felicidad que nunca llegan. La imaginación hace que el mundo viva fuera de la vida real, corriendo tras *de la Sombra*, esa imagen, ese reflejo fascinador que a todos nos engaña, ya lo creamos poder, ya riqueza, ya dicha, ya el amor y que no es sino forma de la vanidad humana... simplemente la *Sombra*, que solo llegamos a conocer cuando ya es tarde. La humanidad, como Don Quijote, muere cuerda después de haber vivido loca...

Padre e hija no se miraban; algo como una opresión les distanciaba.

En ese instante se oyeron los cascabeles del break resonando en el camino. Eran como las seis de la tarde, hora en que todos los habitantes y alojados se reunían en los corredores de la casa para aguardar la llegada del correo que traía diarios y correspondencia de Santiago, momentos ansiosamente esperados en la monótona vida campestre. En cuanto se avistaba el coche tocábase una campana, para avisar la hora de las cartas y la de prepararse para la comida.

Gabriela se encontraba poseída de singular impaciencia en esta ocasión; esperaba la llegada de Ángel Heredia, que debía pasar algunos días en el fundo vecino de doña Carmen Quezada y había prometido quedarse, de paso, unos días en el don Leonidas Sandoval. La conversación con su padre le había producido impresión dolorosa y, cosa extraña, en vez de aceptar los consejos paternales con el agradecimiento que se debe a todo cariño desinteresado, sentía surgir en su alma sorda irritación hacia don Leonidas, el sentimiento de hostilidad y de encono de los jugadores en contra de los «*chunchos*» de lo que trae la mala fortuna, algo así como desgarramiento de su cariño de hija. Una fibra desconocida se irritaba y se erguía, como víbora —en ese corazón de bondad— en contra de su padre. Hasta su cutis amarillento y arrugado parecía revestir a sus ojos tinte repulsivo. Ráfaga de odio, algo que abominaba y le causaba horror a ella misma, parecía surgir en la tersa placidez de su alma. El rumor de cascabeles, ya próximos, borró las diversas y encontradas sensaciones que la tironeaban. Corrió apresuradamente a juntarse en el verandah, con Magda, Pepa Alvareda, Manuelita Vásquez, Leopoldo Ruiz, Javier Aguirre, Félix Alvareda y un grupo numeroso de personas que veraneaban en las espaciosas casas del fundo. ¿Vendrá? ¿No vendrá? se preguntaba su corazón palpitante, y delicioso sentimiento de ansiedad la invadía toda entera. Félix Alvareda y Javier la embromaban murmurándole cuchufletas al oído: «¿A qué viene una encomienda de Santiago para usted?» le decía Ruiz, con su tono de huaso. No me parece tan malita. ¿A qué no me la vende? ¿Por qué se pone tan *colorada*... sino le gusta lo deja, no más. Va a tener dos trabajos, el primero el de enojarse, y después el de desenojarse. Mírenla como se ríe sola. Al hombre, déjenlo, y a la mujer, déjenla...»

Entretanto, llegaban rumores de pasos y ruido de choque de bolas de la pieza del billar, a cuya puerta solía asomarse, con el taco en la mano, un caballero de cincuenta y seis años más o menos, de ojos pardos y chicos, barba nazarena, rubia en otro tiempo, ahora sembrada de hilos de plata, labios delgados, contraídos en sonrisa entre amable y picaresca de viejo vividor con resabios de sátiro. Tenía el cigarro puro encendido, en la mano, y de cuando en cuando lo chupaba voluptuosamente, arrojando con lentitud y saboreándolas, bocanadas de humo que todavía olfateaba con su gran nariz, como que era hombre de explotar las cosas agradables hasta sacarles el jugo, según decía. Tras de él apareció la figura británica del joven

Sanders, con los bigotes afeitados y el monóculo en el ojo; quería asomarse a la llegada del correo, y porfiaba por salir, en tanto que el otro forcejeaba por retenerlo. «¿Qué no vamos a las ochenta carambolas? Usted suspende el juego cuando solo me faltan doce y le llevo ventaja.»

—Así será, don Jacinto, pero deseo ver el correo, y a los que llegan. Me rindo», agregó pasando a don Jacinto Peñalver un gran cigarro habano envuelto en papeles de plata, envite del juego.

El caballero lo cogió al vuelo, como temiendo se le escapara, lo dio vuelta entre sus dedos, y cerciorándose de que era un Hoyo de Monterrey, lo colocó en su bolsillo: «Está bien, joven, le dijo, eso sí que es de hombre... fumar estos cigarros y darlos a los amigos, ahora que, so preteso de crisis le ofrecen a uno "Verdugos" que realmente lo ejecutan y victiman. Se conoce que usted es el tipo del *gentleman*; quien fuma y ofrece cigarros habanos de ese fuste, cuenta de fijo entre sus abuelos algún conde o marqués. Usted contribuye, joven, a la realización de mi teoría favorita... yo vivo *sobre* el país...»

Después de pronunciar estas palabras con su buen humor corriente, don Jacinto Peñalver abandonó la sala de billares, la cabeza erguida y echada hacia atrás, dando lentos pasos con ligero balanceo a derecha y a izquierda, habitual en él. Un saludo cariñoso partió del vestíbulo, donde se agrupaban algunos de los veraneantes, al pie de mesas y sillones de mimbre americano, de formas redondeadas: «Ahí viene el «Senador Peñalver». Ése que llamaban, en la intimidad, sus amigos «Senador», era uno de los personajes más característicos de la sociedad santiaguina. Como él mismo decía «soy tan indispensable en las casas de buen tono como los manteles en la mesa»... «me tratan bien en todas partes porque soy llano, afable, corriente, sé divertir a las mujeres y reírme de los *siúticos*...[16] soy un elemento social y *vivo sobre el país*...» Era el «Senador Peñalver» un personaje simpático, interesante, y en extremo curioso, producto de civilizaciones jóvenes, como la nuestra, en contacto con viejos principios y preocupaciones aristocráticas del antiguo régimen. Por familia, pertenecía Peñalver a una de antiguo y honroso abolengo, cuyo prestigio se había mantenido intacto por varias generaciones, durante las cuales ocuparon sus miembros posición espec-

---

16 Persona que imitas formas de hablar de un estrato social más alto. (N. del E.)

table en la sociedad chilena y en la administración pública. Era, con todo, aventurero sin profesión, ni fortuna, ni medios conocidos de existencia, ni recursos de alguna especie. Cuando joven se había distinguido por su extraordinario y fino olfato en materia de negocios. Había descubierto, en el extranjero, minerales de cobre, de estaño y de carbón cuya importancia era considerable, trayendo esos negocios, todos ellos de primer orden, para ser colocados en el país. Otros, más listos o menos excrupulosos, supieron organizarlos llevándose la parte del león y dejándole simplemente las raspaduras, en forma de cien o doscientos mil pesos, que el «Senador Peñalver» había tirado por la ventana, sin contarlos, en uno de sus viajes a Europa, acostumbrado a tratarse de igual a igual con los jóvenes más elegantes y más ricos del circulo de «los Floros».

En cuanto se le agotaron las municiones volvió a Chile en busca del vil metal, pero sin deseo alguno de conseguirlo por medio «del trabajo deprimente del barretero», pues un Peñalver se hubiera envilecido trabajando, cosa de gente para poco más o menos. El colmo del arte consistía, a su entender, en darse buena vida, en cortejar mujeres hermosas, comer en buena mesa y en compañía de la mejor gente, y beber champagne y fumar buenos cigarros sin gastar un céntimo y sin trabajo, ejerciendo el ocio con la dignidad de gentilhombre con derecho «de llave, uso y servidumbre» como los grandes de España. Don Jacinto, «el Senador Peñalver» era, sin embargo, aventurero con el más profundo y acendrado sentimiento de dignidad personal; sabía poner a raya a los indiscretos y darse el mejor y más cómodo lugar en todas partes. ¿Cómo vivía, cuáles eran sus recursos? La gente muchas veces se lo había preguntado, sin alcanzar ni asomos de respuesta. Lo más atinado era lo que había dicho un día Magda, con su habitual precipitación y ceceo andaluz: «Ese es un Misterio— que el mundo para siempre ignorará...» Lo cierto es que no daba sablazos, no pedía prestado, ni jugaba en el Club, ni cometía el más leve acto de indelicadeza. Tampoco desempeñaba puesto público, ni privado. «Yo realizo el ideal de la economía política, solía exclamar con su voz agradable de barítono cantante, «vivo lo mejor posible y con el mínimum de esfuerzo... vivo *sobre* el país». De inteligencia fina, penetrante y muy clara, de profundo conocimiento del mundo y de la sociedad chilena, de maneras aristocráticas e insinuantes, aunque cortantes a veces, poseía el arte de ser bien quisto de todos, sin adular y sin rebajarse como los parásitos de casa grande. Era hombre de suficiente perspicacia para poder decir en ciertas ocasiones: «admiro a los hombres de talento pues yo, con solo dos o tres ideas, he conseguido vivir hasta el presente?...»

En esos instantes se detenía el break frente, a la puerta de entrada. El «huaso» de manta y espuelas que acompañaba siempre al carruaje, recibía de manos del cochero un *necessaire* de piel de cocodrilo con funda tabaco, dos maletas de cuero de chancho[17] inglesas, sacos de noche y paquetes de mantas con hebillaje nikelado. Al mismo tiempo descendían cuatro jóvenes, entre bienvenidas de los del grupo del pórtico y saludos de los de abajo. «Ahí viene «Polo» Sánchez con «Paco» Velarde y Ángel Heredia...» exclamó Javier Aguirre. «Ahora sí que vamos a divertirnos... lo menos que haré con ellos será echarlos a la laguna...» Y luego, cuando hubieron avanzado con sus maletines hasta el pie de la escalera, a donde salía a recibirlos Magda con ligereza de ardilla, el joven Aguirre puso las manos a guisa de embudo, gritándoles: «¡Vivan los novios! ¡Vivaaa...!» Y luego hizo con las manos una imitación bastante exacta del ruido de los voladores que tiran en los campos en los *casorios*[18] campestres... sh... pum... pum...

El joven Aguirre, como primo de las niñas, podía permitirse esas y otras bromas. En cambio, el pobre «Paco», antiguo cortejante desgraciado de Magda, se puso colorado hasta las orejas, dirigió a Javier miradas furibundas y viendo las risas concluyó por reírse a su turno, aunque de mala gana. No tardó en formarse grupo bastante animado, entre los recién llegados y los veraneantes que los acosaban a preguntas. Sobre mesillas de mimbre se hallaban extendidos los diarios de Santiago, la *Ilustración Francesa*, *Fémina*, *La Mode*, *La Agricultura Práctica* y otras revistas recién llegadas junto a un paquete de correspondencia, que todos hojeaban rápidamente. El «Senador Peñalver», con los anteojos calados recorría la prensa oyendo al mismo tiempo la conversación.

—¿Qué se dice de nuevo?

---

17   Cerdo. (N. del E.)
18   Se refiere a casamiento. (N. del E.)

—Que el Ministerio cae...
—¿Cómo, si tiene mayoría en ambas Cámaras? —preguntó don Leonidas para hacerlos hablar.

—Lo han derribado sus amigos —contestó el recién llegado—, haciendo el vacío en torno suyo; han pasado diez días seguidos sin darle número para las sesiones del Congreso, y los Presupuestos no se aprueban.

«—Un Ministerio más
¿Qué importa al mundo?»

—Exclamó el «Senador Peñalver», parodiando a Espronceda, pero sin soltar su diario—. Joven, eso es tan vicio como el andar a pie. Son de ordinario los amigos los que nos hacen las peores jugadas. Los amigos nos meten en sociedades ganaderas sin ganados y sin tierras o en salitreras sin salitre; ellos se llevan las acciones liberadas y nos dejan hoyos y clavos; los amigos nos hacen afianzarlos...

—Me gusta esa *metáfora* por lo valiente —interrumpió «Paco» mirando al Senador con malicia.

—¡Joven, confiese usted!... ¿qué no corren, por ahí, algunos papelitos en que usted aparece de afianzado? Pero no se asuste, yo no le pediría la fianza... —agregó el Senador con insolencia irónica.

El joven «Paco» que ganaba unos cuantos pesos mensuales como secretario de Sociedad Anónima se corrió por segunda vez; pocas ganas le quedaron de meterse en otra ocasión con el «Senador».

—Y en sociedad ¿qué se dice?

—¡Uf! Viña del Mar está que se arde. Opíparas comidas, cenas a lo Petronio, grandes fiestas... todo es grande, hasta el baccarat... Algunas señoras jóvenes, siguiendo la moda de Monte Carlo, también juegan. La señora Brandsen acaba de ganarse una acción del Sindicato Unido que vale cuatro mil pesos. Un salitrero rico, el señor Lavaquete, ha encontrado manera de gastar doscientos mil pesos en la temporada. Tiene cuatro automóviles puestos para pasear a sus amigas... y pierde todas las noches dinero en suma fuerte y habilita a los que no lo tienen. El champagne corre como el agua. Los corchos saltando al techo forman fuego graneado, como el de los antiguos soldados cívicos en Dieciocho.

—Nada más divertido, agregó «Polo», que la representación de Circo en el Gran Hotel de Viña. Repetíase la parodia del Frank Brown, durante la exhibición de elefantes sabios por la princesa de Mairena. Tito Díaz, sentado en un cochecillo de baby, hacía de elefante chico; Antonio Belmar, empujaba el pequeño vehículo con la cabeza, como elefante mayor y la señora de Prikles, alzándose un tanto el vestido, con la mano izquierda, hacía sonar la fusta con la derecha, exactamente como la princesa de Mairena en el Circo, dándoles voces en francés. El supuesto elefantillo bramaba *mu*... con voz fuerte y cavernosa, estremeciendo los vidrios del salón. En esto llega la señora de Tito y le apea de una oreja...

Escuchábase con profunda atención la cuenta detallada de fiestas, escándalos y chismografía de Viña del Mar, en aquellos días en que todos se creían millonarios o próximos a serlo. Don Leonidas se agarraba la cabeza a dos manos. ¡Y pensar que no ha existido en el mundo sociedad más seria que ésta ni donde las mujeres fuesen más virtuosas ni los hombres más honorables! El mundo se está corrompiendo. La sed de fortuna improvisada los ha vuelto locos. Le parecía ver a la señora Brandsen, a esa hermosa dama de perfil griego, coqueteando con el joven a quien habían dado en esos días el sobrenombre de «Petronio» por el lujo de sus fiestas, y arrojando montones de billetes al tapete verde... todo a vista y paciencia de su marido que solo vivía pensando en *sport* y en carreras...

—No se asuste, don Leonidas, en algo habíamos de progresar —dijo el joven Sanders—. En Monte Carlo he visto niñas elegantes que perdían miles y miles de francos en las mesas de juego, sin manifestar la menor emoción. Eso es muy *chic*... es el *dernier cri*... dejarse pelar fumando un *maryland* alegremente. Ustedes saben que en Europa todas las mujeres elegantes fuman. ¡Ah!... sí... ¡Ah!.. sí!...

—¿Acaso en Chile no fuman desde los tiempos de *ñauco*[19] las mujeres? —interrumpió Leopoldo Ruiz. «Mire, amigo, ña Peta, la llavera de casa, cuando yo era *«huaina»* se llevaba fumando no más, a la orilla del bracero todo el día, y con el cigarro detrás de la oreja cuando la llamaba mi mamá;

---

19 Expresión que se refiere a un pasado lejano. (N. del E.)

usaba cigarrillos de hoja que ella misma hacía. Y no dejaba de fumar ni cuando preparaba las compotas de durazno que sabía hacer de rechupete. Y en viéndola le decía yo: «¿Hasta cuándo fumará, ña Peta». «Ejelo no más —que me decía–, pa que no críe maña... *en de* que nosotros los pobres no tenemos otro engaño...» De que ahora fumen también las señoritas no me asombra, pues, con los años mil vuelven las aguas por do solían ir.

La campanilla, en esos instantes, señalaba hora de comer. Dirigiéronse hacia el amplio comedor de las casas, con asientos para treinta personas, pues en verano solía juntarse una colonia y don Leonidas recibía con largueza propia de caballeros antiguos. La comida era sencilla, rústica, pero en abundancia; los vinos bastante buenos, había quesos, conservas, paté de foie, caviar, brie. Servíanse varios platos a la vez, en fuentes de plata, y cada cual elegía lo que juzgaba conveniente. Los convidados se habían sentado sin orden ni etiqueta. Gabriela conversaba animadamente con Sanders, vecino suyo. Sentíase feliz; su mirada, a hurtadillas, se dirigía al rincón en donde se había sentado Ángel Heredia, y solía cambiar con él uno de esos destellos rápidos y dulces que llenan de felicidad el alma de los jóvenes. El «Senador Peñalver», situado junto a ella, no tardó en comprender el manejo sentimental de su amiga. Con el olfato mundano que era su condición característica, creyó ver que el joven no realizaba el ideal de los padres, de otra manera acaso le hubieran dado colocación distinta. Era visitante tolerado, nada más. En cambio, a ella le agradaba visiblemente. La muchacha tiene carácter, pensó entre sí, esto puede llevar sus visos de serio a pesar de que a los padres no les gusta. Y si tomo actitud de «neutralidad benévola» para con ella tendrán que agradecérmelo forzosamente. Es necesario saber hacerse útil sin gastar dinero. Era ésta una de las máximas favoritas que ponía en práctica el senador Peñalver. Sin más ni más, dirigiéndose a Gabriela, hizo elogios de Ángel, a quien pintó como dechado de perfecciones. La joven lo escuchaba con visible complacencia. Desde hacía un mes, sin saber ella cómo ni por qué, había notado que comenzaban a dirigirla bromas en que figuraba Heredia; no les daba importancia, y sonreía.

Ahora ya era otra cosa, las bromas se precisaban cada vez más, como si sus amigas, los caballeros, la sociedad entera se hiciera cómplice, asociándose a sus inclinaciones nacientes, empujándolas, con suavidad primero, luego de manera irresistible, diciéndole a cada paso: ese es el hombre que te conviene, el que realiza tu ideal y corresponde a la opinión imperante en salones, en corrillos, en clubs. Sentía como si una conjuración universal, agradable, puesto que correspondía a sus inclinaciones secretas, le fuera señalando suavemente el camino de su vida y empujándola, sin sentirlo, hacia ese joven.

Y luego, terminada la comida, mientras los hombres fumaban en los corredores, bebiendo copitas de coñac y de whisky and soda, las muchachas se amontonaron en un rincón, bajo las enredaderas, echadas atrás en las cómodas sillas americanas de mimbre, o en silletas de lona semejantes a las que se usan en las cubiertas de los vapores. La Luna llena iluminaba el parque inundándolo en claridades encantadoras, dando al cielo entonaciones de zafiro y a las hojas de los nísperos color profundo y brillante, para deslizar luego sus haces luminosos como cascadas de monedas de plata sobre el agua del río. La paz de los campos subía con chillidos de ranas, rumores de grillos, ladridos de perros lejanos, algún perdido galopar de caballo.

Gabriela, en su sillón, sentía como fundirse la naturaleza entera en ansia de ternura, en impulso inconsciente de amar y ser amada, en oleaje eterno de movimientos inconscientes de la especie. Varios jóvenes se acercaron a ellas, con alboroto, embromando, y arrojando bocanadas de humo, con esa alegría enteramente animal que sigue a la buena comida.

—A que no adivinan lo que estamos pensando? —preguntoles Manuelita, esforzándose en dar a sus palabras acento amable.

—No crea que en materia de adivinanzas soy tan malito —contestó Ruiz, pasándose la mano por la barba nazarena. Y luego agregó—: a que ustedes no me adivinan las mías, a ver... «En blanco paño nací, en verde me cultivé... tantas fueron mis desgracias... que en amarillo quedé...»

—No doy...

—Ni yo...

—Ni yo...

—Pues, la naranja, contestó Ruiz con tono triunfal. A ver, adivínenme esta otra: «Fui a la plaza, compré un negrito... y en llegando se puso coloradito»... ¿No dan todavía?... Pues, el carbón...

—Yo también conozco una muy bonita —exclamó Gabriela—, es... «una fuente de avellanas... que en el día se recoge... y en la noche se desparrama...» ¿qué será? Miren usted al cielo. ¡Qué linda está la noche! ¿pues, qué ven ustedes arriba?... ¿no dan?... *pues las estrellas.*

El joven Sanders se había acercado con su monóculo que no se quitaba ni para dormir, y luego, por no quedarse atrás: Allá va otra adivinanza: «Tengo una tía, que tiene una hermana, que no es tía mía...» ¿qué será? ¿se les perdió la lengua? ¿están mudos?... Pues... *mi madre.*

—Yo creí que... que... era su monóculo... —le dijo Magda.

—Fui a la plaza... compré una bella... Y volví a casa... lloré con ella... Es la cebolla.

El antiguo juego de adivinanzas que tanto entretuvo a nuestras abuelas, todavía se perpetuaba en corredores de haciendas, para matar el tiempo. Ruiz, eximio en la materia, era todo un hombre de campo, aficionado a «topeaduras», a «rodeos», a «correr vacas», bueno para la zamacueca y capaz de resistir tres días en fiesta: un *huaso* hecho y derecho. Le dio en un tiempo lejano, por cortejar a Gabriela, de quien se había enamorado perdidamente, aunque sin éxito alguno. Magda, muy niña entonces, se divertía a costa suya, escondiéndose debajo de los sofáes, y cuando el joven se hallaba de visita en la casa, en medio de reunión numerosa, comenzaba a sentir alfilerazos o pellizcos terribles en las piernas.

—¿Qué tiene, Marcos? —preguntábale *Misca* Benigna, al verle hacer gestos desesperados.

—Nada, señora, contestaba el pobre joven mientras Magda y su primo Javier, escondidos debajo de los muebles, casi reventaban de risa.

El joven lo soportaba todo, en homenaje a su pasión por Gabriela que permanecía insensible a cariño tan ciego como rústico. El joven Ruiz, después de doblar la hoja sobre sus amores desgraciados, seguía visitando la casa y tomando las cosas con buen humor. En el fondo conservaba una de esas heridas que se cicatrizan lentamente, y mantenía oculto pero latente el fuego de su amor por la hermosísima niña de cabellos rubios y de ojos pardos. En vano había querido olvidarla, borrarla de su memoria: siempre surgía vencedora. Y al ver acercarse a ella su nuevo rival, comprendió, desde el primer instante, que ese le estaba destinada la felicidad infinita de ser querido por Gabriela. Puñalada aguda le hería, con esa doble vista, que nunca engaña, de los enamorados. Y sin embargo, a su juicio, Ángel no era digno de mujer para él tan admirable. Habíale conocido de niño, en el colegio, donde cursaron humanidades juntos. Es cierto que el joven Heredia pertenecía por familia, a una de las más antiguas y distinguidas de Santiago; la fortuna de sus padres, según se decía, era considerable. Pero en su carácter, en su manera de ser tenía algo raro, cosas incoherentes que no le agradaban. Gozaba de prestigio entre los Padres Jesuitas por exaltaciones místicas, por composiciones en verso a «Santa Teresa», «Al triunfo de Dios y del altar». Pero ese místico que solía ir a la capilla a rezar las Ave Marías en cruz, tenía temporadas de calaveradas terribles, de sensualismo desenfrenado y extraño, como si padeciera lesión nerviosa en su organismo entero. Ángel sufría, junto con eso, accesos de cólera frenética, no vacilando en arrancar varillas de fierro al catre para cargar sobre sus compañeros. Todo eso y mucho más, recordaba Ruiz de su antiguo condiscípulo Ángel Heredia, a quien hallaba ahora lanzado de lleno en los altos círculos santiaguinos. Y al mismo tiempo sentía que Gabriela lo amaba. Un impulso de orgullo le impedía contar los recuerdos que acudían en tropel a su memoria. Todos pensarían que eran invenciones de su propia fantasía, nacidas de su despecho. Dejó rodar la bola, sintiendo la agonía íntima del que ve resbalar a la mujer amada por la pendiente, sin poderla detener; del que ama y no es correspondido; del que no puede mostrar su alma al desnudo y ve marchitarse y desaparecer su más delicada ternura como árboles olvidados, que nadie toca, han de sentir la caída inútil de sus doradas frutas.

En el salón se habían sentado a la mesa de *polker* doña Benigna, don Leonidas, el senador Peñalver, Paco Velarde y varios jóvenes. Rumor de fichas, baraje de naipes, voces de juego cortaban a cada instante la conversación medianamente animada, pues todos pensaban en sus cartas y en adivinar las de los adversarios. Paco repartía las cinco cartas clásicas.

—...Abro con dos chipes —dijo uno—. Hasta peso... que sean dos... me retiro... ¿Cartas?

—Deme dos.

—¡Contento!

—Eso huele a *bluff*... Si, agregó el «senador». Es un joven bastante simpático. De gran familia. Su abuelo era rico y su padre está poderoso... pero es mezquino como «huaso» viejo, y tan duro de entrañas que sería capaz de negarle un grano de trigo al gallo de la Pasión. El muchacho parece muy caballero, es lástima que tenga tantos hermanos y que su señor padre goce de salud tan robusta. ¿Quién habla?... chipe y peso... otro más... veo... ¿tres cartas? yo tengo *flushs* gano. Venga acá ese pozo.
—¡Caballeros, ponerse! alguien falta.
—Es Menéndez, con seguridad; amigo no se haga el tonto...
—Un, dos, tres... un, dos, tres... un, dos, tres... Este joven era hermano de aquella chiquilla tan linda, de Marta Heredia, muerta el año pasado. Acaba de llegar de Europa. Es bastante educado y correcto... Un, dos... un, dos... un, dos... abro con chipe.
—Yo entro, por ser tan barato... denme cinco cartas.
—A mí, dos.
—Una...
—¡Contento!
—Es *bluff*... Ángel es buen mozo. Tiene parecido notable con su abuela, tan célebre por su belleza, aquella señora a quien el coronel don Tomás de Figueroa saludó tan soberbiamente con la espada, momentos antes de morir, en 1810... ¿cuántas cartas? tres... usted dos... yo... una.
—Voy peso...
—Lléveselo... que me voy.
Ángel, sin sospechar que se ocuparan de su persona en la mesa de polker, se dirigió, con paso lento, a la sala de billares, en donde Magda, con el cigarrillo turco encendido en los labios, hacía carambolas con arte de profesional, jugando en compañía de Julio Menéndez, de Sanders y de Pepita Alvareda. Dos anchas bandas luminosas salían de las puertas al jardín; el rumor de choque de bolas, de pasos menudos, de enaguas de seda, se mezclaba al de risas cristalinas de mujeres y voces roncas de hombres. El joven fumaba cigarro puro, apoyado en la baranda, bajo las enredaderas, cuando vio un cuerpo elegante y fino y sintió ráfaga perfumada, al pasar. Era Gabriela que, sin verlo, acababa de apoyarse en la puerta, recogiendo su vestido que permitía ver la delgada garganta de su pierna cubierta con

media de seda negra, cuya suavidad opaca resaltaba con el brillo de sus zapatillas de charol. El color albo de su traje de punto de Irlanda, se destacaba, junto a la sombra, como destello castamente luminoso. Los reflejos producían en las ondulaciones de sus cabellos rubios como nimbo de gloria que descendía en mechas locas y sueltas sobre su cuello transparente y puro de una pureza que hubiera permitido ver el movimiento de la sangre. Sus ojos negros y grandes tenían la dulzura del terciopelo; contemplarlos, después de ver la finura de su alto cuello, producía la impresión de sentirlos agrandados, algo como sensación de agonía dulce y misteriosa, de una voluptuosidad no probada.

—¿Qué hace usted aquí, tan solo? —preguntó al joven, al verlo.

—Nada... contemplaba la noche, primero, y a usted... enseguida. La noche es tan hermosa. He visto, a lo lejos, unas nubes que recorrían con la movilidad encantadora de sonrisa de mujer; y, arriba, muchas estrellas, de esas cuyos nombres no conozco, pues en el colegio me enseñaron muchos latines y versos de memoria, en vez de mostrarme la poesía viva de la naturaleza, y de enseñarme esos nombres del espacio. Francamente, me sentía conmovido, con la necesidad de estar solo...

—¿Entonces he venido a interrumpirle?

—¡Ah! desde que usted llegó todo ha desaparecido, en el cielo y en el espacio...

Ángel hablaba con hermosa voz llena, de entonaciones de cobre, en tono lírico, así como hablan los tenores de ópera y los primeros galanes. Pero la joven le escuchaba emocionada, sobrecogida por lenguaje nuevo para ella, por frases apasionadas, pronunciadas por hombre de figura hermosa y varonil. Bajo el smoking suelto se notaba, en el joven, la musculatura vigorosa y fuerte de hombre de sport; tras de la camisa blanca sentíase pecho de bronce, naturaleza viril y sana, en contraste con muchachos afeminados y «huasos» incultos y rústicos que la habían perseguido. Gabriela escuchaba en silencio, palpitante el corazón, los labios secos y ardientes, tiritando, en un desfallecimiento de su ser, con sensación de suprema dulzura, sintiéndose, creyéndose adorada, sin que se lo dijeran, con el amor respetuoso de los hidalgos de la Edad Media. Y esto lo sentía al través de lenguaje de poeta, lleno de misterioso encanto. Y llegaba a parecerle que por primera vez, en la historia del universo, un hombre hablaba de estrellas y de noche a una mujer, revelándole misterios de santa poesía, de castos amores.

No había tenido tiempo de analizar el sentimiento algo artificial, el lirismo hechizo, con reminiscencias de novela, de hablar de aquel joven, cuya imaginación se exaltaba con el sonido de su propia voz, al rumor de sus propias ideas. Era que las impresiones de ángel sufrían la influencia del medio, la sensación de lujo y de abundancia de la casa, el bienestar de la vida, los detalles elegantes, los refinamientos de cultura, de buena sociedad y de tono, y, junto con esto, un vapor embriagante de sensualismo, el mareo de la belleza y de la plenitud de formas de una joven, de la morbidez de sus contornos, de actitudes inocentemente provocadoras, el ardor de fuego de los veinticinco años, exaltado en la poesía de tibia noche de verano, al calor de sus propias palabras y al sonido de su voz que sentía extraña, desconociéndola por primera vez. Gabriela bajaba la vista, conmovida por extremecimientos imperceptibles; Ángel sentía la cabeza acalorada, los ojos quemantes y los labios secos. Aún no se habían tocado la punta de los dedos, ni se habían dicho que se amaban, pero ¡cómo lo sentían en los misterios de la noche, en el titilar de las estrellas, en el soplo de reseda que subía del parque, y en el silencio, en el silencio profundo en el cual sus corazones palpitaban!

III

De mañana, muchos de los veraneantes se habían reunido en el *hall,* en donde tomaban tazas de café con leche unos, copas de *whisky and soda* otros. Don Leonidas y el «senador» Peñalver bebían grandes vasos de leche espumosa, recién traída de las vacas, a pequeños sorbos, saboreando al mismo tiempo la espuma y el aire fresco de la mañana, el olor delicioso de tierra húmeda, de flores y yerbas.

—¡A la lechería, se ha dicho! —exclamó Magda, siguiendole inmediatamente Sanders, Leopoldo Ruiz, Julio Menéndez, «Polo», Pancho, el joven Heredia y Pepita Alvareda, que acababan de levantarse. Los demás hacían cada cual, lo que juzgaba conveniente, como era regla de la casa: entera y absoluta independencia, salvo a las horas de almuerzo, lunch y comida, en que se tocaba la campana.

El grupo de jóvenes penetró a las casas viejas del fundo, pasando junto al escritorio del mayordomo y del contador. En el fondo del gran patio había enormes galpones con techo de zinc; allí se lechaba más de doscientas cincuenta vacas todas las mañanas, desde las cuatro. Por todas partes se veía mujeres con la cabeza cubierta por pañuelos de lana encarnados, celestes, amarillos o tabaco, sentadas en pisitos de paja, sacando leche que caía en los baldes y cubos de metal, llevados inmediatamente a los depósitos y enfriaderas. Mugido constante de vacas y terneros cortaba el aire, junto con gritos de vaqueros, que llegaban a caballo, con sombrero de pita de anchas alas y mantas de colores vistosos, haciendo sonar las espuelas. A lo lejos se veía el grupo de vacas, ya lechadas, que volvían al potrero, arriadas por un huaso, entre nubes de polvo, carreras y saltos de terneros y el trote suave de caballos sobre el suelo cubierto de bostas de animales. Por cima de una cerca de ramas de espino se alzaban cabezas de terneros que mugían, llamando a sus madres, y éstas les contestaban de lejos. La brisa fresca traía ráfagas de menta y bergamota. Un peón, armado de pala, cantaba, al estremo del corral, con voz ronca y destemplada:

—Si tú te vais y me ejas... No me podré consolar...

En el centro del patio, dos mecánicos se ocupaban en limpiar y aceitar el gran motor que alzaba su paja negra, junto a la trilladora. Las máquinas y motores han desterrado, desde hace ya muchos años a las antiguas y pintorescas trillas con yeguas.

El grupo de jóvenes iba de acá para allá, sin darse punto de reposo, profiriendo gritos, curioseando y averiguando todo.

—¿Cuántas fanegas de trigo van a cosechar este año? —preguntaba Ángel al mayordomo que iba con ellos.

—En los potreros del alto —respondía éste meneando la cabeza y sacando sus cuentas entre dientes—, por lo menos diez mil... y catorce mil en el bajo. En el potrerito del Trébol le ha entrado polvillo al trigo...

A cada instante se veía llegar peones, carretas que entraban o salían haciendo chirrear sus ruedas, inquilinos, sirvientes, niños, mujeres. Oían gritos, llamados de un corral a otro, ir y venir incesante, carreras de animales. En un cañón de piezas bajas de las casas antiguas se habían instalado las máquinas de la mantequillería.

—Ahí estaban los enormes estanques de leche; las enfriaderas; las descremadoras, las batidoras, movidas por poleas, mediante fuerza hidráulica de turbina tomada del canal. Los jóvenes recorrían distintos departamentos, limpios como patena, viendo funcionar las máquinas y fabricar la mantequilla, vendida toda de antemano a una de las casas comerciales de Valparaíso. Era delicioso ver los grandes pelotones de mantequilla tan fresca, recién cuajada, apetitosa... Y presenciar, a lo lejos, el desfile de las vacas mestizas de raza holandesa, de grandes manchas blancas y negras, cuernos chiquitos, lomo parejo, gordas, el pelo todo lustroso, el andar lento y pesado. Revueltos con ellas iban los terneros, tan gordos y crecidos que parecían casi el doble de los terneros brutos.

—Las vacas holandesas y las Durham constituyen la aristocracia, algo así como el señorío del ganado vacuno... la *créme*... —decía Sanders—, así como los *hackneys* son los caballos caballeros y señores. ¿Y creen ustedes que los mismos animales no entienden esas cosas? No tienen ustedes más que fijarse en la actitud de los caballos de lujo, en el Parque de Santiago, y ver el desprecio con que parecen mirar a los caballos de alquiler.

—Francamente, con perdón de don Emilio, yo no entiendo el lenguaje de bestias —repuso Ruiz—. Nunca he podido adivinar lo que piensan los bueyes. Solo entiendo que no les divierte mucho aquello tirar las carretas o andar días de días uncidos al arado, tira que tira, sí señor... «Tira carretero...» agregó entonando una canción en boga en las parrandas de campo.

—En casa, en Santiago, tenemos un loro que no solo habla cuanto quiere —dijo Magda—, sino que hasta adivina el pensamiento: el loro de la Tato, la cocinera. No hace más que acercarse la Manuelita cuando ya le grita, con entusiasmo:

—Niña! quieres casarte! ja... ja... ja...! Tú quieres casarte...

—¿Vamos los dos a ver ese loro? —agregó Javier Aguirre—. Puede que nos case y haríamos tan linda pareja...

—Fo... fo... fo...

—¿Qué más te quisieras? Un joven como yo, a quien lo persiguen las suegras, sería brillante partido. ¿No te parece? —contestó Aguirre.

Dos grandes mastines daneses se acercaron moviendo la cola: Ahí vienen el Káiser y Diana... son perros insoportables que solo se ocupan en perseguir gallinas».

«El calor arreciaba por instantes. Volvieron al parque por el gran portalón de las casas viejas. Allí estaba don Leonidas, en compañía del cura de la parroquia vecina, de Peñalver, Ángel Heredia, Félix Alvareda y otros aficionados al sport, sentados en sillas de paja, a la sombra de los antiguos corredores, mirando el paseo matinal de los caballos de fina sangre que pasaban al trote, llevados por sirvientes, del cabestro, a través de anchas avenidas que daban vuelta al parque. «Este potro tostado dorado que viene ahí hijo de *Lady Pahuela* por *Nabucodonosor,* el potro de Cousiño. ¡Qué linda cabeza tiene y qué cuello! y qué manos! Cuidado que es de mucha acción...»

Un momento después desfilaba otro hermoso caballo, delgado, de cabeza pequeña, largas patas nerviosas, alazán, marchando un poco de lado, cubierto de capa gris. «Ese es *Choco,* si no ando errado... dijo Leopoldo Ruiz, es hijo de *Pick-pocket* y de *By-an-by.* Ha costado quince mil nacionales en Buenos Aires. ¡Qué bien rebueno el caballito, señor!... cada vez que lo veo me dan ganas de parar las patas *pa* arriba... de gusto, como que me ha hecho ganar en las carreras la mar de plata el año pasado... A veces partía el último... y se iba, señor, así no más, despacito, despacito, como quien no quiere la cosa, hasta tomarse los palos... y luego aparecía de puntero. A la segunda vuelta ganaba como por seis cuerpos.»

Una brisa agitaba las hojas de los árboles cuando se echaron todos a andar por las avenidas del parque. A juzgar por lo que habían hecho y visto era de creer que hubieran sonado las diez; pero en el campo se madruga, y eran, apenas, las nueve de la mañana. Oíase, entre las ramas de un grupo de avellanos y de boldos, el grito estridente de la rara y de cuando en cuando, el cantito del zorzal que, según la gente del pueblo, canta constantemente: «*Tres chauchas*[20] *y un diez...» tres chauchas y un diez...»* Más allá el lejano bullicio de las *loicas*. Era como un concierto matinal de pajaritos en el cual llevaban el contrabajo las abejas y moscardones con su incesante zumbido. Bocanadas de aire caliente azotaban el rostro, en tanto que en las lejanías se contemplaba la vibración de vapores luminosos que se alzaban de la tierra, allá entre alamedas lejanas. Al extremo del potrero, una casa de inquilinos coronada por tejas oscurecidas por el tiempo, se inclinaba como desplomándose, con la puerta desvencijada. Un *cardenal* mostraba su pecho colorado sobre una cerca viva, dando saltitos. El aire traía sensaciones de frescura perfumada, de la parte del parque regada en esos instantes por los jardineros, y olores de reseda y de rosa, cuyas manchas blancas o sonrosadas parecían surgir en pequeños grupos. Frente a las casas, temblaban levemente las hojas de palmeras, washingtonias, y en algunos prados verdes y oscuros, dibujados en círculo, se alzaba la copa elegante de los pinos insignes, rápidamente crecidos en forma de crinolinas del segundo Imperio. Brillaban a lo lejos, como incendio, las vidrieras de conservatorio heridas por rayos de Sol, y los jóvenes iban en desordenado grupo, andando, gozando de la deliciosa tranquilidad de la mañana, parándose a ver una planta nueva, o súbitamente detenidos al divisar, en los claros de árboles, como se mostraban agrupadas las casas de la aldea al término del plano inclinado del parque... eran casucas con techos de tejas, y varios ranchos de *totora,* de donde partían humitos azules perdiéndose en el cielo allá muy lejos, al extremo de un potrero de rastrojos amarillentos, en donde pacían echados, unos animales, vacas de manchas blancas y negras, de la lechería, terneros y bueyes. Ángel caminaba lentamente, junto a Gabriela,

---

20   Moneda pequeña. (N. del E.)

vestida con sencillo traje de piqué, de mañana, y la cabeza con un sombrero de paja de anchas alas. El cutis fresco, la mirada luminosa y húmeda, cabellos rubios acomodados a dos manos de cualquier modo daban impresión deliciosa de flor humana, silvestre, caída a los campos desde el cielo. Ángel sentía en sí las perturbaciones arrobadoras del deseo, el palpitar del corazón y la circulación acelerada de la sangre en las venas cuando la imaginación se desborda en apetitos a los veinte años. Era como ansia infinita de cogerla entre sus brazos y de besarla frenéticamente, con fiebre, y de hacerla suya, de trasmitirla su propia sangre y sus sentimientos, y sus ilusiones y su ser todo. Algo ardiente y duro palpitaba en su pupila, en aquella su mirada dominadora que lastimaba en ciertos instantes o quemaba como placa de acero candente a la cual acercáramos la mano. Una sonrisa, —esa sonrisa enigmática que no se acertaba a comprender si era de ternura o era de crueldad o de ironía— vagaba por sus labios. Gabriela no lo miraba, pero lo veía, le sentía a pesar suyo, se dejaba, fascinar deliciosamente. Ya, en su alma, durante la ausencia de un mes, se habían cristalizado las impresiones de las primeras entrevistas con Ángel; ya se habla familiarizado su recuerdo con las palabras del joven, incrustándolas más y más en su alma, presentándole a cada instante la imagen fuerte y viril del hombre que había venido, por primera vez, a pronunciar en sus oídos, sin decirlas, esas frases de amor que despiertan en almas de mujeres recuerdos nuevos.

    Habían llegado al extremo del parque, al comenzar del bosque antiguo en donde los maitenes, siempre verdes, se juntan con arrayanes y sauces-mimbres, de hojas plateadas y largas. Boldos de copa redonda y oscura, ondulaban su frondoso ramaje y luego, más allá, robles altísimos, de antigua data, de tiempo primitivo, se alzaban enormes entre matorrales de quilas silvestres. Llamábase el «caminodelasquilas», pues se podía recorrer cuadras enteras bajando por la quebrada, entre matas de quilas que se unían en lo alto, formando como dosel. Matas de helechos crecían entre las rocas en aquel rincón apacible y tenebroso, en donde el agua se filtraba lentamente, deslizándose hasta formar arroyo en el fondo de la quebrada. Algunas florecillas silvestres de color rojizo y otras blancas, matizaban la alfombra de verdura y de gramínea que cubría el suelo. El canto de las *raras* sonaba lejos, estridente, misterioso, como un eco, y el zumbar monótono de abejas producía en el ánimo la impresión de esos coros de mujeres rezando rosario, en tono monótono de una misma nota prolongada de modo interminable. Las parejas se habían deslizado por entre los matorrales del bosque, saltando, al llegar al hilo de agua de los arroyos, agachándose en donde las quilas se confundían, llamándose los unos a los otros; las mujeres con chillidos súbitos, los hombres con deseos de meterles miedo.

—¡Ah! esto es delicioso!.. ¡Cuidado, Magda, con la culebra...

—¿Qué culebra? ¡Ah! esa es... ¡Por Dios!

—Sí, yo la he visto y es una sierpe de siete cabezas, no mas... —agregó Ruiz.

Hubo risas, carreras, gritos despavoridos. Y Ángel, en la penumbra, estrechaba la mano de Gabriela, diciéndole apasionadamente:

—Aquí yo quisiera vivir... y morirme, cerca de usted, sintiéndola junto a mi corazón ya próximo a estallar. En la oscuridad del bosque no aparece el cielo... ni lo necesito, porque lo llevo dentro del corazón y es usted; es usted la única mujer que puedo amar; la única cuya imagen conservo, como en un relicario, en mi pecho, desde la infancia, encantada como si me la hubiera enviado la Madre de Dios en los instantes en que comulgaba por primera vez mi hermana que ha muerto y que nos contempla desde el cielo. ¡Ah! quisiera morir, Gabriela, sintiéndome amado por usted...»

Y sus frases apasionadas agolpaban la sangre al corazón de Gabriela que experimentaba como el desfallecimiento infinito de una dicha sin límites. Ambos callaron. En el silencio del bosque solo se oía el cantar de los pájaros en las frondosidades del ramaje y el grito de la *rara* que resonaba con melodía, más apasionada, más incitante, más voluptuosa, enteramente nueva. «¡Ah! aaa... Gabriela... ¿dónde están ustedes?... Ga... brie... laa...» resonaba una voz a lo lejos. La joven echó a correr, levantándose el vestido a media pierna para no dejarlo enredado entre las zarzas. Ángel contemplaba con embriaguez de sensualismo aquella fina pierna, cubierta por la media negra, que huía en la espesura, corriendo y dando saltos con la ligereza de niña de diez años, huyendo acaso como las gacelas y añadiendo los encantos de timidez pudorosa a esos otros presentidos y soñados.

IV

Así pasaron varios días, divirtiéndose los jóvenes lo más que podían, y gozando, con todo, de independencia absoluta cada cual. Unas veces corrían a caballo, envueltos en nubes de polvo, por caminos polvorientos, entre altas alamedas, al parecer interminables; otras cruzaban, a través del fundo, por espaciosos potreros cubiertos de animales, o por campos en los cuales ondulaban las mieses amarillas tan altas y lozanas que casi tapaban los caballos. Era preciso deslizarse, en fila, por el costado de las cercas, para llegar al potrero en donde funcionaba la máquina trilladora. A cada instante aparecían carretas cubiertas de mieses, rápidamente vaciadas a la máquina, cerca de la cual crecía por instantes el montón de trigo rubio, formando un cerro que a su turno pasaría por máquinas arneadoras que lo limpian y dejan en punto de ensacarlo. Bajo la enramada contigua al motor se hallaba de pie el mayordomo, con el *guarapón*[21] echado atrás, fumando un cigarro de hoja. Crujían dolorosamente las carretas cargadas, pesadamente arrastradas por bueyes. Y a lo lejos, entre luz reverberante de Sol que hería la vista quemando el suelo, veían al extremo del gran potrero, segado en parte, la fila de segadoras que avanzaba lentamente, unas mujeres atando gavillas, inquilinos en mangas de camisa, con la cabeza atada con pañuelos de algodón a cuadros.

Era una delicia el meterse por los potreros alfalfados que se regaban, y sentir las pisadas del caballo en la tierra blanda y húmeda, mientras las partes de pradera con agua parecían trozos de espejo arrojados al suelo. Olores de menta y de polea subían en ráfagas de aire fresco, mientras la vista se perdía por inmensos potreros que terminaban a lo lejos, en alamedas tan regulares como casilleros de ajedrez. Sentíase la plenitud del silencio y de la soledad del campo, turbada tan solo por el chillido de aves que cruzaban el cielo —con la mancha negra de un *jote*— o la canción monótona, entonada a media voz por el peón regador que andaba con la pala al hombro, haciendo tacos en las acequias, limpiando y despejando a otras.

Leopoldo Ruiz marchaba a la cabeza de la comitiva lamentando que se hubieran ya perdido antiguos usos de otro tiempo, del Chile rústico y

---
21 Sombrero de ala ancha usado en el campo. (N. del E.)

campestre de hacía cuarenta años, con sus trillas a yegua y fiestas en que circulaba de mano en mano el vaso de chacolí,[22] mientras en la enramada se «perdía de vista la gente bailando zamacueca». Las yeguas, entre tanto, trillaban en carrera loca, azuzadas por «huasos» que las corrían de atrás. Aquello causaba delicioso vértigo: Era más entretenido que correr en vacas, o que tomar parte en «rodeo», y de mucho menos peligro. Eso sí que no podía meterse en aquellas andanzas uno que no fuera «bien de a caballo».

A veces solían ir por la tarde a la orilla del mar, faldeando unos cerros cubiertos de matorrales, con abundancia de espinos y de boldos, de matas de *palqui,* de verdes y olorosos *culenes.* El camino, en parte, era formado por vereda angosta, a orillas de la quebrada, con despeñadero en el fondo. Lanzábase por ahí la comitiva, con Magda a la cabeza, seguida por Sanders, Ruiz, Félix Alvareda, Pepa, su hermano, y el resto. Iban a galope tendido, a riesgo de hacerse pedazos rodando por la pendiente, si le fallaba la pata a un caballo, y marchaban como si tal cosa, a pesar de las amonestaciones de Gabriela que los seguía a pesar suyo. Era de contemplarla, con la amazona de paño azul ceñida al cuerpo, modelándolo, alta la frente, huasca[23] levantada, segura sobre su silla, la rienda firme y la postura elegante, el busto echado atrás, las narices abiertas y los cadejos de cabello rubios tendidos por el viento. Había en ella algo ligeramente viril y delicado a un mismo tiempo, que producía en Ángel perturbación profunda, ráfagas de voluptuosidad, en su naturaleza en la cual se mezclaban idealidades exaltadas e histéricas de misticismo con los refinamientos de sensualismo enfermizo y depravado. El amor, en Ángel, había tomado la forma de obsesión del deseo, de ardor afiebrado de todos los sentidos. Su vista se embriagaba en los colores y en las líneas, y su imaginación obraba en el sentido de perturbaciones enfermizas. Pero eso lo ignoraba Gabriela, así como lo ignoraba el mundo que ni siquiera toma en cuenta casos de locura o lesiones nerviosas transmitidas, frecuentemente en la familia por leyes atávicas.

Es que en el criterio social domina, de modo absoluto y sin contrapeso, particularmente en pueblos de raza latina y de origen español, la creencia en la libertad del criterio y de la acción humana, sin lazos atávicos de esos

---

22 Vino blanco del País Vasco. (N. del E.)
23 Rienda o látigo. (N. del E.)

que ligan al hombre a lo pasado, con abuelos y parientes, por lazos misteriosos y ocultos. Y semejante manera de concebir al hombre como unidad enteramente aislada y libre, y el amor, como sentimiento meramente espiritual y de origen divino y religioso, derivado de tradiciones del Paraíso, es la manera uniforme de pensar en todas nuestras mujeres chilenas, porque es la idea que reciben con la educación y la leche de sus madres; porque es el sentimiento desarrollado en ellas junto con ceremonias y creencias religiosas, entre nubes de incienso, en la penumbra misteriosa del templo, en las horas en que el alma se contempla a sí misma, buscando, en regiones de ensueño la realización de aspiraciones inconscientes de la especie. Gabriela atravesaba por esa nueva faz de un amor que en un tiempo quiso convertirla en monja, arrojándola a los abismos desconocidos del claustro, y que ahora le señalaba un hombre diciéndole: «es él... es él... tu espíritu lo había soñado y ahora lo encuentras. Es un hombre... es distinto de esos seres afeminados que te daban el brazo en salones, que te hacían bailar cotillón, o que te acompañaban en el *two-steps*, con pasos rimados y coquetamente voluptuosos. Éste me ama con todas las fibras de su ser, y será capaz de protegerme y de abrirme paso en el camino de la vida, como señor, y como dulce y adorado amigo. Esa *habilidad* enteramente física... esa musculatura vigorosa que diseña el bíceps debajo del smocking, es la fuerza del protector y del amante. Todo eso lo sentía Gabriela de manera oculta, sin formularlo en forma clara y precisa, sino percibido instintiva y confusamente, al través de mirada ardorosa, y de entonaciones metálicas en la voz del joven que se suavizaba con espresión sumisa y penetrante al dirigirse a ella.

En algunas partes era preciso detener el paso de las cabalgaduras. El río se dilataba extenso y azul, verdoso a trechos y ligeramente rizado por el viento. Un islote de piedras blanqueaba, reverberando, al Sol. En la ribera reverdeaban las manchas de totora sobre el fondo amarillento de laderas cubiertas de rastrojos, por las cuales aparecían diminutos los cuerpos de animales. Cerca de la playa alzábase el edificio gris de una bodega, con los techos de teja envejecida por el tiempo, junto a un grupo de eucaliptus. Larga lengua de arena cerraba el horizonte, como faja, entre las palideces azuladas del cielo, —todo luminoso— y el agua verde del río que pasaba del glauco al color nilo, hasta confundirse casi con la faja de arena, para un ojo que no fuera ejercitado en contemplar aquellas regiones.

Los caballos volvieron luego a tomar el galope, en el ansia de todos por acercarse al mar, a los acantilados de la costa, en donde iban a quebrar las líneas blancas y espumosas de las olas en perpetuo movimiento. Había una parte en que ancha grieta, honda rasgadura del terreno, partía la falda, abriendo el abismo cortado a pico. Un puentecillo de madera unía la tierra firme; por ahí pasaron los caballos de a tino en fondo, lentamente y con precauciones. Ángel se había quedado atrás. Unas voces le llamaban. Se acercó a todo galope y en vez de tomar por el puente, al llegar junto a él, recogió las riendas y pegó un salto enorme, desalado, audaz. Las mujeres no habían podido contener gritos de espanto, y manifestaron su descontento mientras el joven se acercaba sonriente.

—Usted está loco, joven, no hay para qué romperse la crisma por mero gusto —le dijo el senador Peñalver, dirigiéndole una de esas miradas rápidas e investigadoras con que solía calar a fondo un personaje. Era que acababa de columbrar un rasgo de vanidad satánica, de intenso deseo de causar admiración, de sorprender, de colocarse por encima de todos, en aquel joven de apariencia indecisa o lánguida, de mirada un tanto dura y de enigmática sonrisa. Acercose a Gabriela y le dirigió una mirada aguda, como queriendo penetrar en su interior y leer todo lo que allí pasaba. El rostro de la joven estaba todavía verde. Sentíase, en sus pupilas, un resto de agonía intensa, de temor no disimulado. Ángel la contempló leyendo en su alma y gozando, como si esa forma del dolor humano fuese, para él, una especie nueva de voluptuosidad y de placer. Era que su alma encerraba unos misterios aún desconocidos para él mismo y ni siquiera sospechados de los otros.

«Verdaderamente, amigo, creí que usted se había vuelto loco, al dar aquel salto», le repetía aquella noche «el senador», alojado en la misma pieza. «Es que a mí me agradan esas emociones desconocidas y fuertes», contestole Ángel, al mismo tiempo que abría su *necessaire* de piel de cocodrilo, sacando la batería de frascos de cristal con tapas de plata y monogramas de oro. «¿No sabe usted que uno de mis abuelos fue gran jugador?» agregó pasando a Peñalver una caja de cigarros habanos. «¿Fuma?» y luego, destapando un gran frasco forrado en cuero. «Este coñac es de primera».

El «senador» observaba los detalles elegantes del maletín, en silencio. Cogió el frasco, echó un largo trago, puso los ojos en blanco y agregó con la sonrisa beata que guardaba para las cosas de beber o de comer, cuando eran de su gusto: «Con usted, joven, no hay quien pegue. Sería capaz de convertirse en el Cid Campeador, sino lo quisieran las niñas. Si yo tuviera treinta años y su figura, créame, joven, no respondería de las virtudes conyugales de muchas matronas chilenas. La audacia es gran condición; es preciso atreverse... el mundo es de los audaces. ¿Me entiende?»

«Ya ve que le devuelvo en consejos su trago de coñac. Los consejos de un hombre de mundo valen mucha plata. Usted va bien, pero... calma, no se precipite; vaya despacio por las piedras, que no todos los días se encuentra uno con chiquillas bonitas, cuyo padre tiene millón y medio, y solo dos hijas, lo que es un divisor bastante aceptable... Pero este coñac entona joven; es un coñac que levanta el espíritu», agregó Peñalver poniéndose la camisa de dormir y echándose a la cama.

Entre tanto, Ángel trataba en vano de conciliar el sueño, sacudido por diversos recuerdos de ese día. Y se puso a examinarse a sí mismo, tratando de analizar sus impresiones con curiosidad precipitada y angustiosa, pues comprendía que jugaba en esos instantes una partida extremadamente grave, en que su porvenir iba en el envite. ¿Amaba de veras a Gabriela? Eso no podía dudarlo ni por un segundo; tampoco quería ponerlo en duda. Mas, ¿era ese amor tranquilo y suave del que busca la compañera de su vida, la madre de sus hijos, la paz y el descanso del hogar? O era el amor apasionado y tempestuoso del deseo, del amor, de ímpetus incontenibles de la carne? ¿No entraba, también, por algo, el interés? Y su conciencia, en ese mar de preguntas, parecía contestarle inclinándose a lo último.

«Si esa joven tan hermosa fuera pobre, pensaba entre sí, tú no te acercarías a ella, no pensarías en ella; acaso no te hubieras dignado buscarla, ni perseguirla como lo haces, ni hubieras dado el salto mortal y desatentado de hoy día. Es que tú querías impresionarla, sobrecogerla por los sentidos y por la imaginación conjuntamente; es que todo, en el fondo de tu ser, es vanidad, ciega e inagotable mina de vanidad, y vas a buscar en el depósito de tus defectos las virtudes sociales que te sirvan para conquistar mujeres. Perteneces a una antigua y gran familia de dónde has sacado la base de orgullo y dureza de tu carácter; tu padre tiene fortuna, pero no la heredarás sino tarde. Mientras tanto, debes contentarte con la fianza que te da para un arriendo poco lucrativo. Llevas hábitos de lujo incrustados en tu ser. Ahí está ese maletín con frascos y útiles de plata, y tus camisetas y calzoncillos de seda, que contemplaba Peñalver con mirada irónica, y el paltó de pieles que usas en invierno, y las interminables cuentas del sastre y del camisero y de cincuenta más, sin contar los caballos de raza, ni las apuestas, ni lo de Gage. Todo eso es, en ti, forma de vanidad y de impotencia para la vida, pues no tienes en ti la madera ruda de que se fabrican los luchadores, sino el sándalo perfumado de las cajas chinas de pañuelos. Con tu figura y tu nombre, y tu posición indiscutible, no eres sino parásito social, uno de esos que necesitan salvarse con el matrimonio de sus incapacidades orgánicas para la lucha de la vida».

Y al pensar de este modo, al leer en su espíritu el análisis cruel de su situación social, Ángel Heredia sentía, en sí, como una desgarradura de su orgullo contra la cual protestaba en movimientos de revuelta ciega e instintiva. Ah! no, la amo, porque Gabriela es la mujer más adorable que he podido encontrar en mi camino, porque su hermosura hace vibrar mi alma y mi cuerpo en un extremecimiento de todo el ser, en la ebriedad completa del alma... Pero la voz cruel que lo hacía analizarse, le contestaba irónicamente: «Ah! no, no, no... deja el alma tranquila, no se trata de ella...» Y ese espíritu en el cual las corrientes místicas y sensuales se alternaban, sentía en su interior el desgarramiento de las grandes agonías, despreciándose hondamente a sí mismo...

Ladridos de perros llegaban lejanos a través del silencio de los campos y junto con esto, algo nuevo, el rumor de una cascada que se dejaba caer al río por los flancos de los cerros. Entre sus imaginaciones, producíanle sensación desagradable y fría las sábanas de hilo recién puestas, y le molestaban los ronquidos desiguales, acompañados de resoplidos, que daba Peñalver, durmiendo a pierna suelta, con la satisfacción de quien acababa de ganarse veintisiete pesos cincuenta al *polker*. Por fin el joven pudo conciliar el sueño, un sueño entrecortado en el cual daba galopes desatentados en unos caballos minúsculos, saltando abismos y dejándose caer por precipicios, corriendo detrás de Gabriela que le escapaba siempre. Y así llegaba a un país de gigantes y de pigmeos, a la vez, en donde, con un cuchillo de mesa él se entretenía en decapitar a esos hombres chiquitos, gozando con las extrañas contorciones de terror de los seres minúsculos un placer nuevo y desconocido, algo extraño e ignorado de los hombres... Entre tanto, un Sol subterráneo se alzaba rojizo sobre el azul negro del cielo, con majestad solitaria, como el Sol de los días polares, haciendo brillar las cimas cubiertas de nieve y las estalactitas de hielo que cubrían la tierra.

Ángel despertó sobresaltado, sintiéndose en plena oscuridad; sudor frío bañaba sus sienes, y le asaltó, de súbito, el temor horrible de volverse loco, de perder el juicio como su abuelo. Mas, luego, el roncar acompasado de Peñalver, y el rumor lejano del torrente le tranquilizaron y se durmió como un niño.

V

El hacendado chileno de antigua cepa sabe conservar algo de las tradiciones feudales, manteniendo con sus inquilinos relaciones de patronato que si bien recuerdan las del señor de horca y cuchillo, tienen al mismo tiempo su aspecto patriarcal. Don Leonidas mandaba llamar médico al fundo, y su mujer e hijas visitaban a los enfermos, llevándoles remedios y víveres y de cuando en cuando algún «engañito» que los pobres devolvían a su manera, con altivez araucana, regalándoles pollos. Mantenía una escuela, y daba de cuando en cuando carreras y comilonas en que se mataba su par de corderos, sus gallinas, destapándose un barril de mosto.

Aquella noche, don Leonidas había ofrecido gran fiesta a todos los inquilinos y pobres de la vecindad, que llenaban el parque, de cuyos árboles se había colgado multitud de faroles y de luces. Antorchas de bengala, de colores diversos, le daban aspecto fantástico. En el vestíbulo funcionaba el cinematógrafo, proyectando sus cuadros sobre una gran tela blanca. La gente del pueblo contemplaba aquello maravillada, creyéndolo cosa de brujería, por lo cual se santiguaba apresuradamente.

—*Ben haiga*, hijita —decía una vieja—, con estas *funcias* de aparecíos...[24]

—No se le de naa, comadre —respondía otra—, que son los patrones vestíos de farza que saltan pal otro lao...

Durante los entreactos, una banda de mandolinos y guitarras, en la cual figuraban Magda, Pepita, Gabriela, «Paco» y Félix Alvareda, el Comendador, como le llamaban, tocó el Pasa-calle de *Dolores* y varias marchas y piezas de Granados.

—¿Qué dice el amigo Sanders? ¿Cómo anda esto con París? —le interpeló Javier Aguirre.

—No se puede negar que es una fiesta deliciosa... verdaderamente... paternal y de familia... como las que suelen dar en los *chateaux*... pero no me dirá usted que los caminos, en Chile, son infernales, me habría sido imposible traer mi *auto*... para volverme a Santiago.

Sanders pronunciaba *otó*... a la francesa, como abreviatura de automóvil.

La multitud hormigueaba por el parque; muchas mujeres se habían colocado en el césped, en cuclillas, acompañadas de sus niños, con pedazos de

---

24 «Bien haya con estas funciones de aparecidos. (N. del E.)»

pan en una mano y presas de pollo fiambre, en la otra. Multitud de gritos, exclamaciones y gestos de sorpresa saludaban la aparición de cada escena.

Gabriela, acompañada de Ángel, se había sentado en banco rústico, cerca de una glorieta. Sentíase visiblemente preocupada; una sombra de melancolía la bañaba, como penumbra dolorosa que parecía afinar su nariz, y la línea tan pura del óvalo de su rostro. Su color, de ordinario pálido, habla tomado la nitidez transparente del nácar, con ligeras veladuras de sombra en torno de sus ojos agrandados por el peso de una preocupación moral.

El joven le hablaba a media voz:

—Mañana temprano me alejaré de aquí, en donde he pasado unos días que no se borrarán de mi memoria mientras viva, así como no se podrá borrar de mi alma la Noche Buena del bautizo de la muñeca.

Y luego, por asociación de ideas, Ángel agregó ligeramente:

—...¡Esta Magda tiene unas ocurrencias tan divertidas! y cuando se junta con Javier son impagables...

—¡Qué buena pareja hubieran hecho!

—¡Así es... pero papá no ha querido. Ella *también* ha tenido su contratiempo —exclamó Gabriela con voz dolorosa.

Hubo una pausa durante la cual latió con fuerza el corazón de Ángel, al oír ese *también* que le quedaba resonando en los oídos como un presentimiento. ¿Qué significaba esa palabra? Luego su padre *también* se oponía a otro sentimiento... Y mientras sentía el hielo de duda cruel, como aguja que punceteara su alma, se formó grave silencio... El aire tibio traía *el Ideale*, cantado por Caruzzo en el gramófono. Las notas apasionadas del canto correspondían al desgarramiento interior que comenzaba a sacudirle... Su ensueño se desvanecía; el episodio sentimental tocaba su término.

—¿Qué tiene, Ángel? ¡Dios mío! ¿Qué le pasa? ¿Por qué está así...

—Mañana me iré... creo que será para siempre. A mí también se me ha escapado el ideal, ese ideal soñado por tantos años y que creía encontrar ahora en usted.

—¿Por qué duda de mí? ¿Por qué? —murmuró Gabriela.

Ángel guardó silencio, y agregó después de un instante, con turbación:

—Escúcheme... he sido toda mi vida hombre desgraciado y sin hogar. Mi madre murió hace muchos años, siendo yo niño, y no puede usted calcular el vacío y la tristeza de una casa donde la madre falta. Conservo de ella recuerdo, casi borrado, que vuelve a mi memoria cuando contemplo las pinturas italianas de la *Mater Dolorosa*, con la misma expresión de silencio angustioso, de sensibilidad dolorida, y enfermiza. No había sido feliz aquella santa. A veces se encerraba a llorar, y nosotros, como niños, la acompañábamos sin saber por qué. Usted no puede figurarse, Gabriela, con qué fuerza de idolatría nos amaba nuestra madre. Las preocupaciones, las ternuras de su alma iban a nosotros en efusión completa; era uno de esos seres cuya bondad se desborda en cariños, en entonaciones suaves, que besan con la mirada. Se murió... y desde entonces para mí se acabaron las ternuras, los arrullos, las delicadezas que necesita el niño. Entré a la vida ruda y casi militar del internado. ¡Y cómo envidiaba yo los cariños, las palabras afectuosas, los regalillos, las bagatelas, las preocupaciones al parecer nimias de las madres de mis compañeros! Desde niño sentí vacío el corazón.»

Gabriela vio que brillaban lágrimas en los ojos de Ángel, y movida de ternura y sintiendo que las lágrimas también subían a sus propios ojos, en la comunidad de los santos dolores que forman a veces el amor sincero, cogió su mano, apretándola silenciosamente.

—Tenía también, una hermana, menor que yo, pero que me adoraba. «¡Protégela, cúidala mucho, Ángel —me había dicho mi madre en su lecho de muerte...»Y yo la adoraba. Era tan buena como bonita... Las impresiones de entonces me vuelven, atropellándose de tal modo que usted dispensará lo deshilvanado de mi lenguaje. Recuerdo que una Noche Buena, mi hermanita, cuyo cuarto se hallaba contiguo al mío, se me presentó en camisa y con los pies desnudos. «Mi madre está llorando —me dijo—, vamos a consolarla...» Y fuimos. La santa señora, en efecto, lloraba desesperadamente, arrodillada en su reclinatorio. Nos acercamos a ella; aún me parece ver a mi hermanita con sus ojos grandes tan suaves y sus bracitos albos echados al cuello de nuestra madre. «No llore, que es Noche Buena, y todos se alegran con el nacimiento del Señor, con los Reyes Magos, y con los burritos...» Las lágrimas de mi madre se convirtieron en sonrisa.

Fue a un ropero de cedro, a la pieza vecina, y volvió trayendo los juguetes que nos mandaban los Reyes Magos: una muñeca de ojos azules, para mi hermanita, un tambor para mí. Habíamos crecido queriéndonos especialmente entre todos nuestros hermanos, salíamos a pasear juntos, ella me hacía caso en cuanto le decía Dios lo quiso... Marta murió. Está visto que yo he de perder siempre todos los cariños de mi vida, hasta los más santos, hasta los más puros. Ese anhelo de amar y ser amados que todos sienten, incluso las fieras, no ha sido hecho para mí...»

Luego, después de una pausa dolorosa, turbada por el estrépito de la fiesta y el estallido de cohetes en chispas de colores, prosiguió Ángel: «Toda la tarde, por su actitud conmigo, en algo que no me explico, ni sé cómo, por cosas que flotan en la atmósfera —que yo presiento— y creo en los presentimientos por que el corazón suele avisarnos— me parece ver el fin de ese romance, para mí tan hermoso, de ese ideal para mí tan completo. Algo nos separa...»

Los zollozos de Gabriela interrumpieron su frase, dejándola sin concluir; salían desesperados, repentinos, cortados por hipo nervioso, mientras mordía su pañuelo entre los dientes, con el adiós a la vida y al ensueño, de esos que suelen asaltar el ánimo de los condenados a muerte, de los tísicos en último grado, de los que aman y contemplan en relieve ignorados explendores en el momento de perderlos.

—Mi padre... no... no quiere... me lo ha dicho. Que no le hablen más, nunca más de mi matrimonio con usted... antes muerta... antes monja...

Una estrella luminosa giraba en el centro del parque, arrojando a uno y otro lado gavillas de chispas que centelleaban en las oscuridades de la noche. Llegaba olor a pólvora, junto con grandes clamores del pueblo y gritos de entusiasmo.

En el oscuro rincón, junto a la glorieta rústica, disonaban en aquel conjunto de alegría, los zollozos ahora apagados, casi en sordina, de Gabriela. El rostro de Ángel se había desencajado, señalándose en torno de sus ojos amoratado círculo. Se habían hinchado las venas de su frente y su boca, de tono violáceo, se contraía con sonrisa algo sardónica, peculiar en él. Experimentó, primero, sentimiento de estupor. No se hubiera figurado nunca la oposición de los padres de Gabriela. Si hubiera creído honrar a la más pintada, dirigiéndose a ella... Vamos a ver ¿por qué se oponían? pensaba entre sí. Cuanto a familia, no podía ser; pues contaba entre sus abuelos a un conde de Villa-Rosa, uno de los personajes más ilustres y auténticos del siglo XVIII. No sabía qué pudiera decirse de su persona. Los suyos, sus hermanos, gozaban en sociedad de perfecta consideración y de todo género de preeminencias. ¿Qué se había figurado este señor?... Y luego le asaltó la idea de la chismografía santiaguina, de lo que se diría al saber que Ángel Heredia, enamorado de Gabriela Sandoval, había sido *rechazado* por sus padres. Conocía, por experiencia propia, esa chismografía, el corre, ve y dile de los salones, de los clubs, de los corrillos, de los teatros, de las conversaciones pimentadas a la hora del café y de los cigarros; sabía cómo se transforman y aderezan las noticias al sabor de cada cual, para causar sensación, impresionando a los demás con detalles y salzas nuevas que agrega la fantasía y con pequeñas perversidades inconscientes añadidas por algunos, para ser ingeniosos, elevadas al cubo por los imbéciles que las transmiten. Conocía ese placer tan especial, de algunos, en arrojar manchas de lodo a la probidad de los hombres, gotas de veneno a la virtud de las mujeres —algo como un complemento delicioso del chasse-café— de donde resulta, al postre, que tan solo el comentador es honrado y tiene considerable superioridad moral sobre la gente. Sabía la obra de vanidad convertida en aguijón de maledicencia. ¿Qué no había oído decir en las disecciones de mesas del club o del salón?... Y todo volaba con rapidez increíble. Hacía apenas un mes que conocía a Gabriela, y ya le embromaban como a novio; los amigos le tomaban la mano para mirarle si tenía argolla... las amigas le sonreían y le hablaban con otra voz, con entonaciones que le sonaban al oído de modo distinto. ¡Dios mío! qué se iría a decir a Santiago al saberse la ruptura de su noviazgo en ciernes?... Sensación de vanidad herida, aguda como el contacto de un escalpelo, rozó primeramente su piel; enseguida vino la explosión del hombre, el extallido del deseo irrealizado y al parecer inútil, que le hincaba el diente en plena carne, haciéndole sentir las perfecciones adorables, la morbidez de líneas, lo lleno de las formas, el color aterciopelado de los ojos de Gabriela, preñados de misterios, voluptuosos y húmedos, las flexibilidades de su talle. Se exageraba a sí mismo el valor de todo eso, dándolo por único, por irreemplazable. Luego, en sus visiones de imaginación romántica, transformaba los impulsos secretos e inconscientes del sensualismo, en ideal destrozado y sentía por sí una inmensa, una amarga compasión. La tensión nerviosa era ya demasiado fuerte y rompió a llorar, sin cuidarse de la gente que pasaba, de sus amigos que pudieran sorprenderlo. El sentimiento se desbordaba por sobre la vanidad.

Gabriela sintió, a la vez, que la invadía una inmensa ternura, piedad ilimitada al ver a ese hombre, tan fuerte, deshecho en llanto. Se puso de pie, enlazaron sus brazos y en la sombra— se dieron esa noche el primer beso, beso de amargura, beso de agonía, pero ardiente y palpitante como una concentración de sus amores. Y luego, echaron a correr, cada uno por su lado, despidiéndose «hasta siempre...»

Los voladores cruzaban por el cielo describiendo su trayectoria luminosa, para estallar en chispas de colores, como granadas de ópalo, esmeraldas y rubíes.

La gente del pueblo, el inquilinaje, las mujeres y los niños los recibían con vivas y exclamaciones de placer. El cinematógrafo comenzaba las «escenas de una cacería en África»; el entusiasmo del pueblo rayaba en delirio al ver a un *boer*, corriendo a galope tendido y con el lazo en la mano.

VI

Gritadera ensordecedora atronaba el espacio junto a la laguna. ¿Qué había pasado? La gente, movida de curiosidad natural, y llevada del ejemplo, se agolpaba en la parte más visible del círculo de expectadores, hecho una leonera. No pudiendo alcanzar con la vista, algunos se abrían paso a fuerza de codos.

El espectáculo de cinematógrafo y concierto era dado desde el vestíbulo, convertido en proscenio mediante el oportuno empleo de telones. La parte más selecta, junto con muchos invitados de varias haciendas vecinas y huéspedes de don Leonidas, había tomado colocación en bancas y sillas traídas de todas las habitaciones de la casa. Una concurrencia heterogénea, en que se veían sombreros elegantes de santiaguinas y trajes extraordinarios y vistosos, como el de la señora del Alcalde de Quilantren, ocupaba en número de cincuenta personas, más o menos, aquella parte destinada a lo más lucido. Las sillas se estendían, en varias filas, hasta llegar al borde del estanque del parque. Naturalmente, se había dado a las señoras los más cómodos asientos, reservando a lo más selecto las últimas sillas, en las cuales se encontraban don Leonidas, un señor Guzmán, el Alcalde de Quilantren, el «senador» Peñalver, Leopoldo Ruiz, Sanders, Julio Menéndez, «Polo», Sánchez, el cura de la Parroquia, y muchos otros caballeros.

No habían pasado desapercibidos para Peñalver ciertos coloquios misteriosos realizados durante el día entre Magda y su primo Javier Aguirre, acompañados de idas y venidas bastante disimuladas. Mal que les pese, habré de averiguar de qué se trata, decía para su capote el «senador» ya bastante escamado con las bromas continuas y tradicionales en la familia de Sandoval. Había que andarse con tino, pues Magda era loca. Contábase en los extrados santiaguinos que un día presentaron en la casa, con cierta solemnidad, un pretendiente a la mano de Gabriela, precedido de muchos títulos, recomendaciones y campanillas, pero que a pesar de todo no les caía bien. El salón estaba lleno de gente, las mesas con vasos de flores; circulaban platillos de helados. El galán se acerca a la niña, vestido irreprochablemente de frac, todos le sonríen y Javier Aguirre, que hacía de introductor, le ofrece una silla, el joven se sienta y... cataplún... chinchín... se viene al suelo en compañía de la mesa vecina y de un par de vasos con flores que derramaron su líquido sobre el vestido nuevo de una señora. La silla estaba preparada y las patas sueltas. Una carcajada universal acabó con el pretendiente y el noviazgo. Los invitados a comer solían encontrase a la salida de la casa, en pleno invierno, con las mangas de los abrigos apretadas.

—Póngase usted el paltó, no se vaya a resfriar —decíales Magda con suave sonrisa. Los infelices forcejeaban en vano, echando los bofes; las mangas habían sido pegadas en la mitad, con hilo negro. Y no había más que reírse. Era conocido el caso de un Ministro de Estado; a quien Javier Aguirre había rellenado su sombrero con corcho, y como no le cabía, convenciole de que se le había hinchado la cabeza, obligándole a llamar médico por teléfono. Todo eso lo sabía Peñalver, por lo cual se puso activamente en campana, no tardando en descubrir el «misterio Sandoval», mediante la promesa solemne de cooperar a su obra.

Entre Magda y Aguirre habían preparado cuidadosamente anillos al pie de la laguna, haciendo pasar por ellos una cuerda, atada con disimulo a los barrotes superiores de una silla, de manera que desde un extremo pudieran tirarla de golpe al suelo. Aguirre y Peñalver ofrecerían con amabilidad la silla, como asiento de honor al joven Sanders, insistiendo Magda en colocarlo entre la señora del Alcalde y el «senador» dejándole, de ese modo, en la imposibilidad de negativa.

Durante la primera parte de la función todo había pasado sin inconveniente, mas al llegar al punto en que echaban a correr los caballos de los *boers* en la «cacería» del cinematógrafo, Aguirre dio la señal, un «roto»[25] forzudo tiró de la cuerda y el joven Sanders, perdiendo de súbito el equilibrio, se fue de espaldas a la laguna con silla y todo. Lo peor del caso, y lo imprevisto para los autores de la burla, fue que la víctima, echando manotadas, naturales en tales casos, cogió con una mano el sombrero de la señora del Alcalde de Quilantren y con la otra el chaquet de Peñalver, recién sacado del concho del baúl. Mas, como no fuera suficiente la resistencia de ambos objetos para impedir su caída, se fue de espaldas a la laguna, llevando en una mano un manojo de plumas de todos colores y de rosas artificiales de

---

25 Expresión para referirse con desprecio a los miembros de las clases populares. (N. del E.)

sombrero, a guisa de trofeo, y en la otra la persona del «senador» que también fue a sumirse a la laguna.

Alborotose el cotarro, la señora del Alcalde puso el grito en el cielo:

—Bien me decían —exclamaba con sus recelos suspicaces de provinciana, y cierto retintín—, bien me decían, que para venir a casa de los Sandovales tenía uno que bandearse bien. Miren si no como me ha puesto el sombrero este *avechucho*...[26]

Alarmábase don Leonidas, entre enojado y risueño; doña Benigna se reía a carcajadas; las sobrinas del cura daban gritos, pareciéndoles de buen tono la timidez el administrador llegó corriendo; Polo y Paco Velarde aumentaban el tumulto. Y cuando todo aquello parecía una leonera, salió por un lado Peñalver, rengueando, y por el otro Sanders con cara de furia, chorreando el agua por todas partes. Para colmo, el joven Aguirre les dio la mano, ayudándoles a salir del estanque, en medio de carcajadas estrepitosas de Magda.

—Senador de la República, *Yo corro a salvarti,* como Manrique en *Il Trovatore.* ¡Honor y prez del más alto cuerpo legislativo! tú que dictas leyes al país, te ves convertido ahora en imagen en del Dios Neptuno, Dios de las aguas, chorreando el agua por todas partes, como una isla ambulante... ¿Y tú, ilustre Sanders, joven e inmaculado espejo de elegancia, con tu pechera blanca empapada y tu *smocking,* convertido en regadera pareces una mosca en leche».

Y luego, apretándose con una mano la barriga y apuntando con la otra al rostro de Sanders, agregó el endiablado Aguirre:

—¡Oh! el monóculo!... ha salido atornillado al ojo, después del baño en la laguna, sosteniéndose con la energía del general MacMahon en la Torre Malakoff... dice: «*J'y suis, j'y reste.* ¿Qué les parece a ustedes este joven elegante? ¿Qué le falta ahora para telescopio?».

Efectivamente, Sanders se había dado una zambullida por el agua y salía con el monóculo puesto...

Peñalver, no sabía qué hacerse, y reía con aire de mundo, tratando de salvar lo menos mal posible de su papel de burlador burlado, que Magda le echaba en cara con gestos. En cambio Sanders que era joven correcto, y

---

26 Joven. (N. del E.)

perfecto *gentleman,* no cabía en sí de cólera, comprendiendo la burla. Salió sin decir palabra, mas, apenas hubo divisado a Javier Aguirre, distraído, cuando se lanzó en contra de él. El bromista quizo esquivarse echando a correr, mas con tan poca fortuna que Sanders lo alcanzó en mitad del parque, propinándole una bofetada que le hizo dar tres vueltas por el pasto, y sino se lo quitan los demás amigos que en ese instante llegaban, diera buena cuenta de él. Con esto se le espantó el enojo tan rápidamente como le había venido, pues era muchacho noblote y de buenas entrañas, incapaz de resentimientos.

Quiso la suerte que al volver de una avenida, no bien se hubo apartado algún trecho de allí, viniera a topar de manos a boca con Magda. Quedó confusa y trató de tomarlo en broma.

—¿Será posible, Magda, que usted trate de ese modo a los amigos? —díjole Sanders en tono de reconvención cariñosa, pues no tenía un pelo de leso[27] y bien comprendía el origen y los autores de la broma.

—¿Qué culpa tengo yo de que usted se haya caído?

—No crea fuera capaz de burlarse, de ese modo, de un amigo que tanto afecto le profesa...

El joven bajaba el tono un poco ronco de su voz, con entonación particular de queja y de cariño, de la cual él mismo se sintió extrañado. Magda se turbó profundamente, más que por las palabras, por el acento... Y sonrió, con sonrisa franca y abierta, sonrisa calurosa, distinta del gesto burlón habitual en ella.

—Perdóneme... ha sido una niñería. Seamos buenos amigos —agregó alargándole su manecita.

Sanders, a su turno, experimentó una turbación nueva, inesperada, timidez que lo cogía de repente y que por primera vez, como relámpago, calentó su corazón con la idea de querer a Magda. Una queja, un encuentro súbito, leves inflexiones de voz, habían decidido el porvenir de ambos.

Sería cosa de media noche cuando los invitados se retiraron del parque, después de terminada la fiesta. Recibió entonces, la niña, el golpe de gracia. Don Leonidas, a quien sacaba el bulto desde hacía una hora, la sorprendió en el vestíbulo y presa de cólera sorda, con la palabra trémula de ira, le dijo

---

27 En Argentina, Bolivia y Chile, tonto o necio. (N. del E.)

a media voz: «No sé bien si eres tonta o si eres loca, Magda; con tus disparates de esta noche la señora del Alcalde de Quilantren se ha ido como furia. Esto significa, como quien no dice nada, una comuna perdida, quizá la elección de diputado en la lucha próxima...

—Pero, papá... yo no sé...

—No hay pero que valga... —exclamó don Leonidas en el colmo de la exasperación. Parecía volado,[28] como familiarmente se dice.

Los invitados jóvenes habían tomado el camino de las casas viejas, en donde se encuentra el departamento de alojados, en forma enteramente independiente. Erase un cañón de piezas comunicadas entre sí, pero con puertas independientes al patio. Las habitaciones tenían todas, colgaduras de cretona, lechos confortables, alfombras nuevas, catres ingleses pintados de laqué blanco y lavatorios del mismo estilo, mezcla de sencillez y de comodidad, a un tiempo. No habían trascurrido diez minutos cuando un par de golpes, en cada puerta, advertía a los huéspedes la llegada de Javier Aguirre en compañía de Julio Menéndez. «Venimos a pedirles nos hagan la honra de acompañarnos a *una manifestación»*, les decían. Y al ver que torcían todos el gesto, como temiendo las manifestaciones de Javier: «*Nota».* Agregaba éste: «se trata de un asunto serio y con agradables sorpresas. De ustedes atentos y seguros servidores que sus manos besan: firmado: Januario Aguirre y Julio Menéndez, como afianzador de *mancomun et in solidum».* Esta carta, recitada de viva voz, era repetida en la puerta de cada cuarto. Minutos después se habrían las puertas de comunicación y una concurrencia «numerosa y selecta» invadía la pieza de Menéndez. Había todo género de trajes: unos, en camisa de dormir y zapatillas; otros en calzoncillos y camiseta, el de más allá envuelto en su sábana de baño, los más elegantes en camisa de día, de color, y zapatos. A medida que entraban fueron sentándose en las camas, sofáes, mesas o en el suelo, hasta una docena de jóvenes, entre ellos «Paco» Velarde, «Polo Sánchez», Sanders, Julio Menéndez, el «Comendador» Alvareda, y Ángel Heredia, presididos por el «senador» Peñalver. Apenas les vio reunidos, Javier se dirigió a una de las camas, tratando de alzar la colcha. Sordo murmullo de indignación en la asamblea se levantó, aplacado luego por un gesto de Julio: «Avete

---

28 Cohete, dinamita. (N. del E.)

pacenza, miei signori», pues a Menéndez le daba por hablar italiano cuando estaba contento.

Javier sacó debajo de la cama una gran canasta, llena de paquetes, que iban a manos de Julio y de ahí a la mesa. Fueron saliendo revueltos: media torta de alfajor... «¡De la Antonina Tapia...» gritó Ruiz con entusiasmo... dos gallinas fiambres... huevos duros... lengua... jamón... un trozo de huachalomo salpreso... dos botellas de vino blanco y varias de cerveza... queso mantecoso... mucho pan de grasa... un tarro de *paté de foie-gras».*

Cada vitualla era saludado con una exclamación entusiasta. Al divisar la caja de «Paté de foie», Leopoldo Ruiz palmoteó el hombre de Sanders: «Al fin y al cabo, compañero, le dijo, con estos argumentos concluiremos por hablar francés». Y sin más ni más se distribuyeron los víveres y comenzaron su tarea con reposo y en silencio. El uno metía el diente a una pierna de gallina, asegurada con la mano; el otro devoraba un pedazo de lengua; éste empinaba el codo, apuntando al techo el fondo de la botella de vino blanco; aquél destapaba un tarro de conserva; quien hacía saltar como un balazo, el corcho de una botella de Apolinaris, y todos reían, y todos hablaban, y todos comían y gritaban a un tiempo, apenas se hubo satisfecho el apetito.

—¡Eso es de hombre! —exclamaba Ruiz señalando el canasto.

—*Perdono a tutti*, como Carlos V —decía Sanders golpeando el hombro de Javier—. Veo que vuelves por tu honor, lavándolo en cerveza. Mucho te será perdonado, porque nos has traído mucho. Eso sí que te guardo en la mente un pequeño saldo insignificante, cosa de poca monta...

—Diga, compañero, con franqueza —le interrumpió Ruiz—, ¿qué tal gusto tiene el agua del estanque? A mí se me figura que ha de ser bien rebuena para un cólico. Usted se encuentra curado de antemano, en salud...

—Cállate «huaso» bruto... lo que tú necesitas es recibir un baño de civilización en cualquier parte... —contestole Sanders.

Por única respuesta el interpelado le disparó con un pan, y como éste se agachara, el proyectil fue a dar en un ojo de «Paco» que ya no volvió a ver claro en toda la noche.

—Esta, señores —dijo con voz estentórea Javier—, es la cena de la despedida y de la reconciliación con el amigo Sanders que cual segundo Moisés, se ha salvado de las aguas junto con una silla de paja...

Todos hablaban a un tiempo, cansados de comer y de beber, los rostros estaban encendidos, las miradas brillantes e iluminadas. Impulsos súbitos de alegría les calentaban la sangre.

Julio quitó los comestibles de la mesa, y tendiendo sobre ella su manta de viaje, propuso «una manito de *bacará*...».

Luego salieron los naipes y los puñados de billetes. Menéndez tallaba unos doscientos pesos. «Señores, se prohíbe paradas de más de cinco pesos... ponerse... ¿carta?... sí... contento... vaca... perdí... vamos pagando a los dos lados... Ponerse... sin picarse... ambos lados se tienden... chica... grande... y yo siempre con vaca... estoy destinado a dueño de lechería... pero así la vida es un soplo, señores...»

Ángel jugaba furiosamente, pero con aparente calma. ¡Copo la banca!
—Aceptado.— Chica... vaca... Menéndez le pasó todo su dinero cediéndole inmediatamente el puesto. «No pongo límite». «¡Cinco pesos a la derecha!» exclamaba Peñalver.

—¡Cien a la izquierda!

—Yo tomo las cartas», agregó Menéndez calentándose. Unos fumaban, renegaban otros de su suerte, lamentándose los perdidosos, todos metían ruido, salvo Ángel, a medida que subía a sus cabezas congestionadas la pasión del juego, la más dominante y ciega. El joven tallaba lentamente, con labios apretados, frialdad grande y brujuleando lentamente las cartas.

Así, entre broma y broma, llegaron hasta pasadas las dos de la mañana, cuando un gran estrépito, seguido de gritos en la pieza vecina, les hizo acudir a ella. Era que Sanders, con gran disimulo, había preparado el catre de Javier Aguirre de modo que apenas éste se hubo acostado cuando el colchón se vino al suelo con gran estrépito de tablillas de madera. El joven Sanders, escondido en un rincón, saltó hacia la taza de lavatorio llena de agua, dejándola caer sobre su víctima, tendida en el suelo. Ésta puso el grito pidiendo socorro, acudiendo entonces Menéndez quien, armado de la almohada de la cama se arrojó sobre Sanders. Aguirre, viéndose libre, cogió un zapato, disparándole a guisa de proyectil en contra de su agresor, pero con tal mala suerte que le asestó el golpe a Flores que se asomaba. Con esto la batalla se hizo general, dándose unos a otros con las almohadas, con las toallas, barajando los golpes con las sillas, en tanto que «Polo» armado de un sifón de agua de Seltz, disparaba el chorro a guisa de metralla, sobre los ojos de los asaltantes, haciéndoles huir despavoridos. Para colmo, un mandoble apagó la vela, con lo cual trataron todos de escapar a un tiempo de la pieza, rodando por el suelo confundidos y enredados entre pisotones, gritos, juramentos y reniegos, puñadas y almohadazos.

—Que haya paz y concordia entre los Príncipes cristianos —dijo el «senador» apareciéndose con vela encendida. Ya todos estaban cansados y se fueron a acostar, acompañados de la risa de Ruiz que no se acababa nunca.

—Estos jóvenes ignoran el tesoro que poseen, esa joya de los veinte años —decía Peñalver a media voz, apagando la luz—. Esa es la edad de las alegrías y de las ilusiones, cuando el porvenir se muestra de color de rosa. Todo es ligero, hasta el aire que se respira, todo es despreocupación y burla y motivo de entretenimiento. Ahí están «Polo» y «Paco» que juegan a pares o nones con los números de los tranvías en la esquina de Don Benito. Más allá Heredia, enamorado de Gabriela, y Sanders metido en el sport, Menéndez en el juego, todos alegres, contentos y felices, dejando rodar la vida con la despreocupación con que Buckingham miraba rodar sus perlas. ¡Quién me diera volver a los veinte años con sus sueños de santa poesía, de infinita dicha, de nobles ilusiones! Todo aparece hermoso y grande, lo mismo que contemplado años más tarde se nos muestra pequeño y mezquino. A los veinte años, uno se le sube a las barbas a todo el mundo y se le mete espuela, no más. No hay fortaleza inespugnable, como se pueda subir a ella en un jumentillo cargado de oro. De maldita de Dios la cosa sirven los consejos a los veinte años, ni la experiencia de otros, solo se busca lo que trae placeres y procura diversiones. Aún no estamos enterados entonces del fondo egoísta y utilitario de la vida, del choque de intereses, de la puja de ambiciones, de la indiferencia de nuestros amigos, del egoísmo de aquellos por quienes a veces nos sacrificamos, de la importancia enorme del dinero en las sociedades en vía de formación, del desdén por la cultura del espíritu. Aún no hemos sentido el peso del brazo del advenedizo y del recién llegado sobre los hombros de corazón y de afectos, de tradiciones de familia a la antigua usanza. Poco a poco van mostrándose los desengaños lentamente. Más la juventud, con la alegría inconsciente de los veinte años se derrocha en el bullicio como el champagne se deshace en espuma. Aún no se conoce aquel aburrimiento que, según decía una dama del siglo XVIII, es propio de toda persona bien nacida; ni estamos condenados aún a verse reflejar dentro de nosotros las cosas con monotonía desesperante.

Peñalver experimentaba la nostalgia de los veinte años, el desconsuelo de que su espíritu joven no estuviera en consorcio con su cuerpo, el recuerdo cariñoso de buenas horas desvanecidas, tan bien expresado por la voz portuguesa de «Saudades». Y sentía el dejo amargo de una situación social de eterno equilibrio, situación forzada en que se encuentran siempre los hombres sin fortuna obligados a mantenerse en roce con la sociedad de buen tono, con hombres de posición y de dinero, sin poseer ellos ni una ni otra cosa. Mantenerse de manera decorosa, para su orgullo, sin rechazar intempestiva y tercamente lo que viene del poderoso y sin humillarse para conseguirlo; no mostrarse nunca en condiciones equivocas ni deprimentes, aprovechando al mismo tiempo la alegría del vivir, la buena mesa, el palco, el carruaje del amigo, el cigarro habano; ser, en el fondo, un parásito, aparentado que se hace honor a la persona en cuya compañía uno se muestra. Pagarlo todo en monedan de buen tono, con la tarjeta o el regalito enviado oportunamente en los días de santo, el pequeño servicio prestado a tiempo, la atención constante, la palabra discreta, de actitud dignamente jovial, el espíritu de sociedad convertido en arte consumado «viviendo sobre el país». Todo eso había en el hondo suspiro de Peñalver al acostarse —de ese pobre Peñalver, a quien sus amigos habían dado el apodo irónico de «Senador».

Segunda parte

Al caer de las hojas

I

Los relojes habían dado, unos en pos de otros, las diez de la noche, con el sonido melancólico de las viejas campanas santiaguinas. La ciudad, iluminadas las calles centrales por grandes focos, presentaba el aspecto solitario y triste de ciudad muerta, en aquella noche de invierno en que los girones de neblina se arrastraban por los jardines del Congreso, entre pinos y palmeras, para envolver, luego, en la Plazuela, monumentos y columnas de bronce. Los focos parecían rodeados de nimbos de luz. De cuando en cuando, la campana del tranvía eléctrico arrojaba su chillido metálico en las diversas calles del crucero de Bandera con Catedral y Compañía. Algún farol rojo de carruaje nocturno desaparecía de la puerta del Club de la Unión.

Los girones de neblina envolvían, también, la Plaza de Armas en denso velo rasgado por ramas de palmeras, dentelladas y oscuras. El piso húmedo, todo enladrillado, brillaba, dejando resbalar suaves reflejos de luz a los ojos de un joven que caminaba rápidamente con el cuello del gabán levantado y el paso característico, arrastrado a derecha y a izquierda, con el balanceo propio de cuantos llevaban en sus venas sangre de Sandoval. Era Javier Aguirre; al llegar a la esquina de la Plaza con Estado, se detuvo un momento. En esos instantes salía la concurrencia de la segunda función del Teatro Santiago. Sus anchas puertas arrojaban esos grupos compactos y negros que salen como enjambre del recinto iluminado, precipitándose por una y otra acera, como dos culebras interminables que se deslizan junto a la casa roja de piedra, de los antiguos Condes de la Conquista, y cruzan el Portal MacClure. Javier Aguirre se había detenido, perplejo, en el crucero de la calle del Estado con la Plaza. Los girones de neblina, menos densos en aquella parte, se rasgaban, permitiendo contemplar, en la penumbra de los focos eléctricos, las torres de San Agustín y las aceras ensanchadas de la calle, por las cuales quebraba sus rayos la luz; más allá los faroles pajizos de un Bar y la luz roja de la Botica de turno. Un coche pasaba lentamente como pidiendo pasajeros. El joven hizo gesto para llamarle, más cambiando súbitamente de idea, le dejó pasar. Experimentaba sensación nerviosa de impaciencia. Acababa de acudir a casa del doctor Boildieu, sin hallarlo, y se dirigía en busca de otro médico, más en el momento de silbar el coche, al ver la columna de gente que salía del Teatro, cambió de idea. Acaso entre la muchedumbre que salía pudiera encontrar, sino al célebre médico francés, a un facultativo cualquiera, pues el caso apuraba.

—Adiós, Javier —díjole, de paso, un personaje de aventajada talla, maciso, de ancha barba semicanosa, con ese tono entre familiar y cariñoso, de los que tienen costumbre de encontrar a una persona en salones.

—¡Deténgase! Doctor, le buscaba... —contestó el joven con aplomo. Acababa de toparse casualmente con el Doctor Morán.

—Vámonos ligero —agregó—, que mi tío Leonidas se nos va...

—¿Cómo así?

—Acaba de darle el tercer ataque y se encuentra, como dicen ustedes los médicos, en estado comatoso, sin conocimiento alguno, parece muerto. Tiene el rostro lívido, de color que da miedo, y está flaco, flaco, únicamente con huesos y pellejo. Tiene manchas amoratadas...

Y el joven Aguirre enumeraba detalles con palabra fácil y cierta complacencia de manifestar experiencia de enfermedades y materias médicas.

—Malo... malo... ¡Canastos! —murmuraba Morán, pasándose la mano por la barba—. ¡Pobres chiquillas! —agregó refiriéndose a las niñas Sandoval—. Lo adoraban, sobre todo Gabriela, a pesar de que Magda, como menor, era la más regalona.

Morán experimentaba complacencia al manifestar relaciones de intimidad con esa familia distinguida; cierto airecillo de vanidad satisfecha, la satisfacción de sentirse como parte integrante o complemento del círculo en boga. Había conseguido levantarse de una posición oscura y modesta a otra expectable, sin ayuda ni protección de parientes, y lo que es más extraordinario, sin talentos profesionales de ninguna especie, a fuerza de amabilidades y de tacto, sacando a bailar a feas en las fiestas, acompañando mamáes, buscando abrigos, siempre fino, siempre, sonriente. Ahora, ya dado a conocer en salones, tenía su pequeña clientela, pues en la lucha por la alta sociedad, hasta existen personajes y familias que consultan y llaman a un facultativo por ser «el médico de las Sandoval». En ese tejido de vanidades e intereses, de apetitos y concupiscencias, en que todos se empujan y golpean, por subir, por medrar, por abrirse brecha en la vida mundana —toda vanidad y vacío— existen factores, que a primera vista no aparecen, pero que desempeñan el papel de pequeño e invisible tornillo en máquina complicada. Eso era el Doctor Morán. Había tomado el paso de Javier Aguirre, deslizándose rápidamente por calles desiertas, cruzando la de Compañía, hasta llegar a casa de Sandoval. El gran edificio, con ventanas cerradas y oscuras, tenía aspecto triste, a pesar de hallarse pintado de blanco, el color de moda. El Alcalde había mandado cubrir con arena el piso de aquella cuadra de Compañía, conociendo el estado de suma gravedad del ilustre enfermo. A la puerta estacionaban tres coches: el americano de visita y otros dos para los mandados, pues a cada momento necesitaban acudir a la botica en busca de bolsas con oxígeno.

La hoja de la mampara, de vidrios opacos, se hallaba entreabierta. Un reporter de diario, lápiz en mano, tomaba apuntes bajo la bomba central del vestíbulo de mármol, copiándolos del último boletín dictado por el médico de cabecera; un sirviente, de frac y de corbata blanca, el rostro afeitado e impacible, con esa insolencia peculiar en sirvientes de casa grande, esperaba a corta distancia.

Apenas resonaron pasos de recién llegados, se oyó carrerita femenina y rumor de faldas recogidas. Era Magda, con un pañuelo de lana tejida echado sobre la cabeza y con lágrimas en los ojos...

—¡Al fin, un médico —dijo—... creí que no llegaría jamás... ¿Cómo le va, Doctor?... mi papá está muy grave... se muere...

—Cómo va, pues... tranquilísese... calma... calma... Esto pasará... si no es para tanto. Más de uno he visto yo volver del borde de la sepultura y enterrar a otros buenos y sanos como si vendieran salud. No se aflija, Magda. ¿Y su mamá? y Gabriela?

—Desesperadas... Mamá en cama, y todas andamos con la cabeza perdida.

—Naturalmente. Vamos a ver al enfermo.

Y Morán se quitó lentamente guantes y abrigo con esa calma profesional que desespera en ciertos instantes.

—La sola presencia del médico mejora y tranquiliza a la gente de la casa —dijo en tono sentencioso a Javier Aguirre.

En el escritorio, sobre sillones bajos de cuero, se hallaba una docena de personas, entre ellas dos o tres políticos, jefes de partido, el gerente de un Banco del cual era consejero el señor Sandoval, y varios caballeros viejos, amigos de la familia, con sus calvas relucientes y su tos asmática. En la pieza vecina estaba el Presidente de la República, acompañado de dos o tres personas y de un clérigo, «el señor Correa», uno de esos sacerdotes hombres de mundo, persona de agradable trato y maneras finas.

    El «senador» Peñalver, de pie, con ojos enrojecidos, sin hablar palabra, se fumaba en silencio un cigarro puro. Sentía pena profunda, no tanto por su amigo don Leonidas, a quien quería y no poco, cuanto por su propia persona. Con don Leonidas se iba algo de su pasado, era como si fuesen a enterrar un pedazo de su existencia, los recuerdos y aventuras de muchacho, las pellejerías de antaño, los explendores de otro tiempo durante el cual Peñalver había desempeñado papel auténtico de gran señor y de millonario ¡ay! por desgracia demasiado corto. Se apiadaba Peñalver de sí mismo, al ver cómo se iban, uno a uno, los compañeros que habían hecho juntos la jornada de la vida, los que visitaron unas mismas casas de tono, y se presentaban al teatro y a los bailes en alegre círculo. Ya iban quedando muy pocos de los que fueron a la inolvidable fiesta de Meiggs, o al gran baile de la Presidencia de Pérez, de los que paseaban por París en victoria a la Daumond en compañía de Florencio Blanco, el buen mozo clásico del Segundo Imperio. «¿Te acuerdas Cucho?» dijo a uno de los señores de cabellera blanca, repitiéndole en voz alta sus reminiscencias. «Leonidas figuraba entonces con nosotros...» Un suspiro ahogado se escapaba de su pecho de viejo vividor... «El pobre se nos va... me ha dicho Boildieu que ya no hay esperanza... si no de mantenerlo. Hoy estuvo de visita el Arzobispo y Leonidas no lo conoció...» Peñalver clavó la vista en la alfombra, dando puchadas a su cigarro puro.

    En esos instantes cruzaba el vestíbulo Justino Vanard, uno de los íntimos de la casa, con su pasito corto en son de baile. Era pequeño de estatura, de grandes bigotes negros levantados, ojos hermosos, profunda y tupida cabellera color ala de cuervo y usaba peinado aplastado que daba a su cabeza tono relamido. Andaba siempre con la cabeza echada atrás y el cuerpo erguido, como esforzándose en elevar su estatura. Su edad sería de 35 a 50 años, es decir indefinida, pues no tenía edad. Vanard, como Peñalver, figuraba entre los indispensables en toda casa de buen tono.

De trato simpático y culto, había leído su poco de literatura y publicado traducciones y algunas poesías, amén de revistas de bailes y de salones, con lo cual junto con darse ínfulas de literato, era solicitado por las damas con pequeñas amabilidades o coqueterías, esperando llegar a las eternidades de la fama social en recortes de periódicos. En extremo servicial, se desvivía por escribir cartas de presentación para el género humano, solicitando, para una misma persona, un día la plaza de astrónomo y otra la Sede un tiempo vacante del Arzobispado de Santiago. Iba y venía, dándose vueltas y revueltas, como si tratara de practicar el movimiento perpetuo, siempre alegre, conversador, a veces cáustico, buen muchacho; diciendo galanterías a mujeres, palmoteando a los hombres, con sonrisas discretas a los poderosos y apretones de mano a los modestos y pequeños. Amigo de las personas de talento, las admiraba hasta en sus fragilidades y sus vicios. A partidas nobles y desinteresadas unía pequeñeces y vanidades increíbles. La nota dominante de su carácter era el *exhibicionismo*, la manía de figurar, achaque moderno en estas sociedades jóvenes, y enteramente desconocido hasta los últimos años. Vanard se moría por aparecer en casamientos, en fiestas, en comisiones de *kermesses* o de conciertos de caridad, en bailes, en comidas, en reparticiones de premios, en revistas de bomberos y en funerales, a los cuales jamás faltaba. Contábase que había dado el siguiente consejo a un amigo joven: «El secreto del éxito en el mundo consiste en aprenderse de memoria, para el caso, un discurso de pésame y otro de felicitación». Pasaba, una tarde, frente al Club un suntuoso convoy fúnebre, seguido de infinidad de coches. «¿Quién será el muerto?» preguntábanse unos a otros los socios parados en la puerta. Nadie lo sabía.

—Debe de ser Vanard —dijo uno—, porque es la primera vez que no lo veo figurar de acompañante en un entierro.

Vanard se las valía para los pequeños servicios, las amabilidades oportunas, para traer el abrigo de las señoras, el paletó de los ancianos, para descubrir un carruaje entre quinientos, y de esta manera, poquito a poco, se había formado su posición mundana tan confortable, como sólida, con asiento fijo en las mejores mesas, su jugar, en los palcos, haciéndose indispensable en comidas y fiestas.

Apenas hubo entrado Vanard, con su pasito corto y rápido, cuando dio tres golpes en los cristales de la pieza de Gabriela, quien salió apresuradamente al patio.

—Toma chiquilla —le dijo, pasándole un paquetito—. Aquí está la receta, y en el paquetito las agujas para inyecciones... Me ha costado más trabajo encontrar esa botica que a Menelao al raptor de Elena. Santiago, como ciudad, se parece a esos paltoes vueltos del revez, en, los cuales nada parece en su sitio. ¿Y cómo sigue tú papá?

Mientras Vanard pasaba el pañuelo por su frente empapada en sudor, la niña le dada las gracias. Su padre seguía lo mismo, es decir, muy grave. Solo en ese instante acababa de aparecer un médico... Morán... Al oír este nombre, Vanard, conocido por sus opiniones avanzadas de librepensador, hizo la señal de la cruz.

—Lo que es yo... no lo llamaría ni para curar las yeguas de un coche... ni para resfriado. En casa de las Wanda, solamente lo llaman cuando se enferman los sirvientes. En fin... estaba escrito...

Sin más ni más, ambos se encaminaron al segundo patio, llevando la joven los remedios en la mano. En esto se abrió la puerta del escritorio, saliendo Peñalver a reunirse con ellos, con su peculiar paso balanceado. Había sentido, desde su asiento, la llegada de Vanard, su murmullo a media voz y acudía él, a su turno, en parte por curiosidad, en parte porque no le agradaban los rivales en las intimidades y afectos de la casa. Era ese uno de los motivos por los cuales no profesaba simpatía a Vanard, que conocía a las niñas desde chicas y a sus padres de solteros, gozando los usos y prerrogativas de los dueños, de mandar a los sirvientes, de pedir copas de coñac con Apollinaris y de meterse de rondón hasta el fondo de la casa. Era aquélla una rivalidad cómica, invisible para el mundo, apenas, perceptible para los íntimos o parientes como el joven Javier, que gozaba con ello de manera inmoderada.

Así llegaron al saloncito de costura del segundo patio, una de esas piezas íntimas conocidas por los franceses con el nombre de boudoir, amueblada toda ella con muebles del primer Imperio, conservados en la familia de Sandoval por espacio de setenta años. A pesar de los esfuerzos de las jóvenes por desterrarlos como «poco elegantes», doña Benigna se mantenía firme y fiel con ellos.

Todas las casas en donde existe enfermo grave, presentan el mismo aspecto. Las conversaciones en voz baja, el andar en puntillas, los rostros adustos de los cuales parece desterrada la alegría, trocada en gesto uniforme y convencional, y la tensión nerviosa en la cual el chirrido de una puerta, una frase más alta, cualquier cosa, produce vibración desagradable. Figurábanse todos, por especie de arreglo convencional y tácito, que con semejantes medidas obtendrían la mejoría del enfermo. De ese modo, habíanse acostumbrado, sin notarlo, a una vida de gestos artificiales dentro de los cuales se ocultaba la indiferencia en unos, escasa pena de otros, la preocupación en dos o tres. Con todo, seguía la existencia diaria su curso acostumbrado, mandábase por dinero al Banco, la «Tato» preparaba la lista de la plaza, discutiendo con la patrona los guisos del día siguiente, encargos de vinos o de conservas a los almacenes o de pasto aprensado para los caballos. Dábase quejas de la conducta del cochero, pedíase el anticipo de un sirviente, licencia para el otro y seguían su curso las pequeñas preocupaciones de la vida cuotidiana. Ya la Rafaela estaba insoportable de ensimismada y respondona, según afirmaba la «Tato», de pie, más con el tono imperativo y familiar de sirvienta antigua que forma parte de la familia.

En el saloncito solían oírse unos suspiros ahogados, y, de cuando en cuando, algunos bostezos. Encontrábase lleno de señoras, de la familia unas, amigas de intimidad las otras, parientes pobres el resto. Era ese alud que se descarga, como a voz de consigna, en días de santo y de enfermedades graves. Las mujeres enchucheaban en voz baja, conversando unas del último sermón del Padre Más, otras de nuevas modas de Invierno. Los sombreros se usarían anchos y caídos como platos vueltos, al estilo chino; la de más allá encomiaba lo barato que vendían las cosas en la tienda de Riesen... el par de guantes cuatro pesos cincuenta, ahora que piden por todo un ojo de la cara, por el mal estado del cambio. En resumidas cuentas, ya no se podía vivir en Chile, donde cobran ¡Jesús! por un huevo fresco treinta centavos.

Alguien entró sin que lo notaran, al saloncillo, había saludado y se había sentado sin que lo vieran. Era un señor de sesenta y cinco años, de ojos azules, uno de los cuales parecía de vidrio, cabellera cana cortada al rape, bigotes gruesos, chaquet cubierto de caspa y esa traza decaída de ciertos hombres cuando la vida los maltrata y vienen a menos. Era don Pablo Sandoval, hermano de don Leonidas. Preguntó por la salud del enfermo, contestáronle, hubo ligero silencio, y siguió la charla de mujeres a media voz, hablando todas a un tiempo. En esos instantes cruzaba por el saloncillo el doctor Boildieu, seguido de Justino Vanard. Las señoras bajaron el tono con respeto, inclinándose a su paso. De repente notose agitación prolongada entre ellas, algunas se pusieron de pie, adelantándose a la puerta con ojos bajos y sonrisa en los labios. Era el clérigo, «el señor Correa» que entraba con andar lento, fisonomía de nariz fina y labios delgados, penetrantes los ojos, mandíbulas un tanto salidas y frente de marfil viejo, aire aristocrático y ligero fruncimiento en las cejas que le daba sello especial. Constantemente cruzaban sirvientes con teteras de agua hirviendo, remedios y cosas necesarias en esas emergencias; habían recomendado que atravesaran por las piezas del fondo, mas preferían pasar por el «costurero» para darse importancia.

Poco a poco, y a medida que avanzaba la noche, la gente se retiraba, quedando tan solo uno que otro íntimo. Se habían alejado los que iban «por cumplir» y se arrellanaban en sofáes los demás, que iban por costumbre, y por curiosidad, o por ese hábito peculiar que arrastra a cierta gente a casa de moribundos, por más indiferentes que les sean en vida. Don Pablo, con la cabeza echada atrás en el sofá, roncaba tranquilamente, sin que las señoras se atreviesen a despertarlo.

Poco después de las doce, abriose violentamente la puerta y apareció el porte macizo del Doctor Morán, esforzándose en dar aspecto grave a su figura plácida. Cruzó la pieza rápidamente y llegó hasta el comedor; allí conversaban Vanard con el «senador».

—Don Leonidas dejará fortuna...

—Era de que no... a lo menos su par de milloncejos, quizás tres... Era hombre rumboso.

—Ah! sí, era rumboso y gran señor... las chiquillas quedarán bien aviadas. Descontando la mitad de gananciales, les tocará por lo menos...

En esto iban, cuando el Doctor Morán se acercó a ellos, diciéndoles dos palabras al oído. Ambos enmudecieron. Peñalver, poquito a poco, largó hasta sus tres suspiros ahogados. Vanard, con voz emocionada, aprovechó la ocasión de pronunciar un par de frases que tenía preparadas al efecto.

—...Hai que comunicarlo a la señora... y a las niñas... se fue sin decir ¡Jesús!... le falló el corazón, señor... y eso que el Doctor Boildieu le tenía el pulso y yo le había hecho ya seis inyecciones... ¡Pobre Magda que lo quería tanto! Y misiá Benigna... y Gabriela... Es una gran pérdida para el país».

—Era hombre de Estado eminente, lleno de tacto, un diplomático... Y de carácter suave... era una dama —agregó Vanard. Vivía constantemente preocupado de sus deberes cívicos. Recuerdo que hallándose de jefe de Gabinete, me mandó llamar una vez diciéndome—: Mira, «cadete», parece que hay dificultades en la primera Compañía de Bomberos; busca manera de arreglarlas; recuérdales a los amigos que no es posible menoscabar su prestigio tan bien ganado. Se acordaba del Cuerpo en los momentos más difíciles para el Ministerio ¡Los dioses, se van, señores!... —agregó Vanard investigando el efecto que producían sus palabras en el rostro de sus interlocutores. El de Peñalver quedaba impasible. Morán le admiraba.

El Doctor encendió un cigarrillo, para ganar tiempo.

—Este es el instante más *fregado*...[29] —respondió. Recuerdo que cuando se me murió de sobreparto la señora de Pérez, en la semana pasada, no sabía cómo decírselo al marido...

En cualquier otro instante, el espíritu irónico de Vanard hubiera tomado nota. Ahora sentía atmósfera de plomo; era sensación desagradable e indefinible. Perdía un amigo influyente y de gran posición, dispuesto a servirlo, cariñoso, atento. Experimentaba el vacío de algo de lo cual no se daba explicación justa. Había comido tantas veces en aquella mesa hospitalaria. A fuerza de tratarlo y de oírlo, llegaba a considerar como propio el éxito político y social de don Leonidas, de cuya posición él recibía como un reflejo —casi como ese prestigio desbordado de los caudillos políticos a sus yernos y hermanos por insignificantes que sean, algo que se presiente en

---

29 Complicado. (N. del E.)

su actitud, en su andar, en sus conversaciones. Peñalver sacó el pañuelo, se restregó los ojos, hizo un movimiento de hombros y dijo con voz entera: «Yo me encargaré de la Benigna... que se ocupe de las niñas Vanard...» Los tres se separaron.

En la casa reinaba gran silencio, producido en unos por el sueño, a esas horas avanzadas de la noche, en otros por el enervamiento derivado de largas y agitadas enfermedades en que se teme de un momento a otro el desenlace. Y a pesar de que todos lo esperaban, vino a sorprenderlos. Creían en algo imprevisto y salvador. En el saloncito se produjo, primero, movimiento de sobresalto, seguido de viva agitación. Luego se abrió una puerta, y miseá Benigna la atravesó corriendo, con el pelo suelto, a medio vestir. Enseguida unos gritos agudos: ¡Ay!.. ¡Ay!... ¡Señor!... ¡Dios mío!...» Y luego chillidos, seguidos como de estertores:... ¡Papá!... ¡Mi papá!...» Y todas las mujeres se precipitaron de golpe, atropellándose, a las habitaciones del difunto, abriendo la puerta de par en par. Entre gritos, cuchicheos, histéricos, violento abrir y cerrarse de puertas, carreras de sirvientes, llantos, toses y catarros, oíase monótona la voz del presbítero Correa, entonando en alta voz, breviario en mano, las preces de los muertos. Era esplosión violenta, distensión general de nervios, amarga voluptuosidad de lágrimas y de gritos en las mujeres; el anhelo de concluir de una vez con una situación desesperante. Gabriela envuelta en reboso de lana de color, lloraba con dolor infatigable y sin cesar renaciente.

En ese instante se oyó el repiqueteo de la campanilla del teléfono: «Aló... aló... ¿con quién hablo?...» Era José, el sirviente de mesa, que comunicaba a los diarios de la mañana la muerte de don Leonidas.

II

El portón de calle cerrado, los corredores y patios silenciosos daban a la casa de Sandoval aspecto melancólico de claustro. Estacionaban a la puerta coches de lujo, tirados por troncos de sangre, indicando la presencia de visitas. En el cuarto de Magda, en efecto, habíanse reunido media docena de amigas íntimas. Largos *seores* Médicis, de color crema con encajes de fantasía sobre tul bordado, con incrustaciones de motivos Cluny caían sobre las varillas de bronce de cortinitas llamadas por los franceses *brise-bise,* hechas de género bordado y encaje milanés, bañando la espaciosa pieza en penumbra triste, apenas interrumpida por luces aceradas de espejos. El peinador veíase cubierto de frascos de cristal de roca llenos de aguas y esencias, de aparatos nikelados y encrespadores, bigudines, cajas de instrumentos de acero con mango de nácar para uñas, pulverizadores, escobillas de todos tamaños, con mangos de carey y monogramas de plata. Como descomunales insectos, sobresalían las cabezas de un juego de alfileres de sombrero, damasquinadas en oro sobre fondo negro, y clavadas en almohadilla. Magda tenía los ojos enrojecidos de llorar y sus miradas, reposadas por la luz tranquila de la pieza, caían sobre los instrumentos y frascos de la mesa, sorprendiéndose de hallarlos como los demás días y de verlo todo en su sitio. Sentía el mismo andar apacible de vida corriente, aún en medio de su desgracia que, según temía, vendría a transtornarlo todo. La muchacha con el pelo suelto, envuelta en rebozo de lana, se hallaba recostada sobre su lecho. Julia Fernández, Marta Liniers, Laura Oyangúren, Pepa Alvareda, Olga, casi todas las íntimas, se habían apoderado del canapé de seda perla, y de los sillones Luis XV, así como de infinidad de sillas y taburetes traídos de las piezas vecinas. Unas estaban de manto, envueltas en sus pliegues transparentes; otras, como Julia, llevaban mantilla en la cabeza. Hablaban, al principio, a media voz. Pepita trató detalladamente de la ceremonia fúnebre. Jamás se había visto entierro más concurrido en Santiago. La Iglesia de Santo Domingo estaba «de bote en bote», no había dónde meter un alfiler. La orquesta era magnífica; «Paoli», el tenor de la Ópera, había cantado el «Miserere». Allí estaba todo Santiago. Enumeró, una por una, las personas de ella conocidas. Sus amigas agregaron, cada cual, un nombre, sin olvidarse de sus «pololos» y de sus amigas. Fulana de tal, no estaba en la Iglesia, mengana, tampoco; las niñas tenían cuidado de subrayar ciertas ausencias. ¡Y qué de coches! hijita... aquello no se acababa nunca. Eran cuadras de cuadras. Había más que en el entierro del Presidente Errázuriz. Magda escuchaba, clavados los ojos en el techo, sin movimiento alguno; involuntariamente experimentaba cierta complacencia, como cosquilleo de vanidad, al oír nombres de tantas personas conocidas. Al escuchar el de Paoli, se acordó del teatro y del traje gris perla que llevaba una noche en que ese tenor cantaba Otello; aquel vestido había tenido éxito fabuloso; para más seña, todos los anteojos se clavaban en su palco, sintiendo sobre sí las admiraciones de los hombres y las murmuraciones de las mujeres. Otra niña, recién llegada, interrumpió la charla con frases de condolencia. Era desgracia irreparable, algo inmenso, una de esas cosas en que no cabe más consuelo que pensar en Dios y poner los ojos en la Virgen. «En estos casos, hijita, es preciso compadecer a los que se quedan y envidiar a los que se van...»

Hubo murmullo de aprobación, entre las amigas, y luego, instantes de silencio. Manuelita Vásquez los aprovechó para quitar la palabra a Pepa. Lo que a ella le había parecido imponente y grandioso, en la ceremonia, había sido el momento en que sacaron el ataúd del templo, rodeándolo con los estandartes del Cuerpo de Bomberos, del cual había sido Superintendente. Una sentía escalofríos... algo inesplicable, pero que apretaba el corazón como con tenazas. ¡Y qué de coronas, Santo Dios! Se había necesitado carro especial para conducirlas... ¿Y saben ustedes cuál de todas era la más hermosa? Una cruz de violetas con orquídeas blancas; en mi vida he visto cosa de mejor gusto...»

Al oír estas palabras, Pepita Alvareda se inclinó al oído de Gabriela, diciéndole en voz baja: «Esa cruz, que llevaba mi tarjeta, ha sido enviada por Ángel, que me pidió premiso para hacerlo. No quería que fuera en su nombre. ¿Has visto un corazón más bien puesto? ¡Pobre!... a caballero no se la gana nadie...»

Gabriela, envuelta la cabeza en un chal, había escuchado aquella charla con la indiferencia con que lo recibía todo, por temperamento, y por hábito, más al oír las palabras de Pepita, sintió que le palpitaba el corazón violentamente, cogió su mano en la penumbra, y la apretó. Sí, tenía viva y palpitante la herida de aquel cariño, el primero; sí, comprendía que jamás nadie, ni nada podría separarla de Ángel a quien amaba. Había roto con él, por su padre a quien no quería contrariar, pero no por eso podía dejar de quererlo.

El sirviente golpeó la puerta, anunciando que los señores Peñalver y Vanard querían hablar una palabra con las señoritas. «Anda tú», le dijo Magda y Gabriela salió.

La conversación tomaba otro giro. Laura Oyangúren con la autoridad de ser una de las jóvenes mejor vestidas en Santiago, se puso a disertar sobre el luto de moda y describió, muy por menudo, el traje recibido recientemente de París por una prima suya, sin perdonar el «velillo punteado de felpilla sobre tul» del sombrero; ni los *entredoses* de imitación malla del vestido. A las muchachas se les venía el agua a la boca en las descripciones de los trajes.

Magda escuchaba en silencio; sus miradas cayeron sobre la punta de sus zapatos de cabritilla que salían de entre las enaguas bordadas y su melancolía se templó en sensación de complacencia al sentirse elegante. Manuelita, siguiendo el movimiento de su mirada, se fijó en el pie, y luego, cogiéndolo en la mano, exclamó con el tono meloso, halagador que toman a veces las mujeres: «Hase visto una patita más linda? ¿El pie de la Cenicienta?

—De una Cenicienta calzada por Galoyer, de París, lo que no es gracia —interrumpió Magda—. Todavía me queda como bolsa —agregó, y dejándose llevar por impulso natural de su carácter, hizo un movimiento rápido, disparando la zapatilla que se dio varias vueltas en el aire, antes de caer en medio de las amigas que le daban el pésame. Pepita se la tiró con presteza, cogiéndola al vuelo la muchacha, que se calzó tranquilamente.

La puerta se abría en ese instante para dar paso a Susana Pearsón: «Hijita... no puedes figurarte cuán sinceramente los de casa te han acompañado en tu pena. Mi madre me encarga te diga que te lleva en el corazón... Debemos compadecernos de los que se quedan... no de los que se van».

III

Habían transcurrido algunos meses desde la muerte de don Leonidas. La casa recobraba el aspecto de otros tiempos, a través de variaciones un tanto convencionales del momento. La señora no salía a parte alguna, salvo las idas a misa, todas las mañanas, cubierta con mantón que le tapaba los ojos. Ausentes los amigos, cerrada la puerta, habíanse recogido en silencio doloroso, en medio del cual, todo recordaba al ausente. Los anteojos abandonados sobre la chimenea, la revista doblada en la página que él leía; una especie de hundimiento del sillón de cuero, por haberse vencido resortes con la acción de los años: todo hablaba del difunto y aparecía como engrandecido, a manera de reliquia inapreciable, en los primeros instantes. Y ante el asiento vacío de la mesa, habían experimentado todos, hasta la ligera Magda, esa angustia de las separaciones eternas. Mas el rodar de la vida hace que se desgasten y envejezcan, ropas y sentimientos, con el uso.

El dolor causado por la muerte del padre había tomado, en cada uno de los habitantes de la casa diverso aspecto. «Miseá» Benigna, con tendencias de mujer elegante, habíase rodeado de amigas escogidas que la acompañaban en su duelo mundano; tenía frecuentes consultas y discusiones con el arquitecto encargado del monumento en el Cementerio, discutiendo arquerías, puntos, relieves y mármoles, empleando en los detalles del mausoleo no poco espacio. Las Sociedades de Beneficencia de que era socia la llamaban a su seno. Magda, ocupada en llevar diariamente flores al Cementerio, al sepulcro de sus abuelos, en donde se hallaba el cadáver de su padre, lo había tomado a tarea dolorosa, mas luego las visitas se fueron espaciando, pues había llegado el momento de ocuparse en trajes de luto, con la llegada de sombreros, tocas y vestidos negros encargados a París. El sentimiento que le atenaceaba las entrañas en los primeros instantes, habíase convertido en uno de esos aires en sordina, algo difusos, que flotan por la atmósfera. ¡Qué diantres! cómo les decía doña Carmen Quezada, con tanta razón, no podían echarse ellas a muertas, era menester vivir con los vivos, al fin y al cabo, dando su lugar a necesidades del vestuario así como a las de comida. Si no ¿qué diría la gente? La familia de don Leonidas debía mantenerse en sociedad conforme a su rango.

En Gabriela el sentimiento había sido más profundo que en su madre y en su hermana. Su pena era menos expansiva. Veíanla vagar por casa, con dientes apretados, mui pálida, aire apacible, gestos firmes aún cuando lentos, el talle redondo y lleno en su traje tan triste de lanilla negra, sin adornos de ninguna especie, con lo cual se realzaba todavía la opulencia de sus cabellos rubios. Circulaba sin ruido, ocupada en faenas de casa, haciendo limpiar cristales y pisos, en las múltiples tareas del servicio, pues la vieja «Tato» se encontraba enferma y ella lo dirigía todo. Sin ruido hacía limpiar los salones, sacando sillas y muebles, haciendo rodar el piano de Chickering, sacudir cortinas, abrir puertas, bañando de luz esas habitaciones dilatadas a las cuales la oscuridad y el polvo daban tono de tristeza al parecer invencible. Luego, cuando los accesos de penas y de sollozos acometían a su madre, en los primeros tiempos, ahí estaba siempre Gabriela, tranquila y firme, con sonrisa pálida, y actitud consoladora. Entre tanto, allá en su interior padecía el vacío irreparable de la eterna ausencia; acostumbrada a leer diarios y páginas de libro a su padre, todas las noches, acompañándole generalmente en sus paseos, su sensibilidad enfermiza había sufrido, más que nadie acaso, la ausencia de ese cariño seguro y fuerte. Desde que había encerrado su amor en el fondo del pecho, como se echa cenizas sobre las brasas, cubriéndolas, en obedecimiento a órdenes de don Leonidas, que se oponía al matrimonio, había sentido Gabriela, por uno de esos fenómenos psicológicos, aumentado el cariño a su padre con toda la intensidad del sacrificio. Dejaba caer toda entera su ternura, santa y piadosamente sobre el pecho de su padre, sobre el hacha que la hería. Luego, cuando al caer de la tarde, viendo las ventanas abiertas, había penetrado a la pieza donde había muerto, al ver las filas de frascos de remedio en las mesas; una silla donde a él le agradaba sentarse, empujada hacia el rincón apresuradamente; la jeringuita de inyecciones rodada al pie del catre, sintió revivir los horrores de la enfermedad, junto con las sorpresas y los anonadamientos de la muerte. Gabriela, esa noche, había sollozado, allí, sola entre cuatro paredes, sin que nadie lo supiese.

Algunos meses habían transcurrido y la casa de Sandoval tomaba lentamente su aspecto antiguo, abandonando el de monasterio señorial traído por su luto reciente. Si bien el portón se mantenía cerrado, con solo un postigo abierto, en cambio el coche de casa y los de visitas le daban ya más aspecto de vida. Luego, en los anchos corredores se oía el canto incesante y alegre de canarios que Magda había hecho colgar, y que enviaban sus claros repiqueteos envueltos en ráfagas de olor a planta y a flores. La primavera renacía.

En la galería del segundo patio, existía, también, otro jardín. Allí, sobre sofáes de mimbre y sillones de brazos redondeados y cómodos, solía recibir a las visitas de confianza doña Benigna. Bajo el corredor, en suave penumbra, sentábase la señora, atrayente aún, a pesar de sus largos años, tan agitadamente llevados. Sin ser bonita había sido una de las damas interesantes de su tiempo. Cabeza fina, la nariz aguileña, hermoso perfil, a pesar de ojos pequeños y grises: mostraba fisonomía distinguida. Uníase a esto andar elegante y porte airoso; pocas mujeres sabían ser tan amables como ella, cuando trataba de agradar; poseía ciertas inflexiones llenas y agradables al oído que daban interés a cosas acaso insignificantes o vulgares, dichas por otra persona. Sin ser mujer de talento superior, poseía el arte mundano de exponer las cosas, de referir sucesos, de insinuar escándalos de sociedad en términos discretos. Además se adaptaba admirablemente al espíritu de sus interlocutores. Con los unos hablaba de labores agrícolas, de negocios con los de más allá, de política en ocasiones. Nadie se las valía, como ella, para manifestar desdén o desprecio, llegado el momento. Carecía de gracia natural en sus maneras un tanto frionas, mas poseía un conjunto de condiciones sociales que ayudaron poderosamente a formar la posición política de su marido. El tacto, la ductilidad para tratar a la gente, la justa apreciación de valores mundanos, era el punto en que marido y mujer se armonizaban y se completaban admirablemente. Luego las niñas crecieron, hiciéronse mujeres y fue menester presentarlas en sociedad; comenzó entonces para la señora, joven todavía, el suplicio de sobrevivir a esos encantos que le habían procurado tantos triunfos de salón. Ya no eran posibles los coqueteos, el ligero *flirt,* miradas intencionadas, placeres innumerables que habían sembrado su existencia y endiosado su vanidad. Un mundo distinto, actitud retraída, indiferente, venían a sorprenderla bostezando detrás de su abanico en noches de baile. Comenzaba el papel de madre, eterno zarandeo de fiesta en fiesta, para sacar niñas cuyo traje era necesario preparar cuidadosamente. Doña Benigna, como casi todas las mujeres chilenas, había llegado a los cincuenta y cinco años sin educación de ninguna especie; apenas si sabía un poco, muy poco de aritmética, algo de francés y rudimentos aprendidos en los colegios del Sagrado Corazón, en donde se ocupaban en materias religiosas. Sus lecturas eran escasas, de lo cual resultaba un conjunto de preocupaciones y de consejas caseras: creía en la ciencia de los médicos homeópatas, en la fatalidad del número trece y el anuncio mortal de los chunchos.[30] Sus hijas habían crecido libremente, como Dios les daba a entender, haciendo Magda todo género de locuras celebradas ruidosamente por la familia. Así llegaron a convencerse de que los Sandoval tenían privilegio para burlas, por pesadas que fuesen, y cada uno de ellos derecho de hacer cuanto pasara por su mente. El fondo de doña Benigna lo constituía un egoísmo ingenuo. Contentábase con tener a sus hijas vestidas como figurines, inclinándolas al lujo, abriéndoles cuentas en las tiendas, a pesar del mal gesto que en ocasiones ponía don Leonidas al ver su crecido monto. Creía su fortuna ilimitada; en cuanto a lo de las cuentas, allá se arreglaría ello. «Dinero te sobrará y vida te faltará» era uno de sus axiomas favoritos, cuando llegaban a discutirse con don Leonidas esas cuestiones cortadas por *miseá* Benigna con esta frase decisiva: «No quiero que sigamos hablando de eso...», acompañadas de gritito agudo y de gesto nervioso que provocaba en el caballero cólera profunda. De tal carácter provenían la naturaleza, educación y hábitos, de las dos jóvenes, y en él se amoldaba su inteligencia de la vida.

    Ahora, sentada en el sofá de mimbre del segundo patio, doña Benigna se sentía triste. Desde la muerte de don Leonidas, no hacía más que hablar de él con todo el mundo, enumerando sus virtudes, cabeza, bondad, su mucho tacto social y prudencia. Habían desaparecido, con la muerte, las pequeñas dificultades y cuestiones que solían agriar el matrimonio. Ahora, en la lejanía de la tumba, solo aparecía el recuerdo de bondades del pobre caballero a quien doña Benigna había procurado muchos malos ratos en vida.

    El «senador» Peñalver la escuchaba, asintiendo con la cabeza a cuanto ella decía, por costumbre, y convencido, además, de que era la mejor

---

30 Variedad de lechuza que en Chile se asocia con la mala suerte. (N. del E.)

manera de entenderse con ella, pues no le agradaban contradicciones. En ese instante cruzaba Gabriela el corredor.

—¿Se ha fijado en Gabriela? —preguntole Peñalver.

—Así es, no deja de preocuparme lo delgada que se ha puesto la niña. ¿Qué será, señor? Las chaquetas de luto, recién hechas, le quedan sumamente anchas. Va pareciendo esqueleto. He llegado a temer que se encontrara tísica; la hice examinar por el Doctor Boildieu, quien me aseguró estaba perfectamente sana. Llegó a creer que fuese otra cosa... —dijo la señora, completando su idea con rápida mirada de inteligencia.

—Así, no más, es —agregó lacónicamente Peñalver. Y después de una pausa, aclaró el pensamiento común—. A mí me parece que Gabriela tiene cariño profundo por Ángel Heredia. Esta chiquilla siente mucho y tiene demasiado corazón, señora. Quién sabe qué idea se le ha metido en la cabeza; lo cierto es que se ha llegado a forjar ilusiones... como en los Amantes de Teruel. Permanecerá firme por los siglos de los siglos. Gabriela necesita casarse...

—¿No es así? —contestó miseá Benigna, satisfecha de que las ideas del Senador correspondiesen a sus deseos íntimos—. Lo mismo creo yo: que debe casarse. A Leonidas no le gustaba el joven Heredia, no porque tuviera nada en contra suya, sino por antecedentes de su padre...

—¡Pero es de gran familia!... —agregó Peñalver, que daba extraordinaria importancia a los pergaminos.

—Ya lo sé... ya lo sé... eso no quita que el padre fuera hombre raro... Leonidas decía que esas cosas se heredan... y no sé qué de atavismo... en fin, ideas, ideas... nada más —agregó la señora con supino desdén.

Peñalver, pasándose la mano por su barba entrecana, la miró rápidamente. Había comprendido que doña Benigna, dada como todas las damas de Santiago, a preocupaciones de familia, íntimamente imbuida en sentimientos de nobleza, no miraría con malos ojos el matrimonio de Gabriela con Ángel Heredia. En un dos por tres concibió el proyecto de arreglar las cosas, revistiéndose en la casa del prestigio que le procurase intervención tan importante en asuntos domésticos. Ya su resolución estaba tomada; él serviría de mediador plástico. Enseguida, para dar mayor mérito a su obra:

—Pero no crea, Benigna, que sea tan fácil arreglarlo. Se trata de familia sumamente susceptible y orgullosa. Hay que tratarlos con tiento.

En ese instante llegaba Vanard, imponiéndose de la conversación. Se mordió los labios, al ver la actitud de Peñalver que en ese instante se acercaba a Gabriela. Él también estaba dispuesto y acaso no le sería difícil arreglar las cosas... Por otra parte, era íntimo de Ángel, a quien veía diariamente en el Club. Charlarían. Se hallaba seguro de que el joven estaba enamorado de Gabriela, pues «donde fuego hubo, cenizas quedan», agregó en tono sentenciero. En todo caso, pasaría la mano con suavidad, a la vanidad herida por una negativa inexplicable. «Bien comprenderá, terminó, cuando yo se las explique, las genialidades de don Leonidas, sobre todo en los últimos tiempos, cuando su carácter se encontraba profundamente agriado por la enfermedad que le llevó, al poco tiempo.»

Doña Benigna le escuchaba con agrado, pues deseaba convencerse de que tanto Peñalver como Vanard juzgaban cosa fácil concertar un matrimonio que halagaba su vanidad, por tratarse de familia conocida y rica. Encontraba razonables todos los argumentos que reducían a polvo la antigua oposición de don Leonidas. Con todo, una nube de inquietud cruzó por su frente. ¡Gabriela era tan rara y profesaba verdadero culto a cuanto de su padre venía! No sabía cómo entenderla, acaso fuera capaz de resistir sus insinuaciones». Vanard, tocante a este punto la tranquilizó: «No tenga usted cuidado, señora; ya verá su cara en cuanto sepa lo hablado. Las niñas de estos tiempos saben griego y latín...» agregó con risita maliciosa y taimada, con la cual solía terminar sus frases.

Tres días después bajaban de un coche, a la entrada de la Quinta Normal, Peñalver y Ángel Heredia, al pie de la hermosa avenida de castaños de la puerta de Catedral.

El espíritu, sobrecogido por la tensión nerviosa de la vida de ciudad, se dilata, por el ancho y despejado horizonte del prado artificial; cerca del lago, se eleva entre los árboles, en la densidad de la verdura, con notas varias y armoniosas. Allí se alzan los altos y flexibles troncos de castaño, delgados y finos como talles de mujer, y desde lo alto dejan caer sus ramas, como brazos desfallecidos, en tono más oscuro y más intenso que el de sus copas. Y luego, al través de las ramas, se recibe la sensación de todas las tonalidades posibles del verde, con armonías de colores orquestados. A trechos aparecían los prados de césped verde nilo, iluminados por rayos de Sol poniente en claridad desmayada y casta. Un grupo de palmeras salía, de paso, con sus tallos flexiles, sus hojas, como abanicos de plumas extremecidas por brisa apenas perceptible; la brisa, luego, se acentuaba y era como un concierto universal de hojas en los árboles, alzado a manera de *crescendo* en una sinfonía de la naturaleza conmovida por la primavera y por la savia oculta que circula por el universo entero. El pito automático de una bicicleta rompía el silencio, y luego se deslizaba velozmente el ciclista, con la cabeza y el busto inclinado sobre su aparato frágil. Dos niños, seguidos de la sirvienta, cruzaban, corriendo, el puente rústico. El «senador» Peñalver se detuvo, un momento, frente al chalet plomo que alza sus pisos entre los árboles que parecen abrazarse, juntándose en lo alto de la fachada y ciñéndola de verdura. En el silencio se oía claro el canto de unos pajaritos. El senador se pasó la mano por la barba, gesto familiar en él, cuando tenía preocupaciones, introduciendo el pulgar en el bolsillo del chaleco, movimiento con el cual completaba automáticamente su actitud. La cosa no era para menos; tenía cierto recelo de caer en ridículo. Vanard había conversado con Ángel en el Club de la Unión, insinuándole la idea de presentarse en casa de Gabriela e insistiendo una y otra vez en el profundo amor que la niña le tenía, en las perturbaciones sufridas por don Leonidas durante su enfermedad, y en el cariño y simpatía que todos le profesaban en la casa. Ángel, después de escucharle con frialdad, se negó redondamente a dar ese paso, rogándole no le volviera a tocar el punto. El negocio iba al agua. En la noche, al llegar de visita a casa de Sandoval, le habían contado el fracaso diplomático de Vanard y los detalles crudos de la entrevista. Gabriela se hallaba tan impresionada que se había encerrado en su cuarto. En su interior, Peñalver, había experimentado cierta satisfacción de ver fracasar al presunto diplomático, al corre-ve-y-dile de la casa, a su rival mundano, prometiendo arreglar las cosas. Luego, con cierta maña, dio cita a las niñas en la Quinta Normal, enteramente sola en esa época, a donde podían ir a pesar de su luto. Y sin decirle palabra de esto, convidó al joven Heredia a tomar una copa, haciendo destapar «un frasco de champagne». El cigarro puro de primera no venía mal. Peñalver se abría como granada, recordando el axioma de su amigo el célebre Isidoro: «Una buena copa y un excelente cigarro son los mejores auxiliares del político». Y luego, con esa placidez agradable del champagne, entre bocanada y bocanada de humo, propuso un paseo por la Quinta, como idea sugerida de repente. Era tan agradable andar entre los árboles, enteramente solos; en el Parque y en el Santa Lucía hallarían demasiada gente; conocía la predilección natural de Ángel por los paseos solitarios. El joven aceptó aquella invitación improvisada. Ahora se encontraba de buen humor, el cigarro había resultado, por casualidad, excelente. Y así, paso a paso, mirando el correr de los niños, parándose a contemplar un árbol de flores moradas, como lluvia de amatistas, a perder la mirada en los conos redondeados del San Cristóbal, en las crestas encaperuzadas en nieve de las cordilleras, sentían esa placidez especial del espíritu dilatado en la lejanía. Por las avenidas desiertas corrían chicos haciendo rodar sus ruedas con palos; solo se divisaba un carruaje. Ambos caminaban en silencio, arreglándose Ángel al paso lento de su amigo. Hondas melancolías subían del paisaje a sus almas, inquietándolas, imponiéndoles el cansancio de la vida por diversas razones. Para Peñalver, todo crepúsculo era siempre impresionante, viniéndole a la imaginación su juventud ya ida, su existencia desvencijada de aventurero de alto bordo y sin fortuna, el alejamiento del pasado irreparable, esa noción de algo que hubiese podido ser y que no era, la comparación entre su estado actual y el de otros amigos llegados a la meta, ricos, magnates del poder y de la fortuna, rodeados de hijos, llenos de prestigio, con la aureola de brillante posición social, mientras él, Jacinto Peñalver, a pesar de ser miembro de gran familia, y de tener mucho más talento, pero mucho más, que la mayor parte de sus compañeros, se había quedado pobre y desmedrado. La sensación de amargura y desconsuelo se transformaba en sabor acre de la boca... Y además tenía, para colmo, los reumatismos que lo echaban de repente a la cama de solterón abandonado. Su vista distraída vagó por la laguna, en cuyas aguas plomizas iban a quebrarse rayos de Sol poniente, en muchos trozos de fuego... Él también había sido amado en su vida; más de una mujer había caído con su arte y su *savoir-faire*. Al llegar a este punto se entonó el pecho. Mas le había pasado con las mujeres lo mismo que con las minas por él descubiertas: las había dejado explotar por otros como imbécil;

ni siquiera había sabido aprovechar el cuarto de hora en que soplaba la fortuna para arreglarse buen matrimonio, sólido, conveniente, con mujer que le llevara siquiera la comida, cuando él ponía el almuerzo. Si yo me hubiera casado con rica, tal vez sería Presidente de la República, pensaba, pasándose la mano por la barba. Había conocido a casi todos nuestros políticos y estadistas, y sabía los puntos que calzaban; eran pobres diablos, ignorantes como carpas, sin talento alguno, que callaban aparentando malicia, mas en realidad porque nada tenían que decir. ¿Qué había sido su amigo Leonidas? Un figurón de grandes bigotes y buena presencia... equilibrado, sano, de honradez intachable, incapaz de grandes concepciones; uno de esos hombres que solo vienen a ver los sucesos al mucho tiempo después de realizados y cuando los pregonan por las calles los vendedores de periódicos. Durante medio siglo, su amigo se había ocupado en cortejar y adular a Presidentes; ahora visitaba a los jefes de partido, capeaba siempre las situaciones difíciles, reservaba sus opiniones, tenía, para todos, la benevolencia vacía de los que han sido Ministros muchas veces. Y ese figurón egoísta, helado, insignificante, endiosado por la suerte, representante digno de la oligarquía agrícola que manda este país; ese personaje lo había sido todo en Chile. Aún veía los estandartes sobre su féretro, las músicas militares, el cuerpo de Ejército haciendo los honores fúnebres, toda la sociedad acudiendo en millares de carruajes de lujo; aún escuchaba los discursos en que se pregonaba el gran talento, el patriotismo, la imparcialidad política de don Leonidas y sus constantes servicios prestados al país... «ha desaparecido del escenario político un eminente repúblico, señores, un gran economista»... ¿economista, él, Leonidas? Vamos, en Chile todos se creen economistas y hombres públicos en cuanto llegan a engordar media docena de vacas en un potrero alfalfado. ¡Y qué respeto manifiestan esos imbéciles por el dinero! Si es cosa de morirse de risa! Esos estadistas que, según asegura Marcial, apenas si llegan a estadísticos...»

Y Peñalver, con su tranco lento y desigual caminaba, en silencio, junto con Ángel Heredia, igualmente embebido en meditaciones pero de otro género. Acaso una fuerza de telepatía lo había inclinado a sus recuerdos; veíalos surgir con Gabriela, como si cogiera flores en donde se balancean los talles de los lirios, dilatándose por todas partes el cielo claro y lejano hasta formar como un fondo de gloria mística, en el cual la aparición se mostraba tan casta que apenas si tocaba la tierra con sus pasos ligeros. El joven, con la fuerza de imaginación de los treinta años, revivía las escenas inolvidables del campo, en compañía de Gabriela, y experimentaba la sensación de algo inconcluso, necesidad de proseguir su romance, de tenerla entre sus brazos, tímida, extremecida, desfalleciéndose, palpitando, como la había ya sentido. Su temperamento, sanguíneo, de hombre de acción, hacía surgir los deseos con fuerza pasmosa, y el deseo era, en él, como principio de la acción. Pero su vanidad se revelaba con fuerza; hablaba su soberbia: él, rechazado por don Leonidas en virtud de razones ignoradas y en todo caso absurdas, no podía volver decorosamente a esa casa, ni su propia familia habría de consentirlo nunca. Era la muralla de vanidad que se alzaba, infranqueable, entre su cariño y ella; era el sentimiento de tradiciones de familia, tan fuerte en los suyos, herido por el viejo Sandoval. ¡Un Heredia rechazado como si se tratara de cualquier pelagatos, sin miramiento alguno, sin dar razones, porque sí... Luego, las murmuraciones y los chismes sociales; los comentarios de portal, de Club y de salón, en los cuales habían echado a rodar las especies más absurdas; la chismografía más insolente y estúpida. Era necesario doblar la hoja, no pensar más en ella, olvidarla y mirar a otra parte.

En ese instante los amigos, orillando la laguna, se encaminaban al palacio del Museo que extendía su mancha blanca entre pinos, mas, al llegar a un grupo de árboles se toparon, de manos a boca, con el grupo de Magda y Gabriela Sandoval, acompañadas por Sanders; estaban vestidas de negro con trajes sencillos, de esos que dan, por sí solos, nota de sobria distinción. Ángel apretó el brazo de Peñalver, empujándole para que siguieran de largo, pero éste sin hacerle caso, dijo entre sí: «Vamos a Roma por todo», acercándose tranquilo a las jóvenes. Gabriela palidecía, como si la sangre la abandonara de golpe; secábase la garganta: no hubiera podido materialmente hablar. Apenas si tuvo fuerzas para extender su mano a Peñalver. Y sus ojos se desviaban, sin atreverse a mirar, pero sintiendo su mirada. Ángel, por el contrario, había recibido como una llamarada de fuego en el rostro, y quiso contemplar el grupo, con el propósito de manifestarles que ya nada sentía, siguiendo indiferente por camino distinto, para no encontrarse con ellos, dada su ruptura. Pero sus ojos se detuvieron en Gabriela y la contempló, de una sola mirada, en todos sus detalles como desnudándola: evidentemente había enflaquecido. El busto se mantenía lleno, sin embargo, y su talle esbelto, su admirable pecho, recordaban las estatuas griegas de Hebe y su cintura parecía tan delgada que un niño la hubiera podido encerrar entre sus manos. Como el banco sobre el cual estaba era bajo y su cuerpo delgado y alto, extendía sus piernas de soslayo, enredándolas una con otra en el tobillo. El vestido ceñía sus formas, dibujando con claridad las perfecciones de sus líneas, la morbidez incitante del contorno, algo sólido y fino, apretado y suave como las sensaciones que produce la carnadura del durazno fresco. Y sus ojos aterciopelados emergían en forma de almendra, de largas pestañas, junto a la palidez azulada y transparente de sus ojeras, con expresión tímida, pura y deliciosamente casta, infinitamente desconsolada. Entonces notó Ángel que sus propósitos decaían, sus bríos desmayaban en abandono completo de la voluntad, dándose por vencido ante el triunfo inexplicable de unas fuerzas irresistibles de deseo que no se conocía, ni jamás había sentido hasta entonces con semejante violencia. Olvidó sus propósitos de vanidad herida, el orgullo de la familia pisoteado, el enojo probable de hermanos y hermanas, seguido de frases y acaso de actos desagradables para él y de situación tal vez falsa: todo se borraba, como al paso de una esponja en su cabeza ardiente. Avanzó con lentitud.

—Ángel, ¿cómo está? ¿Qué era de su vida? —le dijo Magda—. Acérquese, no más, a nosotras, sin miedo alguno; yo no muerdo...

Peñalver sonrió, pasándose la mano por la barba gris con gesto de superioridad. Sanders se había puesto de pie, mientras Ángel, en silencio, apretaba la mano de Gabriela. Hiciéronle hueco en el banco. El joven sentía, con sorpresa, que todo se restablecía a lo antiguo, como si nada hubiera pasado, después del saludo, sin necesidad de explicaciones. Presentía que las quejas o alusiones al pasado hubieran disonado extrañamente. Los demás titubearon y para disipar la turbación, pusiéronse a charlar a un tiempo. Frente a ellos jugaban dos chicos al *Diávolo* con torpeza de principiantes. Magda les arrebató el juguete y comenzó, con incomparable destreza, a manejar los palillos que subían y bajaban, haciendo girar la ruedecilla de madera. Arrojábala a grande altura y la cogía nuevamente entre los hilos. Los chicos la contemplaban maravillados. Sanders, cogiendo otro par de palillos, recibió el *Diávolo,* devolviéndolo a sus compañeros.

—Saben ustedes cómo llamaría yo este cuadro plástico? —preguntó Magda—. Pues, los amores de dos acróbatas.

Luego echaron a andar por la avenida del jardín zoológico, al costado del edificio del Museo. Detuviéronse junto a la jaula de los monos que saltaban con chillidos.

—Aquí te escogeremos marido, Magda —le dijo Peñalver en tono de broma—. En tal caso, lo prefiero a casarme con usted, aunque le parezca raro —le replicó ella, sin miramiento alguno.

Y siguieron en dirección al campo, en busca de horizontes despejados. El cielo de palidez indecisa, como en aurora, se teñía de fajas violáceas, anaranjadas y opalinas en el horizonte lejano. Un perfil de iglesia oriental, hacia el norte, hizo recordar a Sanders las hermosas cúpulas de templos griegos en Rusia, y las líneas de Santa Sofía de Constantinopla.

—Pierda cuidado, hijito —le murmuró Magda al oído—. No lo llevaré a Turquía cuando nos casemos; no me gustan las costumbres del país. Marido con muchas mujeres, malo... En fin... si fuera mujer con muchos maridos... pase...

Hablaba rápidamente, atropellándose, diciendo cuanto le pasaba por la cabeza —por su hermosa cabecita sin seso de chiquilla regalona, para quien el ideal consistía en divertirse, en vestirse como figurín, y en llevar cetro de moda en círculos elegantes de casadas jóvenes en los cuales en breve figuraría.

Seguían, en grupos, a lo largo del camino polvoriento, bordeado de acacias, en charla amena. Gabriela sentía dentro de sí placidez infinita, la tranquilidad deliciosa de su espíritu, en pos de contrariedades. Todo lo veía transformado; jamás había contemplado crepúsculo parecido, en el cual, la tranquilidad de la naturaleza, la paz de la tarde, la luz crepuscular, el reposo de los árboles, el brillo de estrellas que apuntaban en el horizonte parecían dilatación de su alma, de su estado interior. Ángel se encontraba en absoluta comunidad de espíritu con ella; también sentía, dentro de sí, las mismas impresiones producidas por causas semejantes. Era como esos lagos, cuando la superficie está tranquila, sin viento que la altere, ni tempestades, ni agitaciones: sobre las aguas convertidas en espejos se retratan montañas, árboles, el caserío de las riberas. Las miradas de Ángel se perdían en el horizonte; Gabriela contemplaba de soslayo el cuerpo ágil y maravillosamente hecho de su amigo, en el cual la fuerza parecía resorte oculto, en vez de exhibirse en músculos enormes. Ambos se comprendían mutuamente, sin mirarse, dada la tensión de sus nervios producida por causas diversas. Habían tomado un mismo ritmo en el paso, una cadencia común en el andar y, de súbito, sus miradas que vagaban por el horizonte se cruzaron, fundiéndose en una sola mirada, tan acariciadora, que casi parecía beso.

El carruaje, que los seguía, acababa de encender sus faroles nikelados. Se hacía tarde, acercábase la hora de comida. En casa tal vez la mamá se hallaría inquieta, pues nunca habían vuelto a esas horas de su paseo cuotidiano. Magda, por su parte, creía que no le importaría cosa mayor, pues también había sido joven... y buena moza. «Más de una vez, agregó, le dije a mi pobre papá: Leonidas, apuesto que mamá, cuando joven, te hizo pasar más de un mal cuarto de hora... «Cállate, loca» me contestaba el pobrecito». Y de súbito cruzó por sus ojos una nube de tristeza, recordando al muerto. Luego se despidieron. «Hasta mañana», díjole Gabriela, y Ángel contestó: «Hasta mañana» con esa voz que tomaba en ciertos instantes vibración metálica de cobre.

Sanders los hizo subir a su automóvil. Peñalver experimentaba sincera satisfacción, pues acababa de alcanzar triunfo completo. Primero, el fracaso de Vanard había demostrado que la reconciliación no era cosa tan fácil como les había parecido; enseguida, su plan se había realizado al pie de la letra. Por teléfono había indicado a Magda que fuesen a la Quinta. Lo demás había pasado lo mejor posible. Efectuada la reconciliación, el matrimonio era hecho y, sin duda, motivo de satisfacción para las dos familias. La de Ángel figuraba entre las de pergaminos auténticos de notoriedad reconocida; su padre tenía fortuna y sus hermanos y hermanas habían alcanzado posición por medio de matrimonios ventajosos; de la de Sandoval, no era preciso hablar, pues era una de las familias elegantes y de tono. La cosa progresaba, sí, señor, progresaba, gracias al tacto mundano desplegado por él, por «el senador», con lo cual quedaba comprobado lo que dijo a la hora de comida, al partir un ala de pollo: «En el mundo, es necesario ser útil o agradable». Comprendía, el corrido mundano, la necesidad de darse lugar sólido, considerado y querido en casa como la de Sandoval, para lo cual no hay más que dos medios: o fomentar los placeres o servir los intereses de los grandes. Cuando muchacho había calavereado en compañía de los jóvenes elegantes y adinerados de su tiempo; ahora componía matrimonios, como dijo a Sanders, usando una palabra empleada por los *aliñadores* o cirujanos campestres que arreglan los huesos quebrados. El automóvil comenzaba a funcionar, con rápido *tef-tef*; luego desapareció por las avenidas, haciendo resonar su sirena, y dejando en pos de sí una nube de humo de bencina. La proyección luminosa de sus focos se perdió en las sombras al volver de una calle de árboles.

IV

Ángel se paseaba nervioso por el escritorio de su casa de la calle de Ahumada, en moderno edificio de tres pisos. En el primero había dos salas, comedor y escritorio, de regulares dimensiones, elegantemente decoradas y amuebladas con gusto sabio y severo. La última pieza, empapelada de rojo, tenía guarda muy ancha, de arte nuevo, en la parte superior, y friso de madera de *laqué* blanco en la inferior. Gruesa alfombra de Smirna cubría el centro del parquet, bien mantenido. Una lámpara eléctrica, retorcía sus rosas de bronce en ampolletas de vidrio. Cerca de la puertaventana, el escritorio americano de cortina, abierto, mostraba un puñado de papeles en desorden, arrojados allí de cualquier modo, con visible disgusto, por mano nerviosa. Los sillones de cuero, bajos y cómodos, se agrupaban en torno del sofá de Maple, mueble tan cómodo que daba ganas de hundirse en él con solo verlo. Estaban colgados de las paredes varios grabados y aguas fuertes con marcos blancos, suspendidos de largos cordones. Sobre el mueble guardapapeles se alzaba, hermoso busto de mármol de Carrara, sobre pie de ónix; era una cabeza de mujer con estrella en la frente y placa de bronce en la cual estaba escrita la palabra: «*Nuit*». Los seores, alzados a medias, dejaban penetrar la penumbra macilenta y gris de día de invierno, sobre aquel interior elegante y confortable y caer haces de luz, reflejados en líneas brillantes sobre el piso de parquet encerado. Encima de pequeña mesa un gran florero de cristal, de ancha base y copa fina como de embudo invertido, procuraba el perfume acre de un atado de crisantemos de color de lila. Ese gabinete daba indicios del carácter, de las condiciones y del estado de alma de su dueño, pues si el medio moldea la personalidad, ésta, a su turno, se refleja y refluye sobre el medio por ley de reacción inconsciente. Allí no había un solo libro, salvo un tomo de la *Imitación de Cristo,* heredado de su madre y conservado como recuerdo, obra de piedad mundana empastada con lujo. No le agradaban ni libros ni lecturas, pues jamás los había visto en casa de su padre, hombre de campo a la antigua usanza, donde eran considerados como cosas inútiles, obras de poesía sin utilidad práctica. Repetíase allí frecuentemente este concepto, a manera de indiscutible axioma: «Suerte te dé Dios, hijo, que el saber de nada vale», añadiéndose historias de muchos sabios y escritores muertos en la miseria, después de haber pasado su vida desdeñados. Solo existía, entre ellos, el respeto a teólogos y a hombres de sotana, únicos representantes a sus ojos, del valer intelectual y moral. Era como una tradición del siglo XVI heredada y transmitida de padres a hijos por espacio de varias generaciones, junto con la sangre de conquistadores que circulaba por sus venas. Urgueteando el pasado de la familia, solo se encontraba en ella dignatarios, Oidores, capitanes generales de España, soldados, hombres de guerra, agricultores ricos. En ellos predominaba instinto de acción, temperamento sanguíneo, carácter resuelto y violento como en aquel Don Jaime Silva de Heredia, cuyo retrato de mirada bravía y de barba hirsuta estaba colgado en marco redondo y pequeño; un historiador ha referido la historia de su duelo en plena plaza pública, en mitad del día, con don Rodulfo Lisperguer en 1625. Colgados de las paredes del escritorio se veía un par de floretes, con máscaras y guantes, y debajo de la silla, un par de guantes de box; en los rincones, rifles de precisión y pistolas de tiro. Eran indicios de su afición entusiasta por los ejercicios corporales, por cuanto de juego y campo de acción a los músculos y permite movimiento rápido en la sangre, circulación acelerada que dé salida a las violencias naturales del carácter. Había, también, fotografías de caballos, una de *Falstaff,* otra de *Pomponette,* de *Lancero* después de ganado el premio de la Copa, y un hermoso grabado de *Victory,* nieto del célebre Gladiator y vencedor igualmente del Derby, posteriormente vendido en cien mil dollars a Estados Unidos. Teníalo en mucho, por haberle sido enviado por Lord Donemore, su antiguo condiscípulo de Eatón, en donde Ángel había pasado tres años. Por último, colgada junto al retrato de su propio padre, veíase la huasca usada por el jinete Zavala el día en que ganó la Copa con la yegua *Olimpia,* de propiedad de Heredia. Y mezclados con recuerdos de *sport* que hablaban de su pasión por la carrera, el esfuerzo, la violencia, mostrábanse cuadros de profundo sensualismo, como retrato de Mad X, por Boldini, en que parecía una figura de ojos empapados en languidez voluptuosa y ardiente, labios quemantes y cuerpo fino y nervioso de parisiense vestida a la última moda, en tal forma, que antes parecía desvestida. Otros grabados galantes del siglo XVIII, insinuaban, como detalles, las inclinaciones y secretas complacencias del espíritu de Ángel. Hasta la estatua de «La Noche», con los ojos entornados, la cabeza echada atrás, la cabellera suelta, parecía revelar el secreto de una embriaguez de sensaciones ardientes y de aspiraciones no saciadas. En medio de aquella atmósfera de *sport* y de sensualismo, en que hasta las comodidades de los sillones Maple, de suaves resortes, y los encajes de las cortinillas *brise-bise*, el águila cincelada con pie de ónix del aplastador de papel, el cuchillo damasquinado cortapapel, todos los detalles, revelaban el sibaritismo refinado de un temperamento sensual y violento a la vez, de hombre de fuerza y de placeres, de vividor impulsivo y enérgico. Solo una cosa llamaba la atención, por aparente disonancia con aquel medio: era el gran crucifijo de Cobre, sobre cruz de madera sencilla, de muy antigua fecha, a juzgar por la vetustez de la madera y por ciertas imperfecciones de ejecución; la cabeza y los pies del Cristo eran desproporcionados con el cuerpo. Se encontraba, según tradiciones, desde hacia trescientos años en la familia; su madre tenía su reclinatorio colocado al pie de ese Cristo, a quien ofrecía sus angustias, los agudos padecimientos morales de una vida sacrificada y dolorosa de calvario. En el alma de Ángel existía, también, por un rasgo de atavismo, su veta mística, exaltaciones religiosas de ensueño que le sobrecogían de repente, luchando con sus tendencias sensuales, venciéndolas, o cambiándose con ellas en un estado nervioso de sensibilidad suma, en el cual se alteraban las grandes depresiones morales con las exaltaciones incontenibles de los temperamentos impulsivos.

Para comprender la generación del drama que debía conmover tan profundamente a la sociedad santiaguina en una noche de invierno; para penetrar en esos misterios hasta hoy no conocidos, es preciso desnudar las almas, estudiar hasta los antecedentes fisiológicos y hereditarios que prepararon lentamente la catástrofe. Ángel era uno de los tipos más genuinos de un estado social enteramente chileno, hijo de su época y de su medio, heredero de las preocupaciones y del modo de ser de una familia en la cual, como en otras muchas, aún se conserva casi intacto y palpitante el alma de la colonia, sus preocupaciones aristocráticas, su estiramiento, su espíritu derrochador y orgulloso, su antipatía por el esfuerzo continuado y modesto del trabajo rudo, su desdén de ciertos oficios y de ciertas clases, su fanatismo unido al horror de la cultura científica, a esto suelen mezclarse las más nobles cualidades, generosidad sin tasa, valor enérgico, espíritu de sacrificio en las angustias nacionales. Esta sociedad, respetuosa de sus tradiciones, se ha visto desbordada, de repente, por la improvisación de fortunas en salitre y minería, mientras ella, en parte, se empobrecía con expeculaciones de Bolsa desgraciadas. Ha nacido, de aquí, un espíritu de inquietud, de inestabilidad nerviosa, de conmoción general, en el cual reaccionan a veces fuertemente los atavismos de raza.

La familia de Ángel Heredia, figuraba entre las más conocidas de Santiago. Aquel don Jaime Silva de Heredia, cuyo retrato, en hábito de caballero de Calatrava, estaba colgado en una esquina, había sido hijo segundón de noble familia española, llegado en busca de fortuna y de gloria a las guerras de Arauco, en las cuales, según dicen historiadores, derrochó más sangre y más dinero España que en la conquista del resto de América. Al cabo de algunos años de continuo batallar y recibir heridas, se casó en Concepción con dama de la entonces ilustre familia de Lisperguer. Esta señora heredaba de su padre, años más tarde, una «*encomienda*», es decir un verdadero Estado de dos mil cuadras de estensión, con sus mil habitantes indígenas, a quienes el Encomendero debía tratar como a hijos, instruyéndolos en la doctrina cristiana, preocupándose de convertirles y darles misiones católicas, mas aprovechando al mismo tiempo su trabajo en lavaderos de oro, en minas y labores agrícolas, sin darles más salario que el pan y la exigua comida. Con esa institución, de carácter medioeval, se daba a la familia criolla chilena base feudal y aristocrática, transmitida de generación en generación. En los primeros días del siglo XIX, por los albores de la Independencia, ya semejante institución había desaparecido, pero se mantenían las antiguas familias en posesión de haciendas, vínculos y mayorazgos, trasmitiendo a sus poseedores el hábito del mando autoritario, el despotismo del propietario territorial hasta quien no alcanzaban ni la acción de las autoridades, ni la justicia. El *inquilino*, labriego radicado en la tierra continuábale reconociendo de «patrón» o señor, ligado a él por vínculos especiales o de familia, y tomaba, inconscientemente, el pliegue de la servidumbre en su alma. Así se había transmitido entre los Heredias, de padres a hijos, un carácter dominante, imperioso, duro para con los demás, lleno de intransigencias. Al separarse de la metrópoli la colonia chilena, don Álvaro de Heredia, recién salido del Colegio de Nobles de Madrid, figuraba ya entre los Guardias de Corps, pasando a formar en las filas del Ejército Español que derrotaba a los Franceses en la célebre batalla de Bailen. La suerte lo trajo de oficial del Regimiento de Talavera, con el cual se batía en contra de los patriotas durante la campaña que debía terminar con el desastre de Rancagua y la pérdida de la Patria Vieja. Los Heredia formaban entonces en filas realistas y eran partidarios fanáticos e incondicionales del Rey don Fernando VII. En Santiago, durante la reconquista, se casó don Álvaro con una bellísima joven de la familia de Benavente, entonces proscrita y en desgracia. Vencidas las armas españolas en Chacabuco y Maipo, el comandante Heredia pasaba, con grado de coronel, a pelear en el Ejército mandado por el General Valdés en el Alto Perú, señalándose, desde ese instante, en el grupo de jefes que debía desempeñar tan importantísimo papel en la historia de España con el nombre de «los Ayacuchos», por haberse batido heroicamente defendiendo su bandera en el Alto de las Sierras. Heredia se radicó en la Península, pero dos de sus hijos volvieron a Chile para administrar fundos de familia y atender intereses comunes. Don Antonio, el segundo, se radicó definitivamente en Chile, mientras el mayor, un solterón aventurero, figuraba en la madre patria con el título de Conde de Valgracia, otorgado a su padre en premio de sus servicios. Ángel era nieto de don Antonio Heredia, el de la rama chilena. La familia, después de la Revolución de la Independencia, había vivido enteramente alejada de la política, saliendo solamente de sus casillas para apoyar el Gobierno autoritario de Portales, en torno del cual O'Higginistas y Realistas formaron con los demás elementos conservadores el antiguo partido Pelucón. Y si era reaccionaria la familia Heredia por sus tradiciones políticas, lo era mucho más por sus convicciones y prácticas religiosas, por las continuas misiones que daba en sus haciendas, por el rosario que rezaba todos los días en familia, por su asistencia a procesiones, retiros y festividades religiosas. Retraídos por temperamento y por orgullo, habían tomado cierto sello adusto y grave, acentuado más aún en aquella casa en la cual se llevaba existencia conventual, sin alegrías, ni fiestas. Por eso las niñas habían considerado el matrimonio, con cualquiera, como liberación del despotismo del padre y del hielo de la casa, de aquella mesa en que no se hablaba sino en voz baja. Esto no obstante, gozaba la familia, en la sociedad chilena, de considerable prestigio, tanto por sus antecedentes como por su fortuna, a pesar de los rumores que circulaban respecto de don Rafael Heredia, de sus celos, de sus manías, y de la vida terrible dada a su santa mujer. Adusto, retraído, como todos los suyos, vivía encerrado, tan lejos de la existencia mundana como de las agitaciones de la política militante. Circulaban, respecto de él, rumores adversos. Pero todos éstos eran díceres, cuentos murmurados *sotto-voce,* por tratarse de familia pudiente. Ángel era el producto de todas esas generaciones; conservaba el espíritu de acción de su antigua línea de viejos soldados, y no pudiendo hallarle empleo en nuestra vida monótona y sin guerras como las de antaño, pues era demasiado niño al estallar la del Pacífico, buscaba espansiones en el sport, las cacerías de huanacos en la Cordillera y ejercicios físicos violentos con los cuales no lograba satisfacer las necesidades de su temperamento sanguíneo. Como lo indicaban diversos detalles de sus habitaciones, era, al mismo tiempo, sensual, hombre de exigencias físicas irresistibles casi en ciertos momentos, para quien la vida guarda embriagueces misteriosas y ardientes —no razonadas ni medidas;— era de esos hombres en quienes el deseo reviste forma aguda, casi dolorosa. Añádase a esto extraño rasgo atávico, agravado por lesión nerviosa heredada del alcoholismo de su abuelo, y se explicará el hecho de períodos súbitos de misticismo exaltado, en los cuales se creía convertido en criminal, exagerando sus deslices de juventud, transformados por su imaginación en montañas de sombra, y lloraba también las faltas de su padre y de los suyos. Poníase cilicios, se encerraba en un retiro de ejercicios espirituales, perdía el apetito y el sueño. Su neurosis le hacía ver apariciones, en pleno día, notándose despierto, como los alucinados. En esos instantes creía ver o tocar a su madre, o a su hermana, con plena conciencia del mundo exterior que le rodeaba. También recordaba el fantasma de un viejo santo desconocido.

Era el alma de Ángel un mundo de contradicciones, de caracteres nobles y viriles, de tendencias, sensuales o vulgares, de aspiraciones generosas unidas a desfallecimientos increíbles de la voluntad. El carácter despótico y altanero de toda su raza que trata a los demás como el «encomendero» a sus indios, sin respeto a la vida humana, sin la comprensión de las miserias, dolores y padecimientos de los humildes, se mezclaba en él con una hondísima veta de ternura que se conmovía hasta las lágrimas cuando topaba en su camino con desgracia desnuda y sangrando. Como la mayor parte de los hombres «de presa» y de acción, carecía de la flexibilidad ojideante del diplomático, del tacto fino que permite anticiparse a las dificultades y resolverlas orillándolas.

Ángel no había experimentado, hasta entonces, dificultades en la lucha por la vida, en choque de voluntades, de intereses o de ambiciones. Desde la oposición de don Leonidas, ocasionada, antes que por antipatías o razones positivas, por rencor de antiguo disgusto de intereses con su padre, había visto cómo el camino se despejaba, sin violencias para su amor propio ni menoscabo de su orgullo. Se había casado con Gabriela, sin ruido, por luto de familia, casi al mismo tiempo que Magda con Emilio Sanders.

¡Cómo surgían a sus ojos esos días, tan lejanos, perdidos en la noche de los tiempos, a pesar de que solo cuatro años habían transcurrido de entonces acá! Un sentimiento de melancolía invencible se adueñaba de su alma recordando los primeros años del matrimonio, la satisfacción tan completa de sus sueños, la realización de sus ideales de ternura. Aún le parecía ver la luz de una lámpara de parafina cayendo sobre el rostro pálido de Gabriela, durante la comida, mientras él contemplaba deliciosamente sorprendido, la seriedad con que asumía, de golpe, su papel de dueño de casa, sirviéndole un plato de sopa humeante y sacando el manojo de llaves de su cintura para encargar a la despensa algo olvidado. Surgían en su memoria los largos paseos a pie, por el campo, en esos días de Luna de miel, contemplando los árboles de invierno, desnudos de hojas; con la sensación de brisa helada, tiritaba debajo de su paltó de pieles, Gabriela, apretadas las nutrias contra el cuerpo dándole sensación deliciosa de abrigo. Hasta el ladrido de los perros, esos amigos y compañeros de los pobres, saliéndole al encuentro, le hacían sonreír dulcemente cuando miraba hacia atrás. Existía entre ambos la más absoluta comunidad de alma, la fusión de todos los sentimientos en un mismo modo de mirar la vida. Y si algo rudo, cortante se escapaba de los labios de Ángel, luego se suavizaba y tamizaba con la voz cristalina y tranquila de Gabriela, de donde resultaba concierto en el pensar y sentir de ambos, fundido en dulzura infinita, en la misma apacible tranquilidad de la atmósfera, en el alegre cantar de los canarios en sus jaulas de los corredores. Cerrando los párpados, aún creía ver el rostro intensamente pálido de la niña, un poco enferma de anemia, sus ojos negros aureolados por larguísimas pestañas crespas y circuidos de ojeras cárdenas. El tono rojo y vivo de sus labios ponía como línea de sangre sobre la albura de su rostro y de sus dientes menudos. Un detalle que aún recordaba, era el ver casi ocultos los lóbulos de sus orejas, tan pequeñas, tras las ondulaciones del peinado de moda... Y luego aquellos dilatados paseos en *Dog-cart,* a la hora del crepúsculo, en la paz melancólica de los campos, mientras ella manejaba el carruajito... Se hallaba eso muy lejos, sumido en época tan lejana como la de ciertos recuerdos palpitantes de su infancia.

Si evocaba involuntariamente esos recuerdos era porque sentía, dentro de sí, la necesidad dolorosa y punzante de consolarse en ellos de lo presente. Cuando miraba lo pasado y luego investigaba su propia alma, sorprendíase de haber podido engañarse tanto, él, que ya se tenía entonces de persona corrida, y de no haber contemplado sino la superficie de los caracteres y de la vida; por eso, al comparar la Gabriela de ahora con la de entonces, la amargura de un pasado irreparablemente muerto le acosaba. Las ilusiones de su vida habían ido cayendo, una por una, como las hojas de los árboles, primero mustias, luego marchitas, después arrastradas por el viento que las arremolinaba, llevándolas sabe Dios a dónde. Y por extraña incoherencia y contradicción de su alma, se complacía, a veces, evocando el recuerdo de aquellos días y de aquella Gabriela, con la amarga voluptuosidad y el sentimiento de recuerdo entristecido de quien halla en el fondo de un cajón, al rayar en la vejez, el retrato ya olvidado de sus veinte años. A esto se añadía, en él, un lento desencanto, una transformación desesperante realizada a su propia vista, y el sentimiento de su impotencia absoluta para impedir las fatales mudanzas de la vida. Esa obsesión de sus ensueños y de sus recuerdos de entonces, se apartaba, más y más, de la realidad del día, ejecutándose, en su alma, la operación inversa de aquella tan gráficamente denominada por Stendhal la cristalización de los amores. El hombre ve a una mujer, la recuerda, la compara, se complace en ella, la envuelve en ensueños y en ilusiones hasta cubrirla por completo, como esas capas de escarcha a los esqueletos de los árboles en invierno: ahí está la cristalización del amor. Ya, en Ángel, había desaparecido la cristalización ideal de Gabriela y había comenzado a verla de modo distinto, por aspecto contrario, y como nuestras cualidades tienen por origen, muchas veces, algún defecto, así como nuestras virtudes algún vicio o algún vacío fisiológico principió el joven a notar en el carácter de Gabriela infinidad de pequeños detalles que le parecieron revelaciones dolorosas de otra mujer no sospechada, de otra Gabriela desconocida. Al notarlo ella, con su instinto fino de mujer, experimentó, a su turno, reacciones de rebeldía, veladas por la mansedumbre natural de su carácter, pero que, dada esa misma mansedumbre, parecieron más odiosas e insoportables al marido, hasta producir, entre ambos, la terrible semilla del silencio. ¿Cuándo había comenzado el desacuerdo, el desnivel moral? Ángel lo ignoraba; recordaba, solamente, una sensación física de disgusto al verla, por primera vez, con el pelo preparado para peinarse con ligeras envolturas de peluquería. Había tenido entonces la sensación clara, perfectamente definida, de que sus peinados, sus elegancias, sus composturas, no eran para él sola y exclusivamente, sino para todo el mundo; más aún, y lo que era particularmente desagradable, eran arreglos y creaciones de belleza artificial preparadas para los demás, a quienes se presentaba como la actriz en escena, mientras para él se guardaban los bastidores. Por una dolorosa asociación de ideas, recordaba, también, haber asistido muchas veces al camarín de una actriz, a quien pagaba, contemplándola mientras se ponía colorete y se vestía para entrar en escena: este recuerdo, revivido cada vez que hallaba a Gabriela en sus preparativos, le causaba una repulsión intolerable. Y, sin embargo, continuaba amándola, pero se sorprendía de no sentir ya más exaltaciones de cariño, extremos de amor como en los primeros tiempos, en los cuales, como señalaban los griegos, se siente la relación íntima y agonizante entre el amor y la muerte. Además, la misma tranquilidad constante, y el tono apacible y regular del carácter de Gabriela daban a su amor el tinte de igualdad y monotonía de lago perpetuamente en calma. No era eso lo que había soñado, no era eso lo que necesitaba su naturaleza ardiente y profunda e íntimamente sensual: era cosa diversa. En las intimidades conyugales comenzaban a diseñarse, entre ellos, los desacuerdos fisiológicos irreductibles de dos temperamentos que no tenían punto de contacto, de dos imaginaciones que marchaban, cada cual, por camino distinto, movidas por comprensión diversa de la existencia y del matrimonio. Gabriela, con la ingenuidad de sentimientos virginales no empañados por las impurezas de la vida, no acertaba a comprenderlas, ni sospechaba el arte de mantener vivas las ansiedades del temperamento sensual de su marido, todo sangre, músculos y vibraciones. Tampoco acertaba a mantener el prestigio misterioso atribuido por la imaginación a ciertos detalles de existencia, de trajes, de formalidades íntimas: era demasiado familiar, demasiado sencilla, acaso despreocupada en el interior; no sabía recuperarse a sí misma, ni colocarse, como de etiqueta, en presencia de su marido, deslizarse entre sus dedos como anguila, retraerse sabia y calculadamente para avalorar, en momento dado, pequeñas concesiones. Ese arte supremo de ciertas mujeres que han vivido no podía tenerlo ella que no había vivido, ni cabía en su temperamento extremadamente sincero y abierto; sus virtudes solían producir el efecto repulsivo de los vicios, así como en ciertos temperamentos el vicio es principio de virtud y de felicidad. Por cima de todo, en medio del brillo de la existencia mundana de ese matrimonio elegante y joven, habían nacido los desacuerdos fundamentales y secretos, siempre ignorados por el mundo, surgidos del laboratorio de sus temperamentos, y del desarrollo natural de dos maneras antagónicas de sentir y de concebir la vida, con su lenta formación de sentimientos y de ideas que no pueden unirse. Gabriela, en su total desconocimiento del mundo, creía con sinceridad, al casarse, en la eternidad de unos mismos sentimientos, en la perpetuación de esos estados de alma tan dulces de los primeros impulsos de su amor, tan ciegos como arrebatadores. ¿Qué podría separarnos? ¿qué cosa destruir o modificar la felicidad perpetua de nuestro matrimonio? Ambos nos queremos con idolatría; Ángel es para mí el más hermoso y noble de los hombres; francamente, sé que puedo inspirar grandes cariños, se decía. Había sentido tantas veces, en bailes y fiestas, miradas ansiosas de hombres, llenas de admiración respetuosa y rendida, miradas que confieren el cetro. Tenemos fortuna, comodidades, posición social, nada nos falta. Creía en la eternidad de sus amores. Pero luego había comenzado a vislumbrar, por instinto femenino, la llegada de estado nuevo, de una situación no sospechada, y quiso evitarla entregándose de manera más sumisa, más incondicional a los caprichos y fantasías de Ángel. Había acabado por cortejar y buscar a su familia, a sus hermanos y a sus tías, con el anhelo secreto de provocar en ellos esos cariños y alabanzas perpetuas que sugestionan a un hombre. Acaso creía recoger de ese modo los desperdicios del cariño de su esposo, como ciertos propietarios construyen acequias en sus prados para recoger los derrames de sus fundos y utilizar hasta los restos de sus aguas. Pero todo era en vano.

Solo conseguía Gabriela despertar dentro de sí, con la sensación de la exterilidad de sus esfuerzos, esa ley de reacción moral que lleva a la mujer, a extremos de sentimiento con mayor rapidez que al hombre.

Ella, por su parte, iba experimentando uno por uno los mismos fenómenos morales que pasaban por el alma de su marido; sus miradas de intensa agonía habían recibido el contacto helado de esas otras miradas que sentía ya hostiles, ya indiferentes, ya glaciales. Habíanse multiplicado los pequeños desacuerdos de dos temperamentos que no podían entenderse, de dos educaciones encaminadas por distintos rumbos, de dos maneras diversas de sentir la vida, y el silencio iba cayendo entre ellos como caen las sombras al crepúsculo, cada vez más espesas, convertidas en tinieblas que separan los edificios y los seres con muralla invisible, intangible, impalpable, originándose pavor misterioso, sin saberse si están cerca o lejos, ni si vamos a estrellarnos, ni en qué dirección marchamos. Es el estado de alma en que ha desaparecido totalmente el acuerdo; en que cada palabra, cada gesto, cada eco de la voz del uno suena como falso y vacío a los ojos del otro, hiriéndole, machacándole, molestándole con sucesión refinada de pequeñas antipatías que han nacido sin saberse cómo y que luego surgen, arrastradas las unas por las otras, ante la sugestión de la voz hiriente; del eco, del gesto desalentado, de la fisonomía nerviosamente contraída. Ese hombre y esa mujer atados por la cadena de matrimonio eterno, de situación legal que la sociedad les ha creado, remachándola como hierros de galeote, se hallaban en circulo de hierro imposible de romper y comenzaban a darse vuelta en situación cuya angustia crecía por momentos, a medida que cada uno iba leyendo en la conciencia del otro, por aquel hábito de intimidad creado en el matrimonio, en virtud del cual llega un instante en que ambos se descubren ideas y sentimientos sin necesidad de usar palabras, con solo mirarse... Y como ya se habían examinado a sí mismos, creían ver en el otro esa lenta cristalización del odio que se iba formando y cubriendo sus almas, de igual modo que la nieve los pinos y robles de la montaña, en capas finísimas, impalpables e imperceptibles casi, pero de acción lenta y segura.

V

Ángel Heredia se había sentido arrastrado al matrimonio por pasión tan sincera como profunda hacia Gabriela. Mas, aún cuando él no lo hubiera notado con percepción clara, existían para su matrimonio otros agentes, otros impulsos, otras fuerzas emanadas de la conformación misma de la sociedad chilena y de las ideas dominantes en el medio ambiente y nacidas de nuestra estructura social. El viejo espíritu de la colonia, todavía latente en la alta sociedad chilena, arroja a los jóvenes casi enteramente desarmados en las corrientes de la vida. Llevan nombre cuyo prestigio y valor aristocrático se empeña en exagerarles su propia familia, enseñándoles a considerar como denigrantes casi todas las formas de la actividad humana, en el comercio y en el trabajo: cuando más, se les entrega a las Universidades, para que obtengan, entre fiesta y fiesta de la tertulia al cotillón, un diploma de doctor en medicina o de abogado, y, con esto, se les autoriza para lanzarse en busca de mujer, a formarse el hogar. Por otra parte, como no existe la Dote como base del matrimonio, la niña vive del *flirt*, aguza todas sus cualidades de iniciativa y de disimulación, transformando el amor en sport, en cacería matrimonial en la cual solo muestra los aspectos atrayentes y agradables de su carácter, exhibiéndose a sus horas, como la actriz en escena, con gestos, actitudes y entonaciones de voz, en ocasiones enteramente artificiales, pero transformadas en segunda naturaleza: no da, no puede dar nunca imagen sincera de sí misma.

Por su parte, el joven de sociedad, lanzado sin carrera, ni oficio, ni beneficio, al centro de los salones, armado únicamente de traje elegante, de su juventud y de nombre conocido, se arroja al torbellino del vals, del Washington-post, del tow-steps, en pos de una mujer bonita y pobre que no se casaría con él o de otra elegantísima que con las opulencias de su lujo le traiga sensaciones de fortuna. Invariablemente buscará el joven, en la mayoría de los casos, la atmósfera de lujo y de riqueza que le permita mantener en la vida su hogar dentro del rango social correspondiente a su medio y a su cuna; cerrará los ojos voluntariamente a imperceptibles síntomas de carácter que de otro modo hubieran iluminado su conciencia y abierto sus ojos al futuro, dándole a conocer el alma y el temperamento de su compañera. Todo se confabula para producir el error o el engaño en la formación del futuro matrimonio, hasta la complicidad de los padres en disimular defectos, enfermedades y vicios de naturalezas degeneradas, o en mostrarlas en atmósfera de ostentación falsa, de aparato y de lujo efímero que solo tienen la superficie exterior, la corteza de la fortuna aparentada. Las niñas se presentarán con lujo asiático, en salones aparatosos, cubiertos de flores y de luces, entre rumores de orquesta, con palco en la Ópera, coche puesto con troncos de caballos fina sangre, sombreros y trajes encargados por docenas... La gran casa y la hacienda se encuentran hipotecadas, los dividendos no se pagan desde hace años y el lujo es de similor, como ciertas joyas de fascinadoras apariencias, exhibidas sobre el fondo peligroso de terciopelo azul, hermosas a la vista, pero sin peso alguno para quien las toca, ligeramente cubiertas por baño de oro.

Algo de eso había sucedido en el caso de Ángel Heredia. Su padre tenía fortuna, pero muchos hijos y su avaricia pasaba de castaño oscuro, caso frecuente entre los hombres que viven exclusivamente consagrados al campo. Eso no obstante, refluía sobre el joven el prestigio de una fortuna, desconocida y exagerada en sociedad por esa tendencia natural, señalada en el proverbio: «de dineros y bondades, la mitad de las mitades». Añadíase a esto su esbelta figura, porte arrogante, la conciencia de nombre ilustre, y se comprenderá la atmósfera que le acompañara en sociedad, las atenciones de madres, la sonrisa de hijas, el placer visible con que eran recibidas sus insinuaciones y su nombre en las carteritas de baile al ser nerviosamente inscritas en la tarjeta de una niña de moda. Gabriela había representado para él una de las encarnaciones más completas de la serie de aspiraciones, confusas unas, precisas otras, agitadas en su alma. Por su belleza fina y distinguida, de tono discretamente aristocrático, por su elegancia de buen gusto, por sus refinamientos, realizaba el ensueño que Ángel se había formado de la compañera de su vida. Agregábase a esto como adivinación física de secretos encantos, de adoraciones infinitas, de eternas y prolongadas caricias, ardientes unas veces, sutiles y refinadas otras, que Ángel se forjaba dentro de sí, secretamente, sin precisarlas, ni siquiera formularlas, por aspiración inconsciente de su temperamento sensual. Luego, en su voz cristalina, en cierto mirar melancólico, en inflexiones de su cuerpo, y cadencias de su paso, creía percibir Ángel esa misma nota romántica y sentimental, correspondiente a otra de las fases de su propio temperamento, a otro de los estados frecuentes de su alma. Además, el medio lo empujaba a elegir su compañera, primero con rumores, luego con sonrisas, preguntas indiscretas, bromas frecuentes de los amigos y de la gente que le indicaban a Gabriela como esposa natural y conveniente, hablándole de la fortuna y posición de la familia Sandoval, de simpatía visible en la joven. Sería matrimonio hecho por mano de monja... ni aún cuando le hubieran buscado novia con cabito de vela... El mundo, la sociedad, el medio ambiente, las ideas recibidas los habían empujado al uno en brazos del otro...

Pasados los primeros ardores de pasión, llevada al extremo por impulsos naturales, había descendido Ángel de golpe a las realidades ordinarias y vulgares de la vida corriente, con su máquina de negocios y complicaciones de intereses, lucha de apetitos, de fortuna, de ambiciones, de rango. Hubiera querido mantenerse aislado del bullicio, en compañía de Gabriela, tratando de prolongar el idilio en donde se sentía de tal manera feliz y sin nuevas aspiraciones, en la realización de sus ensueños más larga y hondamente acariciados; pero la corriente lo arrastraba muy a pesar suyo. Era menester ocuparse en las particiones de don Leonidas; su concuñado Emilio Sanders, marido de Magda, le había pedido, con insistencia, una y otra vez, que fuera a los comparendos, pues se trataba de intereses que no podían quedar abandonados y él, por su parte, no quería tomar sobre sí exclusivamente el peso de la lucha. Y como Ángel abriera los ojos sorprendido, Sanders, ajustándose el monóculo, le había referido, con voz cobriza y acento extrangero, tan preciso, detalles de una serie de incidentes de familia y de luchas de intereses algo desagradables. Hacía ya tres meses a que se había iniciado el juicio de partición en el estudio del conocido abogado y hombre público don Abelardo Mascayano, antiguo amigo de don Leonidas. No habían tardado en ponerse de punta los intereses encontrados de los herederos de manera acaso no sospechada por ellos mismos. Don Pablo Sandoval tenía la representación de doña Benigna, por lo cual asistía a los comparendos, sin faltar a uno solo; en todas las discusiones terciaba con su voz agria, convencido como estaba de su propia honradez y de que todos los demás eran pillos y codiciosos. La cabellera blanca, cortada al rape, el ojo de mirada fija, como de vidrio, la levita cubierta de manchas y de caspa de don Pablo, le daban carácter bravío, acentuado más cuando agitaba su cuello de toro, corto y ancho y elevaba el diapasón de su voz con exclamaciones iracundas. Él le daría lecciones al lucero del alba, y no se dejaría robar por nadie ¿lo entendían bien? y estaba dispuesto a no gastar contemplaciones, ni arrumacos ni con Cristo Padre. «Pues, señor, o somos o no somos», eran sus exclamaciones favoritas, acompañadas de puñetazos en la mesa que tenía a mano. Manifestaba siempre celo agresivo e intransigente en defensa de los intereses de doña Benigna y de algunos legatarios, entre otros de un hijo natural de don Leonidas, a quien representaba.

Ángel asistió, también, a los comparendos, arrastrado a pesar suyo por Sanders que echaba los ojos a todas partes en busca de ausilio.

Si las cosas seguían el camino que llevaban, casi toda la fortuna sería entregada a doña Benigna, a quien se había adjudicado, casi a huevo, el fundo principal, los muebles de la casa de Santiago, algunas acciones de salitres de gran porvenir. Aún recordaba el joven, con sensación desagradable, sus asistencias a comparendos, las pretensiones de don Pablo Sandoval, sostenidas a fuerza de manotones y de gritos desentonados que le herían los tímpanos; la lucha con los legatarios quienes, utilizando cláusulas oscuras del textamento querían entrar a saco en los bienes del difunto. Era un eterno discutir, sin convencerse, con los ánimos irritados, la codicia en las almas, el brillo de ira en los ojos y en los ademanes descompasados. Todos querían sacar más dinero del que les correspondía, tratando de abusar de la generosidad de Sanders, cuyo carácter de botarate conocían y la ausencia de Ángel. Ahora la lucha se hacía más áspera, despiadada, sin cuartel: Don Pablo pretendía quedarse a huevo con una mina trabajada por él en compañía con don Leonidas, se la dejaron. Mas debía ciertas cuentas. Ángel pidió el examen detallado de ellas, notando que había partidas duplicadas. Esto exasperó a don Pablo, sacándole de quicio, con lo cual profirió frases desagradables y alusiones insolentes que le fueron duramente contestadas por el joven. El caballero se levantó, cogió el sombrero, y salió dando un portazo. Entre tanto el compromisario llamaba a la calma, proponiendo soluciones amistosas y extralegales, de abogado sociable que desea quedar en buenos términos con todos.

Aquella noche comía el joven en casa de su suegra. Parecía sentir nuevamente el peso de aquella atmósfera cargada y desagradable, la terquedad de miseá Benigna, que no le daba la cara, aquella insolencia muda de don Pablo que prescindía de la presencia de Ángel como si fuera mueble, y hablaba con la boca llena, mascando a dos carrillos, limpiándose los dedos sucios en el mantel, con falta de cultura que sorprendía en un miembro de la familia Sandoval. A propósito de todo, y hasta traídas de los cabellos, arrojaba frases y alusiones al «apetito desenfrenado de dinero de los jóvenes del día». «Ahora los muchachos son mal criados, al revés de lo que pasaba en mi tiempo». «Cualquier mequetrefe se le sube a las barbas a un hombre de años y de respeto, sin miramiento alguno». Y hablaba sin parar, en el mismo tono, con el ojo de vidrio clavado en el techo, mientras miseá Benigna fruncía los labios. Bien comprendía, en esos momentos, Ángel, que el viejo le había hecho creer a la señora que él combatía sus intereses ardorosamente defendidos por don Pablo, por lo cual éste acababa de tener recio choque. En cada frase, en la manera de ofrecer guisos, de servir los vinos, en el silencio, en los gestos, en lo que no se decía, notaba el joven sentimientos de sorda hostilidad en contra suya, atmósfera pesada y desagradable, con sabor acre de opio, algo que le rechazaba y le condenaba, con el encono irritado de intereses heridos, con la furia del perro al cual le tocan su plato. Aquello le produjo, de súbito, sensación intolerable de malestar físico, de náuseas morales, de indignación próxima a desbordarse ante la injusticia. Tenía ganas de gritarles, ahí mismo, que a él no le importaban nada las pretensiones de su suegra, exageradas y espuestas en forma irritante por don Pablo; que se lo llevasen todo, hasta el último peso, que él no se emporcaba en miserias. Pero lo que movía su exasperación hasta el último extremo, era la actitud retraída de Gabriela, sus miradas apesadumbradas y descontentas, desviando la vista, como para desaprobar faltas de pudor en materias de dinero. Todo eso, y mucho más, leyó Ángel, como un libro, en la actitud de su mujer, acostumbrado como estaba a verla sentir, sin palabras, en las familiaridades íntimas de la existencia matrimonial. Su ser todo entero se extremecía en ondas apasionadas de ira, de la cual surgía desprecio en contra de don Pablo, indignación en contra de miseá Benigna, odio, odio intenso y profundo hasta la exageración, en contra de Gabriela, en virtud de aquella ley de psicología por la cual mientras más se ha amado a una mujer más cerca se está de odiarla.

Ahora hasta la curva ligera de la nariz de la joven, en otro tiempo signo de distinción a sus ojos, le parecía imperiosa, testaruda, como si se hubiera abultado transformándose; las cejas pobladas ahondaban el ceño, con perfiles duros; la redondez algo llena de su barba y la plegadura suave de su boca, antes signo abierto de bondad, le parecían síntomas de estrechez invencible de criterio, incapaz de comprender las cosas más elementales. ¿Acaso las discusiones del día, moderadas y correctas de su parte, no habían sido provocadas por la defensa de los derechos comunes a las dos hermanas, dentro de las prescripsiones del día, moderadas y correctas de su parte, no ella misma le condenaba... Aquella máscara de mujer, adorada ciegamente meses antes, le producía una especie de crispación nerviosa casi insufrible en ciertos momentos, al oír acentos de su voz que le parecían venir de otra persona. Es que no era la misma voz antigua, velada suavemente en las horas de ternura y clara, vibrante, cuando refería los incidentes ordinarios de la vida social. Es que sentía el joven la mudanza total de todo en torno suyo, así personas como cosas; ya no tenía su suegra sonrisas, pequeñas atenciones constantes, frases amables, las palabras insinuantes de la época del noviazgo, ni tampoco Gabriela guardaba la misma actitud, ni el mismo tono. Sentía, el joven, por instinto finísimo de percepción, que si todo continuaba siendo lo mismo, en apariencia, en el fondo todo era ya diverso. Y su alma experimentaba la melancolía indecible, no formulada ni concretada, de los hondos vacíos del alma, de la aridez de una landa desierta y arenosa, de la tristeza íntima, de árbol cuyas hojas amarillentas y resecas ruedan por los caminos.

Pero no todo era caras de vinagre en aquella casa. Magda, con su astucia natural y cierto instinto ladino, le halagaba a más no poder, pues su marido le había referido la escena del comparendo, y ambos querían mantener a toda costa el fuego sacro. De manera que en la mesa de miseá Benigna se encontraban los más opuestos intereses ya en lucha abierta, disimulados unos, hostiles y mostrándose los dientes, otros. Vanard comprendió la situación, por lo cual, con su tacto de hombre culto, llevó la conversación a otro terreno. Se hablaba de nueva crisis Ministerial: caía el Gabinete de coalición, por exigir uno de los grupos un puesto en los ferrocarriles para uno de los suyos que se encontraba sin destino. Habíase originado cuestión de partido y el Directorio «recuperaba su libertad de acción» con lo cual el Ministerio quedaba sin mayoría en el Congreso. «Estos políticos, agregaba Vanard, viven como los acróbatas, colgados de trapecios por los pies, haciendo Gobierno con pruebas de equilibrio. Una portería es cuestión de Estado. Conozco Presidentes de Partido que andan con los bolsillos llenos de candidatos para los diversos empleos, con listas de personajes que solicitan destinos en el Observatorio Astronómico, o si no se los dan, un Obispado, pues se sienten con aptitud para todo. Estamos como en Portugal, en donde se ha creado un empleo de «Dama cuidadora dos gatos do Palacio».

El buen humor volvía a los espíritus. Don Pablo se había hecho servir el Chambertin en copa de agua y lo bebía a grandes tragos, apuntando al techo su ojo huero, con visible complacencia. Su rostro se encendía con los vinos y los buenos platos, especialmente con uno de croquetas sobre tostadas de caviar. Peñalver, a su turno, junto con meter diente a una pierna de pollo se lo había metido a la crónica mundana. Se hablaba mucho de la quiebra de Morrisson Fibmer, el marido de Julia Fernández. ¡Pobre niña! y cómo la compadecían todos, con grandes aspavientos, pero con una complacencia visible. Ella, tan acostumbrada al lujo, con la vida social llevada por tantos años en su casa, y coches tan bien puestos, y pareja de fina sangre que importaba diez mil pesos, precio hasta entonces nunca visto ni pagado, era difícil pudiera conformarse. Morrisson se había metido grueso en sociedades anónimas de reciente creación y la baja de los papeles le arruinaba.

—¡Pero qué quieren ustedes! —exclamaba levantándose el bigote Vanard—, si se han formado sociedades ganaderas cuyos únicos animales son las vacas hechas por Morrisson al juego de baccarat...

—No sea mala lengua...

—¡Pobre Julia! no hay nada más terrible que pasar de una posición como la suya, de lujo, a la pobreza... —exclamaban los demás, de común acuerdo, sintiendo en el fondo satisfacción que completaba el *bouquet* del Chablis.

Las mujeres enumeraron sus trajes, recibidos todos de Europa, y *miseá* Benigna, refirió anécdotas de la madre de Julia, habló del alboroto causado por su entrada al salón de la Filarmónica en el gran baile dado en honor del Presidente Errázuriz, llevado al poder por el Partido Conservador. Una conocida señora, al coger el brazo del festejado, le había dicho: «Federico ¿qué olor es ese? más me parece de azufre que de incienso...» Dos años después, gobernaba con radicales. Don Pablo Sandoval también había estado, y recordaba unos platos mui ricos, unos guisos particulares que había probado en la cena... ciertas perdices en escabeche, que con solo mencionarlas se le hacía agua la boca... y la lengua ajamonada, de chuparse los dedos... unos alfajores de la Antonina Tapia, de esos que no se hacen ahora en parte alguna, rellenos con huevo molle... Yo fui a la mesa con la Transitito Cereceda, y para más seña, se llevó en el pañuelo un atadito con tres chirimoyas grandes, seis lúcumas, plátanos y dulces de madame Gazeau... casi se me caía la cara de vergüenza a la salida, pues, por política, tenía que llevarle el atado... todos pensaban que era mío... Pues ¡no creerán que un futre dijo a mi lado, fuerte, para que todos le oyeran: «Eche, señor, al atado el faisán del centro» ¡quería que me llevara la *piece-montée!*...»

    La conversación tomaba giro pacifico y se divisaba la oliva de la paz en una comida tan desagradablemente comenzada. La copa de Chartreuse o de Curacao, la taza de excelente café, el puro Celestial de Partagas, acababan de disipar los últimos restos de mal humor en la máquina humana, juguete constante de acciones y reacciones.

VI

Mas en medio de aquellos continuos roces, de escenas a veces insignificantes, de enojos a menudo inmotivados, de pequeños incidentes de existencia diaria, frecuentes en todos los matrimonios, se notaba el sedimento particular que iban dejando, pues, en el fondo, se agravaban por disidencias fundamentales e irreductibles, sentidas por Ángel y Gabriela de un modo confuso y no precisado, pero no por eso menos efectivo y serio.

Solían, a veces, producirse reacciones, entre ellos, pues la ola de sentimiento, como la del mar, obedece a fenómenos de mareas, sube y baja, avanza o retrocede. Había momentos de calma en los cuales si la antigua pasión no revivía, por lo menos, los odios parecían muertos o sepultados bajo capa de cenizas. Gabriela experimentaba el ascendiente de la belleza viril de Ángel y giraba en torno suyo, fascinada, amedrentada, atraída por sugestión de sus ojos. Y él veía surgir en Gabriela esa misma antigua *mirada buena,* sin rebeldías, de sus ojos mansos, dispuestos a sacrificios. Las asperezas y roces con miseá Benigna se suavizaban y desaparecían, pues, como el joven comprendía perfectamente, aquello no provenía de sentimientos dañados y perversos, sino de flaquezas y achaques muy humanos. En ciertas ocasiones hasta dio pasos que tendían a la reconciliación completa. Ofreció gran comida en honor de su tío don Baltazar Heredia, nombrado Ministro en Viena.

Ángel, con su perspicacia natural, comprendía, sin embargo, que esa gran corrada era como desahogo de vanidad y estaba destinada no a honrar a un tío suyo, por el hecho de serlo, sino a manifestar a la sociedad entera las buenas y estrechas relaciones que la ligaban a un Ministro Diplomático. Leía en el alma de la señora esa comezón de figurar, de hacer hablar de sí, achaque obligado de la gente en sociedades nuevas, sobre todo cuando se puede exhibir grandes salones y una existencia de lujo. Ángel era vanidoso, como los de su familia, por atavismo; sin embargo sentía, en los demás, las explosiones de vanidad como notas disonantes y desagradables.

En esas alternativas de excitaciones, depresiones y calmas, habían transcurrido varios años. Dos niños, una mujercita y un hombre, trajeron su alegría bendita a ese hogar disgregado, que tendía a la división, en donde todo bullía, como un mal fermento de pasiones disolventes y ardorosas. La alegría de los niños, sus gritos, la preocupación dolorosa y punzante de sus enfermedades, el placer ruidoso de sus carreras, de sus gracias infantiles, transformaron de súbito la casa. ¡Ah! sin ellos la tempestad hubiera estallado, de fijo, en aquel pobre hogar azotado en direcciones encontradas como el casco de buque náufrago.

Las primeras palabras y los primeros pasitos, el juguete recibido con gritos y luego quebrado, el zapatito roto, las palabritas cariñosas e ininteligibles, pronunciadas con media lengua, el beso, los bracitos que se extienden, hacían olvidar a Gabriela muchas amarguras y llevaban la paz, una calma deliciosa y pura, al corazón de Ángel, como si le abriesen nuevos horizontes enseñándole esa para él desconocida virtud del sacrificio propio, de la humillación para dicha de los hijos, criados con lágrimas y fortalecidos con los padecimientos ocultos de los padres, para quienes son como la prolongación del alma en el futuro.

¡Qué goce infinito y siempre nuevo encontraba en sus niños Ángel! Había seguido, uno por uno, sus progresos, iniciados con la primera mirada, en que ya le conocían, con la primera risa, y los pucheros cuando se asustaban de todo. Luego, en tener entre sus brazos fuertes aquella piernecita de muñeco, delgaducha, blanda y tierna, con patita que cabía en un dedal, y la cabeza de cabellos rubios de fina pelusa, y unos ojazos asustados, ora expresivos, ora risueños, ora quejumbrosos como si se hundieran al peso de unas penas muy grandes. Experimentaba gozo íntimo al penetrar al cuarto de Pepe, y contemplar su camita de bronce, con reja de grandes barrotes, y el cesto forrado en seda y encajes donde se hallaban las escobillas, y polvos de Houbigant, y puntas, y paños doblados y preparados y los baberos redondos con esos finos bordados y recortes y relieves en los cuales tanto se complace el ocio de las madres. Hasta consideraba como amigo el monigote de goma, embadurnado en colores vistosos y el perrito de madera lanudo y cojo, arrimados a la cómoda, junto a la lámpara de noche y a un zapatito de punta gastada y rota... por «él». Las mediecitas mojadas y las esponjas y el polichinela vestido de azul y rojo, con platillos en las manos, colocados al pie de una estampa de la Virgen, sobre un velador, le llenaban la cabeza de pensamientos hondos y tiernos. Ángel creía ver, resucitados, y evocados, unos vagos recuerdos de su propia infancia, el arrullo cariñoso de la madre, sus cariños apasionados, sus cantos, la impresión de algo pasado y lejano, pero dulce, muy dulce, en contraste con la realidad presente. Suave ternura le inundaba, emocionándole hasta las lágrimas, con deseos íntimos, aspiraciones incontenibles hacía otra ternura que lo amparase en el rudo vaivén de la lucha por la vida, pues, en el hombre sentía revivir algo del niño que no había muerto. Y mientras contemplaba la respiración regular y el rostro apacible de su chiquitín, daba suspiros de ahogo sintiendo que algo faltaba en aquella su vida incompleta.

Cuántas veces había visto a Gabriela, exclusivamente preocupada del cuidado y atención de los niños, extrecharlos en sus brazos y besarlos con furia, como buscando en ellos algo que no encontraba en otra parte, mas, en presencia de él, permanecía helada, sin impulsos de corazón, sin uno de esos arrebatos que arrojan, de súbito, una en brazos de otra, a dos personas que se quieren. ¡Ah! si ella hubiera comprendido, entonces, lo que pasaba en el corazón de Ángel, la nerviosa aspiración de su alma; si hubiera penetrado el secreto de su sonrisa enigmática de hastío y desaliento; si hubiera roto, con un impulso espontáneo, la superficie de silencio glacialmente extendida entre dos almas, acaso hubieran podido ser felices, pero la soberbia en el joven, y acaso la timidez invencible en su esposa, mantenían el equívoco entre ambos. Y la conciencia de mutua desconfianza, de dos almas en diverso tono, sin posibilidades de entenderse, hondamente clavadas en el silencio pesado del desacuerdo que no se expresa, pero que se adivina y se palpa, llegaba a producir en ellos, exacerbada, una sensación intolerable que, cuando se cruzaban, por acaso, sus miradas, les ponía en las pupilas destellos crueles.

¡Ah! por desgracia solamente en un punto, a intervalos, sentían producirse el acuerdo tan anhelado por sus almas, y era en el dolor... Las dos o tres veces en que los chicos se enfermaron de cuidado... en una ocasión en que «Nena» estuvo con pulmonía infecciosa y el médico temió la muerte. Durante las noches de insomnio de la situación desesperada, sintió Ángel, al través de sus propias lágrimas, piedad profunda, inmensa conmiseración por Gabriela, echada sobre su diván, sollozando con estertóreos de agonía, entre palabras entrecortadas y tiernas en las cuales aparecía el nombre de su hija. Y cuando ella le había dicho desesperadamente: —¡Ángel! ¡Ángel!...

la niña se muere...» había sentido, dentro de sí, revolverse las entrañas, un nudo oprimirle su garganta, y ansia infinita de tenerla entre sus brazos, de besarla, pidiéndole olvidaran el pasado para hacer vida nueva. Y no había encontrado palabras que correspondieran a la inmensa angustia de ella, ni a la infinita ternura suya. Pero ¿no habría disonado un beso sobre su frente en aquellos supremos instantes?

El peligro había pasado. La enfermedad de Irenita, de «Nena», iba cediendo lentamente, vencida por la fuerza natural. Ya todos respiraban en la casa.

Un día, volviendo a ella, vio Ángel un cupé desconocido, de médico. Junto al lecho de la niñita se encontraba un señor flaco, de espaldas hundidas, y como jorobadas, la cara achatada, unos ojos perdidos en las cuencas, el hablar cavernoso. Examinaba a la niña.

—El Doctor Serines... —murmuró Gabriela.

Era un médico fracasado que, para surgir, se había convertido en homeópata.

Este sujeto, asistía cuidadosamente a todas las procesiones, con vela y exclavina, y hacía ostentación extrepitosa de prácticas religiosas de índole completamente comercial, con el exclusivo propósito de atraerse clientela y obtener recomendaciones. Así, poco a poco, aparentando convicciones que no tenía y buscando el amparo y recomendación de clérigos, consiguió Serines un pequeño peculio con el cual especulaba en bolsa, en donde había dejado reputación algo averiada.

Todo esto lo había contado Ángel a Gabriela, en días anteriores en que se había mencionado su nombre, por recomendaciones del clérigo Correa. Ángel había manifestado la más viva repulsión por semejante personaje, a quien consideraba como explotador homeopático-religioso; ahora le encontraba instalado en su casa, precisamente cuando los médicos habían declarado a la «Nena» en plena convalescencia. Sintió que una ráfaga de sangre azotaba su rostro llenándole de ira.

Trató muy secamente al facultativo, acompañándole enseguida hasta el vestíbulo, para darle gracias y rogarle no volviera a la casa, en donde consideraba innecesaria su presencia.

Tres días más tarde, Ángel se encontraba nuevamente con Serines en la pieza de su niñita. Esta vez no vaciló en echarle, poco menos que a empujones.

El homeópata, hablando muy ligero y sombrero en mano, se escurrió, llamándole a la tranquilidad y a la calma. Entre tanto Ángel descargó toda su ira con Gabriela. No era posible llamar a un asno semejante, para comprometer la salud de la niña, exponiéndola quizás a la muerte. Gabriela se disculpaba diciendo que el médico se había presentado solo, por indicaciones del «señor» Correa, y que había vuelto de puro intruso. Pero Ángel no le creía...

Ambos levantaban el tono. La voz de Ángel se alzaba ronca y furiosa, mientras la de Gabriela tomaba diapasón agudo, hiriendo los tímpanos y provocando la irritación creciente del joven. Luego, ambos, uno en pos de otro, perdieron la calma. Las recriminaciones se sucedían, enumerando quejas mutuas, complaciéndose, el uno y la otra, en agravar lo pasado, exagerando los yerros ajenos. Luego se echaron en rostro cosas íntimas, hasta lo más reservado, hasta lo más secreto. La fisonomía exangüe de Gabriela servia de marco y de contraste al fulgor de sus ojos que miraban a su marido cara a cara, en tono de desafío y de audacia, mientras sus manos se agitaban febrilmente y sin cesar, siguiendo los movimientos de sus frases entrecortadas que se atropellaban unas a otras, sin orden ni concierto. Un cadejo de pelo se le había deslizado hasta los ojos, y lo apartaba con gesto maquinal y violento.

Ángel la contemplaba estupefacto, encontrándose con una mujer nueva, desconocida, en pleno desorden histérico, sin freno que sujetara esa lengua por donde salían a borbotones frases desagradables, conceptos hirientes para todo el mundo, subentendidos y alusiones ofensivas para él y hasta para los suyos.

Sobrecogíale un movimiento de estupor profundo.

¡Cómo! ¿era esa la Gabriela que él había amado tanto, que había idolatrado ciegamente? ¿Era esa la que le parecía el ideal de su vida? Oh! Un sabor amargo y de congoja le subía de los intestinos a su boca ya quemante... La cabeza le ardía, batíale aceleradamente el pulso y luego, a su turno, sintió el contagio moral de la misma exaltación que le arrastraba, sin poderse contener, a pesar suyo y como en virtud de fuerza mayor. Él también experimentaba la necesidad de ajustar cuentas. No podía consentir en que su mujer hablase de la avaricia de su padre... ni de su afición a la bebida. ¡Le prohibía tocarlo! ¿entendía bien? ¡Se lo prohibía! Y si pronunciaba nuevamente su nombre... le taparía la boca...

Y Ángel, con los ojos inyectados en sangre, los labios cárdenos y temblorosos, la miraba como queriendo aplastarla.

Ya no mediaba, como antes, entre ellos, la superficie de silencio, el desierto árido y sin brújula. Era la acción ciega y desbordada del tranque roto, que todo lo arrasa, dejando tras de sí ruinas, cadáveres y montones de cieno.

Gabriela rompió a llorar, con sollozos entrecortados e hipos de sufrimiento. Ángel sufrió entonces la reacción moral que sigue necesariamente a la conciencia de un exceso en la acción, y sintió verguenza, una verguenza profunda, y pena, una pena muy honda, nacida del desprecio súbito de sí mismo y de la conmiseración del dolor humano y de la debilidad femenina dejados caer, gota a gota, en las lagrimas de la joven, en esas horas de angustias sin palabras y sin fondo.

Reinó entre ambos un instante de silencio angustioso. De súbito, Gabriela se puso de pie, tocó el timbre eléctrico, enjugó las lágrimas, se compuso el peinado frente al gran espejo bicelado de cuerpo entero y dijo a la sirviente que abría la puerta:

—Haz bajar las maletas...

Ángel le hizo una seña muda para que saliera, y arrojándose a los pies de Gabriela le pidió perdón.

—He tenido la culpa... con mi exaltación he perdido la calma... he tenido la culpa... pero te quiero... te quiero...

—Y yo también... —exclamaba ella, en súbito afán de sacrificio.

VII

El salón de Olga Sánchez se hallaba preparado para el *five-o'clock-tea* de los jueves. Era, el elegido, uno de los días cómodos para sus amigas, quienes, a la ida al Parque, detenían sus victorias a la puerta de la señorial mansión de las Delicias, situada entre las calles de Nataniel y de San Ignacio, en punto céntrico. Sobre mesita rodeada de tazas de porcelana japonesa de extraños dibujos azul y rosa, encontrábase lista la gran tetera de plaqué con lámpara de alcohol, en la cual se preparaba el *samovar*, como decía, empleando la palabra rusa, con el prurito de extranjerismo de nuestro mundo de tono, tan aficionado a refrescar sus aires en la colonia cosmopolita de París.

Las paredes, tapizadas con riquísimo papel Luis XV, de listas de plata y verde nilo, en admirable imitación de raso de seda, casi desaparecían cubiertas por grabados con marcos de laca blanca y asuntos de Fragonard y de Watteau, acuarelas de Villegas y Pradilla, un cuadro de Urgell, platos de porcelana, entre los cuales algunos de mérito, varias de las enormes peinetas llamadas de teja, de carey, con fantásticas cinceladuras y dibujos, de esas usadas por las abuelas del siglo XVIII. La cajuela de madera tallada, indicaba pasión naciente por objetos antiguos. En el rincón había también vitrina de madera de rosa incrustada y cincelados bronces, detrás de cuyos cristales, redondeados y salientes, se ocultaban objetos de marfil; abanicos de cabritilla pintada, con estrecho país y ancho varillaje del tiempo de Goya y de María Luisa; monitos de porcelana de Sajonia; tazas de Sévres con marca de fábrica y la especial del servicio del Rey; pocillos españoles, dorados por dentro; vieja loza de Talavera; porcelanas de Capo-di-Monti y una tacita legítima con relieves de danza griega, de Wegwood, que valía por todos los objetos allí encerrados en obedecimiento a los preceptos siempre tiránicos de la moda que aconsejaba la vuelta a lo antiguo, con el famoso grito de Gabriel d'Annunzio: *Ritorniamo a lo antico...*

Olga Sánchez, era esclava de la moda. De cuerpo delgado y esbelto, fisonomía fina y risueña, con leve lunarcillo sobre el labio superior y un hoyuelo que se le formaba en la barba al sonreír, mostraba, sobre delgado y alto cuello flexible, fisonomía graciosa, en la cual se armonizaba la mirada de unos ojos pequeños pero vivos con sonrisa picante y acento andaluz. Hija de padres ricos, casada, sin saber cómo, con joven de gran familia, regalona, caprichosa, mimada, había paseado por Europa, llenándose de amistades españolas en Biarritz, en cuyos bailes se presentaba con una corte de aspirantes a su mano, que era pequeña, y a su dote que creían grande. Se despertó un buen día casada, por casualidad, y resultó, también por casualidad, mujer irreprochable, a pesar de que no ardía en su pecho la llama casta y dulce de los amores conyugales. Con todo vivía feliz, consagrada a la única aspiración de su existencia, al supremo y decidido propósito de ser «mujer de tono». El mundo llenaba su cabecita de rizada cabellera negra; preceptos sociales, modas, díceres de sociedad, visitas y comidas, idas a las tiendas de lujo, donde la modista y el sastre, consumían lo mejor de su existencia constituyendo, para ella, los verdaderos preceptos del decálogo. Si bien cumplía tibiamente con los de la Iglesia, asistiendo a la misa de *buen tono* los domingos, respetaba mucho más, infinitamente más, en su fuero interno, los sacrosantos preceptos de la moda y sus admiradas tiranías. Ya de muchacha, en el colegio de Madame Dewal, antes de que le pusieran preceptoras en casa, llamaba la atención, entre sus compañeras, por su lujo, y cuando alguna se presentaba en son de competencia, Olguita, con los movimientos vivarachos y graciosos que la caracterizaban, solía recogerles el vestido para ver bordados y encajes de enaguas: era esa una prueba tan ruda como temible para las elegantes de pega. Andando el tiempo, cuando la muchacha crecía esbelta y graciosa, un caballero famoso por su orgullo de familia y cierta señora de avanzada edad, pero de considerále posición en la sociedad chilena, pensando en asegurar el porvenir de sus vástagos con la suculenta dote, la invitaban a porfía, rodeándola y envolviéndola con la amistad de sus hijas, sobrinas o nietas. Aceptó con placer las invitaciones a bailes y rechazó a los pretendientes, aun cuando manteniéndolos con insinuaciones y sonrisas hasta el momento en que vino a estallar como bomba, entre ellos, la noticia de su inesperado matrimonio. Pero no se había casado con el joven, sino con la familia. Era todo un complicado cálculo de posición social, combinado astutamente por sus padres y aceptado rápidamente por ella, sin grandes vacilaciones, sin desconsoladoras luchas, sin reticencias de corazón, pero sin entusiasmo loco, ni delirios apasionados, con la cordura de muchacha reflexiva y habilidosa, a pesar de sus locuras aparentes.

—Me caso con ese, como con otro cualquiera —había dicho a su íntima y buena amiga Magda, y junto con pronunciar estas palabras había girado sobre un talón, alzando el otro pie, con vestido y todo, a mayor altura que el clown del circo, pues tenía maravillosa flexibilidad en los músculos de las piernas.

—*Cela va sans dire...* —había observado Magda, por comentario único—, en tratándose de marido, lo mismo da uno que otro...

Entre paréntesis, el francés de Magda era lenguaje especialísimo, pues se componía de media docena de frases que manejaba con gran desparpajo y mucho recargo de acento. «*Ca va sans dire... ¿en voulez vous des hommards?... chic epatant...* merci, mon cher...» Al «senador» Peñalver le llamaba: «*Le pére la Victoire*». A Vanard, cuando contaba cuentos de doble sentido, hacíale callar diciendo: «*Tais-toi, vieux cochon*». A esto, sobre poco más o menos, y cierta lectura de novelas francesas, reducíase no solamente el francés de Magda, sino también el de casi todas las casadas elegantes de su círculo, salvedad hecha de los apóstrofes a Peñalver y a Vanard, de propiedad exclusiva y rigurosa de la joven. El francés de Olga era un poco más extenso y completo, pero su educación igualmente superficial y primitiva. Componíase el circulo de amigas o «la *banda* de Magda» de media docena de muchachas de fortuna, vestidas lujosamente, alegres, bulliciosas, provistas de maridos más o menos insignificantes y dados al *sport,* carrereros empedernidos, con el alma pendiente en un hilo de la salud de Lancero... de *Paquerette* o de otro animal de esos. Reuníanse en el rincón «de las gallinas finas» del Club Hípico, en donde se lucían unas a otras los trajes, rodeadas de un grupo de vividores con quienes formaban especie de Club al aire libre en los domingos de carrera, comentando sucesos del día, rumores, escándalos, noticias de sensación y de bulto, comadrerías, enredos, chismes, encargos a Europa, dineros de fulano, trajes de mengana en la última comida, enredos de zutana con el de más allá. Acercábanse a ellas las señoras del Cuerpo Diplomático, y se iban todos juntos al paddock a lucir sus trajes, a tomar el *lunch* y la copa de champagne ofrecida por Sanders, y desfilaban contentas, como pavos reales, el sentir sobre sí miradas de envidia o murmuraciones secretas de otras mujeres, igualmente señoras, e igualmente elegantes, que les «sacaban el cuero»[31] en forma de insidiosos y finos «pelambres»[32] a la vez que se las comían a cariños y a besos en donde las encontraban.

Después de hacer colocar por la sirviente en un rincón la mesilla cargada de bandejas con *sandwichs* de *pate de foi,* tortitas de manjar blanco, galletas y «petits fours»; cuando hubo descargado el pulverizador con su esencia favorita de «Enigma», suave y penetrante, Olga Sánchez alzó lentamente el store y abrió las puertas-ventanas de numerosos y pequeños vidrios estilo Luis XV, poniéndose de codos al balcón. A sus pies se extendía la superficie unida y suave del asfalto Trinidad, regado con mangueras a esa hora. La torre de San Francisco surgía lejos, medio oculta entre ramas de árboles del paseo desnudas de hojas. Troncos oscuros de esqueletos de árboles se alineaban en la hermosa y ancha avenida central, encubriendo mármoles de estatuas, entre las cuales surgían el verde oscuro y la espada levantada del general «O'Higgins» sobre su caballo de guerra. A cada momento cruzaba por los rieles de acero un tranvía eléctrico debajo de los árboles, a gran velocidad, haciendo resonar el timbre sonoro de sus campanas. Victorias, vis-a-vis, americanos, carruajitos ligeros, coches de lujo de toda especie, arrastrados los unos por caballos de raza, los otros por troncos robustos del país, pasaban con gran velocidad, distinguiéndose el trote de los hackneys que dejaba atrás a los demás carruajes. Por la calle de Bandera y frente al edificio monumental de la Universidad, comenzaba a deslizarse, a cada momento más nutrido, el torrente del paseo de la tarde en la primavera naciente, diseñada con brotes de árboles a fines de agosto. Ese lujo extremo de carruajes, tan bien puestos como en ciudades europeas, da nota característica a las tardes santiaguinas, con el extrépito creciente, chasquear de fustas, rumor sordo y continuo de trote, metálico de cascabeles y cadenas, o el silencioso deslizarse, como fantasmas, de carruajes con yantas de goma, y cocheros rígidos con altos cuellos, la librea apoyada en el claro sobretodo colgado en el pescante. Es marejada continua y rápida, de perpetuo movimiento, en la cual se deslizan trajes elegantes de señoras, de entonaciones discretas, y sombreros con grandes plumas,

---

31 Criticar. (N. del E.)
32 Murmurar en contra de alguien. (N. del E.)

nota clara de guantes, actitudes demasiado abandonadas y flojas en unos, demasiado rígidas en otros, naturales y sueltas en los menos. El Sol, ya cerca del ocaso, iluminaba con su luz el deslizarse del torrente de coches en no interrumpida masa, desde la calle de Ahumada hasta la del Ejército. Vidrieras de casas, al reflejarle, despedían rojizos fulgores de incendio, allá muy lejos, en la Avenida. Ráfagas de aire frío y sutil de finales de invierno azotaban el rostro de Olga, inclinada sobre la verja de hierro de graciosa combadura Luis XV. De tarde en tarde movía ligeramente la cabeza para contestar el saludo de algún sombrero de hombre o el gracioso gesto de alguna amiga y su vista se dilataba, como sumergiéndose en el mar de coches, en su rodar incesante en ese día de paseo, bajo el cielo claro, y se perdía en la sensación gloriosa del Sol moribundo, inundando la gran avenida de palacios en polvo de oro que bañaba la ciudad hasta el pie de las altas cordilleras, cubiertas de nieve y teñidas en rosa.

A los pocos momentos se detenía, de golpe, un cupé, y el lacayo abría la portezuela. Olga le había reconocido de lejos, con divisar los caballos: era el de Marta Liniers de Vidal. Desde lo alto parecía aún más fina y esbelta la figura de su amiga, inclinada en ese instante para dar una orden al cochero; había en sus grandes ojos azules, en la contracción de sus labios delgados y en la dilatación de las ventanillas de su nariz, recta, destellos de carácter enérgico y resuelto. Al verla, Olga recordó las historias que circulaban en sociedad respecto de ella; referíase que había ganado cuatro mil pesos en una noche de baccarat, durante el último verano de Viña. Casi todas las señoras de Santiago habían puesto el grito en el cielo. ¡Qué barbaridad! En sociedad como la nuestra, hasta ese momento demasiado circunspecta y reservada, en la cual las mujeres de tono mantenían tradiciones de moralidad severa, acaso en extremo tirante, no se comprendía el desborde traído por el despilfarro de unos cuantos salitreros que se entretenían en arrojar al tapete verde puñados de billetes de Banco. ¡Ah! cuando se les tocaba el punto a las señoras viejas, era cuento de nunca acabar. También se decía, *sotto-voce*, que la joven señora Liniers poseía, corazón de manteca, demasiado blando, y que en esos instantes... vamos se divertía con Emilio Sanders, el marido de Magdalena Sandoval. ¿Pero qué no se dice, santo

Dios? pensaba Olga entre sí. Y luego, casi todo resulta mentira, chismografía, envidia de unos, maledicencia en otros. Al fin y al cabo ¡quién sabe!...

En esos instantes el sirviente, de frac y de corbata blanca, abría la puerta del salón para dar entrada a Marta Liniers que penetró con paso largo y victorioso, dejando tras de sí una ráfaga de esencia de *Muguet*. Las dos jóvenes se abrazaron y besaron con muestras exageradas de cariño, como si hubieran pasado un año sin verse. Dirigiéndose mutuamente piropos y cambiaron zalamerías, metiendo en la conversación mucha miel, con entonaciones en falsete, superlativos, exageraciones y una risita medio taimada con que Olga concluía sus frases.

—¿Por qué no habías venido? Ni el polvo se te divisa... hace como un siglo que no llegas a esta casa, a pesar de que no tienes otra amiga como yo.

—Así es, no más. Pero te diré francamente, no salgo a parte alguna... ni siquiera fui a la comida de Magda Sandoval. He tenido tanto que sufrir últimamente, con enredos y chismes en la temporada de Viña... No hay infamia ni mentira que no inventen, como que no les cuesta esfuerzo. Y en cuanto ven que una recibe sus cuatro trapitos de Europa, y se los pone y los muestra, como es natural, ya levantan las calumnias más atroces...

—Eso mismo decía yo a Nina Oyanguren —exclamó con fervor Olga Sánchez—; en estos tiempos no hay que creerle a nadie ni lo que reza. Pero no debías impresionarte de ese modo, hija; si todas te conocen demasiado, y nadie puede figurarse por un instante... vamos... que... Estoy cierta de que ninguna de tus amigas habrá dudado ni por un segundo...

—Pero estoy tan escamada, hijita... —contestó Marta clavando en el techo unos ojos llenos de candor, como para poner al cielo de testigo de su inocencia— tan sumamente escamada, que si me acusan de haberme robado la torre de la Catedral... ya no vuelvo a misa por temor de que lo crean...»

Y las dos amigas se miraban con sonrisitas cariñosas, abandonando ya Olga la cara de protesta indignada en contra de la vil calumnia, mientras su amiga le cogía la mano.

En ese instante se detenía a la puerta otra victoria.

—¿Quién será? —preguntaba con la mirada Olga a Marta, de pie junto a la ventana.

149

—Es Julia Fernández... —contestó la otra—. Viene en una victoria, con caballos preciosos y puesta como si fuera de Rotschild... ¿qué no había quebrado el marido?... ¿no remataron el fundo?
—Me parece, hijita, que a las fortunas santiaguinas suele pasarles, como a los hoyos, que mientras más tierra les quitan, más grandes quedan...

Julia entró, a su turno, con largo paso de Diana cazadora, recogiendo la falda de un sencillo vestido de paño oscuro con su pequeña mano enguantada de blanco. Era, siempre la hermosa mujer que tanto ruido había metido en salones, de soltera. Pero sus formas se habían llenado. No tenía ya las líneas indecisas y virginales, excesivamente delgadas que enloquecieron a su primo Antonio; sus contornos eran mórbidos, sin dejar de ser esbeltos. Pero los rasgos de su fisonomía se habían acentuado en expresión de dureza imperiosa. Todavía circulaba en sociedad, entre anécdotas de otro tiempo, la historia de ese hombre que había querido suicidarse por ella, y a pesar de que los años transcurrían, dejando huellas, Julia mantenía su prestigio mundano. Según la dura frase del «senador» Peñalver: «Era que vivía sobre sus laureles».

En cuanto hubo entrado, repitiéronse los abrazos y los besos en ambas mejillas, con extremos visibles de cariño, como si todas se quisieran entrañablemente y la recién llegada fuera la mejor entre sus amigas.

Marta, como quien no quiere la cosa, pero con intención visible para Olga, no cesaba de ponderar el magnífico paltó de nutria que llevaba puesto la recién llegada y que realmente valía un dineral, pues era de lo más fino. Enseguida elogió el sombrero y el vestido de Julia.

Ésta dio gracias, y respondió a sus amigas proporcionándoles detalles de hechuras y precios de modista, con la mayor sangre fría, pues no se le ocultaban las intenciones de las otras. Manteníase altiva, sonriente, desdeñosa; bien podía su marido arruinarse, pero ella sabría mantenerse, hasta el último, imponiéndose, como los gladiadores romanos al caer.

Y después de charlar un rato de modas y del vestido de fulana en el teatro y de mengana en la comida de Alvareda, Olga se dirigió a la mesita ligera donde hervía la tetera de plaqué bajo la llama azul de lamparilla de alcohol. Nina Oyanguren entraba en compañía de una de las damas del Cuerpo Diplomático, de la baronesa de Strinberg, señora gorda, bastante mal vestida, de voz gruesa y masculina, pero ya célebre por cierto ingenio, un tanto desenvuelto, para dar estocadas a fondo.

La dueña de casa les ofreció té. La baronesa prefería una copa de oporto con biscochos.

—Más vale llegar a tiempo que ser convidada —dijo con tono rápido, Nina Oyanguren.

Hubo risitas, cuchucheos, rumores de dientes femeninos como de ratas que roen un pastel. Peñalver entraba junto con Berzson, secretario de la Legación Sueca, Vanard y poco después Velarde con los bigotes rubios retorcidos y levantados a lo Káiser. El senador arrastraba ya un poco las piernas con sus sesenta y tantos años, aun cuando, según él, solo tenía «treinta y pico... pues había perdido la cuenta, por no ser muy fuerte en matemáticas...»

Vanard con su cabecita cubierta de negra cabellera, ojos razgados y simpáticos y sonrisa peculiar, sentose junto a la baronesa. Era uno de esos hombres que no muestran edad. ¿Cuántos años tenía? Eso figuraba en el catálogo de misterios sociales. Todo el mundo le conocía y él a todos tuteaba, recordando a los papáes y también a los abuelos. Metido entre los jóvenes, no disonaba, parecía uno de ellos, con la particularidad de que el color de sus cabellos y sus dientes eran legítimos, a diferencia de Carlitos Ribeiro, que se teñía el pelo y usaba dientes postizos, por lo cual Vanard le llamaba: «el venerable joven...»

—¿Cómo está usted, señora baronesa? —preguntó a la de Strinberg.

—Bien, muy bien, lo mejor posible en este país encantador... —contestó con suave ironía, y en francés, la diplomática.

Las señoras, unas de pie, sentadas otras, conversaban a un tiempo. Hubo instantes de silencio general. Y se oyó clara la voz de Peñalver dirigiéndose a la baronesa:

«Me disculpará usted señora, le pregunte si es auténtica la historia de la tarjeta a Manuelita.» Las damas cambiaron, entre sí, sonrisas mudas. Era que, según lo público y notorio, Manuelita Vásquez andaba enamorada, con mala fortuna, del señor Stevens, gerente del Banco Americano, cuyo padre acababa de fallecer.

—¿De qué tarjeta se trata? —preguntó la diplomática, manifestando la mayor extrañeza—. ¿De alguna invitación a comer?

—¡Ah! no, señora —replicó el «senador» con grande aplomo—. Se dice que usted, al saber la noticia de la muerte del padre de Stevens, comunicada por cable, mandó tarjeta de pésame a la señorita Manuela Vasquez, con estas palabras: «*Je regrette beaucoup la mort du pére, l'indifference du fils, et l'abssance du Saint-Esprit...*» (Deploro la muerte del padre, la indiferencia del hijo, y la ausencia del Espíritu Santo.)

La baronesa, con voz viril, protestó vivamente de tal suposición.

—Ustedes los *jóvenes*, son perversos... —dijo en castellano, con deplorable pronunciación, volviéndose a Vanard.

—¡Oh! qué agradable calumnia —respondió éste.

Las señoras no podían contenerse más, con el cuento de la tarjeta, conociendo como conocían las aspiraciones vehementes al matrimonio de Manuelita Vásquez. En ese instante, por extraña coincidencia, abriose la puerta y entró precisamente Manuelita. Su hermano Javier, la acompañaba, mostrándose, aún más flaco y más alto de lo que era, dentro de su larga levita de Poole.

Hubo movimiento de espectación general entre todas las señoras, deseosas de ver la entrevista y la actitud de ambas. Calculaban que la joven estaría que trinaba con el cruel epigrama. Pero dio pruebas de profundo tacto mundano. Había entrado con paso natural mas, al divisar a la baronesa, dirigiose rectamente a ella imitando ligeramente el paso de la diplomática y le hizo un saludo de corte, parodiando, en tono satírico, los movimientos pesados de la baronesa y lo hacía de cuerpo presente y delante de la propia víctima, valiéndose de extraordinario poder de mímica y don especial de parodia. Era difícil ponerla en ridículo con finura y gracia; la joven lo había conseguido. Ambas se abrazaron, se besaron y se sonrieron, como las mejores amigas de este mundo en el cual es ley obligada la disimulación constante de los verdaderos sentimientos. Fisonomías, maneras atentas, gestos mesurados encubren los sentimientos reales, intereses que separan, odios intensos, rivalidades feroces, emulaciones de envidia, apetitos de lujo, desbordes de pasión, amores sensuales o interesados, sacrificios de amor propio, amarguras de situaciones equívocas originadas en pobrezas que nadie sospecha y en miserias increíbles y desconocidas de los maridos o de los padres. Lo principal estriba en representar la comedia del buen tono, de gran mundo, de riqueza sin que nadie se entere del fondo efectivo, ni revuelva las borras del tonel. Y las más de las veces consiguen engañarse unos a otros, en punto a sentimientos reales, con afectos fingidos y sinceridades afectuosas de similor y amores de Chicago, casi todo falso, guardando los reales y efectivos para dejarlos caer, como una flecha, entre media docena de alabanzas. Y se crean situaciones artificiales y riquezas que no existen, para casar a las hijas, o adelantarse a sí mismos en la vida, siempre con propósitos deliberados de engaño.

Los dos salones de Olga, en ese instante, se encontraban llenos, pues tenía concurrencia más numerosa que la acostumbrada en sus días. Julia, sentándose al piano, había tocado los primeros compaces del *tow-steps,* el alegre baile americano. Los jóvenes, después de arrimar a la pared la mesita con porcelanas y floreros, bailaban alegremente: allí estaba Antonio Vidal, con cara afeitada al estilo americano, bailando muy tieso, y el secretario de Noruega, con peinado a lo Cleo de Merode, achatado el pelo y muy relamido, con sus actitudes de buen mozo profesional, enamorado de sí mismo, y muy arrimado, a la vez, a una viuda.

—Preciosa fiesta, señora... preciosa... —decía a la dueña de casa que pasaba.

Entre tanto el joven Sanders, apoyado en un biombo, en rincón discreto, conversaba con Marta Liniers en voz baja. Y la charla debía ser animada, como si mutuamente se hicieran recriminaciones, pues el monóculo aquel que había salido intacto e incólume del baño involuntario del estanque de Pudahuen, en el fundo de Sandoval, *casi* se había caído del ojo de Sanders, en el salón de Olga. Por el tono y las actitudes parecían *de vuelta,* mas nadie reparaba en ello, pues hubiera sido la más absoluta falta de discreción y de tacto mundano el darse por enterado o hacer alusiones indiscretas. Hasta pasaban a su lado, como si ellos no existieran, sin mirarlos, esas parejas ya cansadas de bailar. De ordinario, en los *five-o-clock* de Olga jamás se bailaba, y era escasa la concurrencia masculina.

La animación considerable en ese día, permitía exclamar, con Sanders: «*Ca bat son plein...*» Estaba la cosa en su punto.» Magda y Gabriela,

153

entraban, seguras de sí mismas, despreocupadas, convencidas de que sin ellas no cabía recepción de buen tono; y así era la verdad. Leíase en su mirada segura, en el ceño altanero de Gabriela, en la cabecita levantada y la boca siempre fruncida de Magda, salvo cuando sonreía de modo expansivo y abierto para saludar con mirada húmeda o picante de sus ojos negros. Produjeron, en el salón, la impresión acostumbrada, pues daban la nota necesaria de buen gusto. Existen siempre, en la sociedad santiaguina, mujeres sin las cuales no se concibe reuniones; cuando ellas faltan, la dueña de casa parece contrariada; nótase la ausencia de algo como de sal en la comida o el azúcar en el café, esencial para el gusto. Y cuando se presentan, unas estudian en ellas, las variaciones y notas de la moda, otras ciertos detalles y anécdotas de vida social. Las recién llegadas a la vida mundana, las casadas jóvenes que se inician, solicitan el abrigo de su ala protectora y quieren realzarse hasta con los reflejos pálidos del prestigio mundano de astros autorizados por la fama y encumbrados en la vida social de los periódicos. La baronesa de Strinberg les puso el impertinente de largo mango de carey, mientras se besaban con Olga Sánchez. Nina Oyanguren detallaba el corte, los vuelos, adornos, encajes y «entredoses» de sus vestidos, y las combinaciones de colores y las plumas, cintas y nudos de sus sombreros, quedando en aptitud de describirlos, con todos sus puntos y comas, en sus visitas a otras amigas, exactamente y con la misma perfección del «chic parisiense» y de *La Mode*. Al mismo tiempo, como por encanto, aparecía en la puerta el monóculo de Sanders, quien charlaba animadamente con Peñalver, empeñado en sostener su teoría favorita de que la poligamia era ley universal de la creación y el matrimonio el *bluff* más ingenioso, el engaño, la «estafa» más hábil hecha por las mujeres a los hombres. Por eso, él no se había casado; jamás lo *blufeaban* en el juego de *polker*.

Vanard se acercaba en ese instante a las Sandoval, saludándolas familiarmente, con su sonrisa amable, extremada en público para la *«mise en scene»*, con el propósito hábil y calculado de realzarse a los ojos de otras mujeres que lo observaban y ante quienes, con esto, aumentaría de valor en la feria de vanidades mundanas.

Gabriela tomó asiento, en un sillón, al lado del sofacito Luis XV ocupado casi enteramente por la sólida y aventajada gordura de la baronesa. Comenzaron hablando del tiempo revuelto, y luego cambiaron cumplidos. La Ministra de Suecia elogió su buen gusto en materia de trajes; desde su llegada a Chile, habíale llamado la atención como verdadera parisiense. Tales superficialidades insulsas tenían para las mujeres importancia capital, pues, muchas veces del corte o del color de un traje podía depender la fidelidad de los maridos en el matrimonio. La extranjera sostenía y desarrollaba su tesis con vivo ingenio, y Gabriela discutía en correcto francés. Hablaron, luego, de la Ópera. La baronesa se moría por la música de Bizet; *Carmen* era su ópera favorita... *l'amour est enfant* de Boheme... *qui n'a jamais connu des lois*...» ¡Cuán verdadero es eso, señora! decía a Gabriela con una de sus sonrisas extrañas y punzantes. «Hasta entre los bastidores del teatro se deslizan los picarescos hijos de Bohemia...»

Y Gabriela, junto con estas palabras, un tanto sibilinas, *sentía* sobre sí la mirada de la diplomática, aguda y observadora. Esto le causaba cierto malestar que no se explicaba, uno a manera de sobresalto como el que nos sobrecoge al diseñarse peligro desconocido y no remoto, alzado, de súbito.

Magda, sentada en el rincón, hacía saltar ligeramente la punta de su pie, finamente calzado, mientras escuchaba las frases insinuantes de un diplomático, más afanado todavía por sus aventuras galantes que por sus maniobras y protocolos.

El caballero, joven todavía, de barba rubia, ojos brillantes, sonrisa fina y maneras de mundano, era según el decir de un periódico, «tan elegante como el Príncipe de Sagán.» Había cruzado por el escenario político, dando pruebas de talento, aun cuando no tuviera bases de estudio sólido, en lo cual se parecía a todos los demás hombres públicos chilenos para quienes el saber es un bagaje inútil y hasta en ocasiones peligroso. Poseía, pues, como decía Vanard, la suficiente ignorancia para hablar de todo con aplomo. Además tenía condiciones brillantes de hombre de mundo, por lo cual era la política para él un simple *sport* sin mayor importancia y solo valía en cuanto le procuraba distinciones o podía servirle de pedestal para otras empresas. Vividor de profesión, entendido como nadie en materias de *menú*, creía, con fe ciega, en la diplomacia de *trufas* y *champagne* de la cual han sacado en ocasiones tanta fuerza y omnipotencia política algunos Presidentes. La gran flaqueza de su vida era su invencible inclinación al bello sexo, consagrada en aventuras, sino muy repetidas, a lo menos bastante extrepitosas. De sus vicios, envidiados de muchos, nacía precisamente su popularidad entre las mujeres. En esos días había comenzado a cortejar a Magda que parecía bastante satisfecha de arrastrar en su séquito a todo un Ministro Diplomático. Ya se había diseñado en la joven señora de Sanders el invencible prurito de publicidad a toda costa, de extrépito, de ruido lujoso con visos de escándalo y aspecto de *flirt* descarado. No sin razón, al hablar de ella, la baronesa Strinberg recordaba la frase de Voltaire a propósito de la Academia Francesa: «Dama tan discreta, apacible y moderada que nunca ha dado que hablar de sí».

El diplomático de la barba rubia, César Elduayen, sonreía jugando con sus guantes gris perla, mientras Magda, con la viveza acostumbrada y un tanto insolente, le decía:

—Mire como viene, agachando la cola... ese «perro judío» de mi marido... Quiere hacerme creer que no *pololeaba* con Marta Liniers... Para lo que me importa... Ahora sí que comprendo la gracia del cuento alemán. ¿Lo conoce? ¿No? pues escúchelo, y tomó el acento de un alemán que hablaba español: «¡Ja! ija! ija!... Pegro Mayers tiegne amorres cong mi mujerr... *y yo lo sé*... ija! ija! ija! ija!!!... pegro yoo tengo amogres cong la mujerg suya... *y él no lo sabe*... ija! ija!! ija!!! ija!!!!...»

Gabriela pasó junto a ellos dirigiendo a su hermana una mirada seria, cargada de reproches, estoicamente recibida por ésta. Bien sabía que el asunto, en Magda, no pasaba de *flirt*, pero eso la disgustaba profundamente, dentro de la rigidez de sus principios morales y la frialdad de su temperamento de linfática mal avenido con las historias de amor, con las aventuras y con los escándalos. Y para manifestar de modo claro su desaprobación, pasó junto a su hermana, sin mirarla, hasta el salón vecino, sentándose próxima al piano en el cual tocaba en ese instante Manuelita, con la maestría y el dominio absoluto de la técnica tan comunes en la sociedad santiaguina, «Les Danses du Nord», de Grieg. A su espalda quedaba un asiento, y el biombo medio las ocultaba del resto del salón. ¡Cuán melancólicamente iban despertando recuerdos y sensaciones dormidas en el alma de Gabriela!... Notas, al desgranarse, extraños acordes, iban trayendo consigo frases escuchadas en días más felices, cuando el amor le parecía eterno; entonces sus miradas se doblaban, como vencidas, bajo el peso de las húmedas miradas de Ángel, y de súbitos destellos ardientes que penetraban hasta el fondo de su alma, impregnada de sentimientos delicados, de ternuras íntimas y de tristeza melancólica. ¡Qué recuerdos aquellos!

Un crujir de enaguas de seda, cortando su ensueño, le advirtió que tras del biombo chino de flores y dragones de oro acababa de sentarse una dama. Luego llegó hasta ella otra voz de hombre, algo ronca y las contestaciones claras y metálicas de Marta Liniers, seguidas de risita frecuente en ella. Hablaban de trivialidades:

—Se casa Isabel González... ¿De veras?... y con quién?... Con Elías Thomson... el matrimonio acaba de concertarse en los baños de Cauquénes»...

—No sabía que las aguas fueran tan eficaces... para el matrimonio...

Luego silencio y cuchucheo, después del cual Gabriela oyó pronunciadas a media voz, estas palabras:

—Ha sido el escándalo atroz, en el Teatro Municipal... figúrese que Ángel Heredia dio de trompones al segundo Alcalde en la sala de espera de artistas. ¡Qué barbaridad! Parece que la cosa había principiado en el camarín de la Biondi Campanelli, cuando ésta se preparaba para el segundo acto de *Zazá*...

La voz de Marta Liniers pedía detalles. La voz gruesa continuaba detrás del biombo: «Pero no se haga la que viene bajando de las chacras... Marta... si todo Santiago conoce las historias de Ángel con la Biondi Campanelli. Ha gastado dinerales con ella. Le ha pagado dieciocho mil pesos de cuentas de hotel... y joyas... ¿no se ha fijado usted en el collar de perlas de la Biondi en «Manon»?... ¿no lo encuentra parecido a ese que le robaron a Gabriela hace dos meses, de una manera misteriosa, y que tanto ha dado que hacer a la sección de pesquisas?»

Y la voz ronca seguía y seguía ensartando infamias, agregando detalles cada vez más precisos y abrumadores, que caían a manera de martillazos sobre la cabeza de Gabriela, inmóvil detrás del biombo, sentada en la ligera silla Luis XV, cuyo frágil respaldo crujía como si fuera a romperse. El golpe había sido feroz, y completamente inesperado. Zumbábanle los oídos con rumores de campanillas; el poder de visión la abandonaba rápidamente, mientras sudor helado y copioso le empapaba las sienes, aumentando la sensación de frío, como si fuera a desvanecerse. Manuela seguía tocando el piano, mas, al levantar la vista, lo interrumpió de súbito: acababa de ver el rostro de Gabriela, pálido, invadido por ojeras cárdenas que se agrandaban a medida que la luz de la pupila se desvanecía... «¿Qué tienes hija? ¿Qué tienes?» Al excuchar esa voz, Gabriela tuvo extremecimientos y reaccionó sobre sí. Manuelita, rápidamente, empapó su pañuelo en agua del florero y lo puso, un segundo, sobre la frente de su prima, echándole aire con la pieza de música. «Creí, que te ibas a desmayar... ¿quieres un vaso de agua?... un poco de oporto?»

La joven no quería el agua, prefería el oporto. Lo primero habría llamado inmediatamente la atención, lo segundo pasaría desapercibido, y lo principal, para ella, era no llamar la atención, no ofrecerse en espectáculo a los demás, para que se dieran el refinado y diabólico placer de relatar su indisposición súbita, refiriéndola sabe Dios a qué motivos. Sobre su naturaleza de mujer triunfaba su instinto mundano de las conveniencias, el temor tiránico del qué dirán, el respeto instintivo de las reglas de buen tono, razón suprema y suprema ley para mujeres de su categoría. La moda, el tono, y no hay más que hablar.

Mientras bebía su copita de oporto, Gabriela ataba cabos entre la conversación que acababa de oír y las frases enigmáticas de la baronesa, claras y precisas ahora. Todo el mundo conocía el escándalo dado por su marido entre bastidores y sus amores con mujeres de teatro. El orgullo profundo de los Sandoval subía a su cabeza en ráfagas incontenibles; ahora estaba roja, enardecida, casi sofocada a la idea de que su nombre anduviera en boca de las gentes. Indignación inmensa la extremecía por entero; hubiera querido encontrarse a solas con el miserable que pisoteaba su nombre y su dignidad de mujer para escupirle la cara, para echarle puñados de lodo al rostro, a manos llenas, con las injurias más viles para él, para los suyos, para su casa entera. Revolvería ese fango fétido con sus manos de esposa burlada, teniendo el noble orgullo de sentirse pura y limpia, muy por encima de aquel a quien despreciaba. En ese instante, por primera vez en su vida, Gabriela experimentaba la sensación agradable y positiva de ser virtuosa.

Y junto con esto subía a su corazón inmensa pena, desgarramiento interior inesperado, un mar de amargura y de hieles, sintiéndose completamente sola y casi abandonada en la vida... Su madre, clavada en el lecho por una cruel enfermedad; su hermana, lanzada en la vida mundana, sin pensar en otra cosa que en divertirse y próxima a partir a Europa; su padre muerto hacía cuatro años... Y su marido, de quien la separaban ya tantas y tantas cosas alejándola cada vez más de su corazón y de su vida, cortaba uno por uno esos tenues e invisibles hilos morales de los cuales penden las felicidades del hogar, lanzándose de lleno en la vida libre y rompiendo con todo respeto humano para exhibirse, en pleno teatro, en amores con una cantante, y dándose de trompadas por ella... La indignación le volvía las fuerzas para no mostrar su flaqueza dando lugar a comentarios que, junto con su nombre, trajeran a todos los labios esa historia nauseabunda. A esto sucedía dolor agudo; hondo grito del ave herida en el ala, quejido del cordero al sentir el acero en sus entrañas; derrumbe total de todas sus esperanzas de posible reconciliación en el hogar unido y tranquilo. La pobre joven que después de tantas desinteligencias íntimas creía completamente disipado su cariño, convertidos en odio y en desprecio la admiración apasionada y el amor insensato que la llevaron al matrimonio, experimentaba sentimiento de estupor, de sorpresa abrumada e inesplicable al sentir, en el fondo de su conciencia, como brotaban en su alma todos estos sentimientos nuevos y esta emoción extraordinaria que indudablemente poseían raíces de amor, acaso de recuerdos sensuales o sentimentales no borrados completamente, pues la mujer, aunque lo desee, no podrá jamás arrojar enteramente de sí el sello del hombre que ha querido y que ha sido su dueño. Gabriela experimentó impulsos ciegos de huir; sentía esas palpitaciones enloquecidas del corazón en el pecho que convierten la impaciencia en suplicio casi intolerable para temperamentos nerviosos. Luego, acudía a su espíritu la duda, como última tabla de salvación para el naufragio de su vida y de su nombre; no era posible que Ángel, caballero después de todo, por sus antecedentes de familia, y con nombre que respetar, se hubiera exhibido en tan horrible escándalo. Era que ella, dulce, ingenua, delicada de alma con ese su cuerpo alto y fuerte, no podía tolerar la sensación de inmensa repugnancia, de náusea íntima, tan completa y tan profunda que todo lo emporcaba con su lodo fétido: era algo que tomaba fuerza y cuerpo físico en razón de su misma intensidad moral. Involuntariamente surgía el pasado, con sus recuerdos de amor, el primer ensueño, el paseo a la quebrada, las primeras palpitaciones de corazón, el beso inolvidable de la ruptura, su idilio matrimonial, lleno de promesas, los paseos solitarios con el alma henchida de felicidad tan exquisitamente dulce... haberle idolatrado con amor tan noble, tan puro y tan legítimo, para verle rodar, a los ojos de todo Santiago en aquel chiquero... Gabriela, mirando en sí, no podía perdonarse el derroche de su vida y el de su ser, ni aun lo sentido en ese propio instante para con ese hombre...

Ese hombre era la palabra que sintetizaba la nueva situación moral creada por unas cuantas frases oídas momentos antes, por sorpresa.

Y luego sintió, en sí, la reacción completa de mujer de tono, que antes de mostrar en público sus miserias, pobrezas, o desencantos prefiere morir sin exhibiciones íntimas. Cuando Magda, advertida a media voz por Manuelita del accidente de su hermana, se apareció en el salón, encontró a Gabriela sentada al piano ejecutando, con admirable maestría, los compases brillantes de la Gavotta de Paderewsky. El Secretario de Suecia, elegante, buen mozo y a su propio entender irresistible, le murmuraba galanterías a granel —escuchadas por la joven sonriendo, con los ojos entornados, el busto echado atrás y las plumas del sombrero levemente extremecidas: estaba heroica, sin que nadie, entre los suyos, lo supiera. Minutos después abandonaba la casa en compañía de Magda que hablaba a borbotones con sus acompañantes que la siguieron hasta la puerta del cupé. Despidiose con una última sonrisa, de los jóvenes, mientras el *valet de pie* encendía los faroles nikelados, pues cerraba la noche. Y al sentirse rodar con el suave movimiento de las llantas de goma, entre las tinieblas que caían, se arrojo zollozando en brazos de su hermana. No le quedaba ya en el mundo más cariño... y el de sus hijos que no podían comprenderla. Era sed de ternura, ansia de amor que la sobrecogían con la destensión de sus nervios, reaccionando en libre expansión de todo su ser, comprimido por las ligaduras mundanas. Murmuró a su hermana, con palabras entrecortadas y sollozos, lo que acababa de oír junto al biombo. Y Magda, la ligera, la loca, la casquivana, se echó también a llorar, sintiendo anudada su garganta y el corazón henchido de cariño... eran tan solas... eran las únicas hermanas... con la madre enferma, no tenían más en el mundo...

Los focos eléctricos brillaban en el paseo desierto de las Delicias, entre árboles desnudos, junto a mármoles blancos de estatuas, frente a la Universidad, y más lejos, cerca de San Francisco. El torrente de carruajes, de vuelta de la estación central de ferrocarriles, se deslizaba en masa negra y no interrumpida, con extrépito sordo, sobre el cual se destacaba el campanilleo metálico de los tranvías eléctricos.

Vanard, que salía de la casa de Olga en compañía de Polo Sánchez, se detuvo un instante, quiso cruzar la calle, mas, no pudiendo, por verla obstruida, siguió de largo su camino. Mientras encendía el cigarro puro, oyó que Sánchez le decía con mucha gana:

—¡Cómo hiciéramos Obispo a Heredia!
—¿Para qué, hombre?
—Para besarle la esposa...

VIII

Era el escritorio de Justino Vanard uno de los más concurridos en la calle de Bandera, por lo cual sus amigos habían dado en llamarle «pescadería». Multitud de individuos, de toda especie de cataduras, edades, sexos y profesiones le aguardaban sentados en la sala de espera, y le asaltaban con peticiones cuando aparecía con el gran cigarro puro en los labios, la cabecita parada, el paso menudo y rápido de un hombre de afiebrada actividad, y el cuerpo muy pequeño y regordete, tanto que un soldado, al verle pasar, había dicho: «A ese habrá que tirarle con municiones...» Era una actividad la suya más aparente que real, el eterno moverse, en todos sentidos, con poquísimo provecho, pero dejando en el ánimo la impresión de ardilla provista de cigarro. Asaltábanle mujeres, preceptoras en busca de un empleo, profesoras y maestras de escuela; no le dejaban descansar los hombres, maestros o empleados de instrucción pública, armados de memoriales en que pedían este mundo y el otro, pues era conocida su consagración a las cuestiones de instrucción pública y su influencia en la Cámara de Diputados, de la cual era miembro. También aparecía el tipo de algún correligionario pobre en busca de auxilios pecuniarios; Vanard se registraba los bolsillos y rara vez dejaba de ayudarles en su mala fortuna, con lo cual y saludos cariñosos y apretones de mano que prodigaba, era, en realidad, uno de los hombres más populares de Santiago.

Al entrar, acercósele un empleado con la correspondencia que Vanard firmaba, sin enterarse de ella, echando humo del cigarro puro, un enorme Cazador de «Corona». A cada instante resonaba el teléfono, con rápido campanilleo, comunicando órdenes para compra de acciones, suspendiendo otras, preguntando cotizaciones; y lo llamaban de todas partes, del Club, del Cuartel General de Bomberos, del cual era miembro entusiasta, del Estanco de Alcoholes, del Ministerio de Hacienda y del de Instrucción, de la Escuela Normal, de la Bolsa de Comercio, y a todas respondía en tono rápido, con dos palabras y alguna indicación, siguiendo, al mismo tiempo, los asuntos más diversos y al parecer sin ilación alguna. A cada instante salía para ir a los Bancos o a la Bolsa, provisto de papeles y de cheques o recibía la rápida visita de otro corredor que se asomaba, con dos palabras: «Cajas 6..., a cuarto, compro... Chile, cincuenta acciones, cinco octavos...

—No, medio...— Conforme.—» El agente salía y entraba otro con un paquete de títulos impresos en tinta verde, por las litografías Norte Americanas; contábanlos, pasábanle cheque y a otro. Había ocasiones de grandes marejadas, cuando alguna casa de comercio suspendía sus pagos. De repente, entraba otro corredor:

—Vanard..., ¿sabe?, le están dando una gran correteada al Chile y Hungría...

—Estos extranjeros que solo traen su plancha y un balde —exclamaba Vanard—, se llevan ciento quince millones de depósitos a su tierra, y cuando les cobran, gritan como las gallinas cuando las despluman...

Y luego partía como un chiflón para la Bolsa, a paso cortito y ligero, en el instante en que los demás corredores acudían apresurados al llamado de la campanilla eléctrica a la hora de la rueda. Una masa negra y confusa llenaba las aceras en dirección a la Bolsa, codeándose, empujándose, pues reinaba en esos momentos visible nerviosidad. Las acciones de Malveo habían bajado a diez pesos, de veinticinco a que estaban dos días antes. Era un derrumbe enorme, atendido al considerable número de acciones vendidas a plazo, en desenfrenado juego. En un grupo se comentaba la cosa; Vanard les hizo saludo imperceptible, con las manos en los bolsillos, como se acostumbra entre hombres de negocios, sin que ni un músculo de su rostro se moviera. —Ahí viene la «Banda de Pitos» —dijo un caballero algo sordo, muy querido entre los hombres de negocios—, a ver qué nos cuenta...

Y se acercó cierto joven de aspecto simpático, alegre y bullicioso, con las manos metidas en los bolsillos:

—Solo sé que estamos *fregados*...[33] y sin novedad. La casa de Wilfisch ha quebrado en seiscientas mil libras... ¡Felices los que pueden quebrar en esa suma..., allá me lo quisiera yo!... ¡Adiós Vanard!...

Pero éste no le oyó. Atravesaba la calle para saludar a Emilio Sanders con grandes sonrisas y apretones de mano, preguntándole por su mujer... Y entró luego a la oficina de otro corredor, llamando por teléfono, y habló algunas palabras con el agente de negocios, de fisonomía triste, afligida, largo y flaco, al parecer abrumado por grave melancolía, pero tal era su rostro habitual, aun cuando ganase el dinero a canastadas: «¡Vanard,

---

33 Derrotados. (N. del E.)

hombre, le gritó uno de rostro placentero y acento germánico..., no me haga *correg, hombgre...*, *migre* que la vida es *corgta...* y los zapatos están muy *cagros...*!»

Vanard tocó nerviosamente la campanilla del teléfono, llamando a Ángel Heredia. Había novedades..., gran baja de Malveo... Y entró a ocupar su asiento entre los corredores. Notábase cierta nerviosidad en los diversos grupos que iban tomando posiciones. Uno hablaba, con su vecino, en voz baja y trémula de indignación en contra de los bajistas que, según él, habían arreglado un informe para producir el derrumbe. Y decía horrores. Otro, más allá, con igual calor, sostenía todo lo contrario, con más indignación todavía. Habíanse formado grupos de alcistas, que se concentraban para defenderse, y grupos de bajistas. Ahí estaba Cristóbal Raigada, flaco, el rostro amarilloso, la sonrisa irónica y desleída, de enfermo del hígado, jugando casi siempre a la baja: era un mozo inteligente, muy entendido en especulaciones y que tenía la más triste idea de los hombres de negocios, en general, y de los chilenos en particular... Se meten a cuanto asunto se presenta, decía, sin saber por dónde van tablas... Organizan directorios con gran lujo y reparto de acciones liberadas. Enseguida le meten el tonto a los amigos, como haciéndoles gran favor, y los clavan con quinientas o mil acciones a cada uno. A veces las acciones salen con prima. Entonces todos tienen las caras risueñas. Y suben, y suben sin límite. Allá van la comida donde Gage, con champaña; salen al parque las victorias con llantas de goma, arrastradas por caballos ingleses. Y la mujer se abre cuenta donde Pra o Muzard por cinco mil pesos que probablemente se pagarán en el día del juicio... ejecutivo. Pero un buen día, que fatalmente llega, cuando los directores solo conservan el número de acciones reglamentarias, se produce la baja, pues viene a descubrirse que no hay estaño, ni cobre, ni salitre, ni ganados, en aquellos tan estupendos negocios... Solo quedan el hoyo pelado y los títulos impresos. Y entonces viene el crujir de dientes, las lamentaciones de los perdidos o de los arruinados a quienes los bancos no ejecutan porque de hacerlo vendría la ruina general y ellos se quedarían en definitiva con el tonto. En Chile tenemos la desgracia de ser demasiado listos, pero como todos hacemos el mismo juego, resulta, al fin, un fracaso lastimoso. Allí tiene usted, por ejemplo, si uno planta viñas, y le va bien, los demás se meten a plantarlas y arruinan el negocio; si uno pone depósito de carbón y leña, al día siguiente se llena la ciudad con negocios de la misma especie; si uno planta melones, al día siguiente, amanece Santiago enmelonado. Así pasa con los negocios de Bolsa... Nos hemos empapelado todos, engañándonos los unos a los otros con nombres sonoros, sociedades auríferas en donde apenas hay agua y... piedras; ganaderas en bosques inaccesibles, a no ser para las águilas, y no faltan en la Bolsa, minas al por mayor en Bolivia, la República Argentina, y gomerales en el Acre!!! De todo se forma sociedades: una de hielo en el Polo antártico, otra de *adoquines de aire comprimido*, y la de «Pompas Fúnebres Consolidadas»..., sin duda para enterrar a todas las demás...

La campanilla eléctrica había cesado de tocar. Los corredores estaban en sus puestos, el Presidente detrás de su mesa, y los secretarios listos. Una multitud considerable de especuladores se agrupaba detrás de las barandillas de madera, y era tan compacta que apenas sí podía pasar el muchacho con los telegramas de Valparaíso, para distribuirlos entre los destinatarios.

En cuanto Ángel recibió la tarjeta de Vanard, buscó sombrero y bastón y guantes, poniéndose en movimiento hacia la Bolsa con aire febril. «Enorme baja. Malveo, le decía, véngase, espero orden.» Estas pocas palabras bastaron para trastornarle por completo, causándole fortísimas palpitaciones de corazón y cierta punzada desagradable en los tímpanos, acompañada de un temblor en las piernas que vacilaban como negándose a sujetarlo. Habían bastado pequeños detalles, como el carácter de la letra toda trémula, el hecho de enviarle su tarjeta a esa hora desusada y hasta el azoramiento del mandadero que llegaba a todo escape, algo insignificante y trivial, para provocar en él la visión del próximo peligro, ya que no catástrofe. Recibida de sorpresa y cuando menos lo esperaba, esa tarjeta de Vanard le producía impresión de golpe dado por la espalda, de algo inexorable, repentino y feroz. La fortuna, y su expresión el dinero, son los resortes principales de la sociedad moderna, en cuanto encarnan exterioridades de vanidad más importantes para los hombres que necesidades esenciales de la vida. Más de una vez, leyendo novelas, se había sonreído de la sencillez con que solo contemplan la existencia humana con el aspecto simple y único de algún episodio sentimental, de dificultades de corazón surgidas de repente, y prescinden, de manera absoluta, de esa complejidad extraordinaria de intereses, de apetitos, de ambiciones, de vanidades que constituyen el tejido más fuerte y la verdadera trabazón de la existencia. Ángel era el producto genuino de un estado social de transición en Chile. Perteneciente a familia ilustre, muy enorgullecido con su nombre y posición social, recibió de su padre, hombre de fortuna, el débil apoyo de una fianza para negocios de campo en los cuales no le acompañaba la fortuna. Había pasado algunos años en la Universidad, para conseguir el título de abogado, estudiando flojamente, como casi todos los alumnos, al final del año, para *calentar* los exámenes;[34] el resto de su tiempo lo empleaba en paseos, en el café, en bailes o en calaveradas más o menos estrepitosas. Igual existencia llevaban todos los demás jóvenes de su misma situación social. Los padres no se habían ocupado en darles una educación ruda y práctica, adaptada a la lucha de la vida, sino en convertirles en caballeretes de paseo, adornados de título vacío, de un pedazo de papel inútil. ¿De qué le servía, vamos a ver, su diploma de abogado, cuando no poseía las condiciones de paciencia humilde y de labor obstinada del escribiente que pasa años de años junto al abogado de nota, para aprender el oficio? Si solo veía campo en el comercio o en la agricultura, ¿para qué las leyes y los años perdidos en estudios ociosos? Sin preparación alguna, sin educación de trabajo, Ángel tenía demasiado orgullo para presentarse, como otros jóvenes hijos de padres ricos, en demanda de un empleo público, para quitarle su pan a jóvenes pobres. Prevenciones inveteradas de familia impedíanle seguir ciertos ramos lucrativos de comercio. ¿Qué habrían dicho sus amigos o parientes si le hubieran encontrado vendiendo o vigilando en casa de Muzard o en otra parte, con el propósito de prepararse para establecer, a su turno, un almacén? Eso le parecía tan absurdo que apenas lo imaginaba en el descendiente de hidalgos españoles. ¿Qué hacer? No hallaba carrera en la diplomacia, en la cual solo surgen, hoy día, los diputados y senadores a quienes se manda, por conveniencia política, para que hagan y digan todo género de desatinos, por cuenta de la nación chilena, en una carrera que ignoran. ¿Acaso no se había reído Santiago entero de

---

34 Estudiar mucho, a última hora antes de un examen. (N. del E.)

un reportaje en que un Ministro Plenipotenciario había dicho todo género de atrocidades? El Ejército era tan míseramente remunerado... Ángel miraba en torno de sí, hallando como únicas expectativas los *trabajos* de Bolsa y el matrimonio con muchacha rica. La Bolsa, es decir, vida de juego y de engaño, desmoralización lenta e inconsciente de juegos de azar, enmascarados con hipocresía y nombre de trabajos; el matrimonio con mujer de fortuna, es decir, dependencia del marido convertido en mujer; abdicación, en muchas ocasiones, de la dignidad, de ese orgullo tradicional de los Heredia. Y aún, casos se daban de jóvenes casados con hijas de padres ricos que solo venían a recibir herencia cuando se habían convertido, a su turno, en ancianos. Ángel había hecho un matrimonio excepcionalmente feliz, dentro de ese género de ideas. Pero las particiones se habían dilatado, con un largo juicio que se arrastraba por las secretarías de los Tribunales, en complicaciones de artículos, de notificaciones y nulidades, poniéndose y retirándose de la tabla. Ángel había recibido, por parcialidades, doscientos mil pesos, a cuenta de la herencia de su mujer —y en esto había andado con mucha suerte—.

En los mismos días comenzaba en Chile esa fiebre de negocios de 1905, uno de los más extraños fenómenos morales para los historiadores futuros. Se encontraban ya prontos los fondos para la conversión metálica y los Bancos tenían repletas sus cajas con ese objeto; pero todos temían esa operación financiera, a pesar de que el cambio internacional se encontraba muy cerca de la par. Hubo un Ministro de Hacienda que diciéndose partidario del oro, postergó la conversión y arrojó cuarenta millones más de papel al mercado. Los hombres de negocios comprendieron que el descenso del cambio venía, teniendo que subir considerablemente la cotización bursátil de los valores y acciones con base de oro. Los Bancos, en cuyas cajas se desbordaba, inútil, su propio dinero y el depósito del Fisco, abrieron la mano a todo el mundo, se echaron a la calle a ofrecerlo... Vino entonces el alza afiebrada, repentina, enorme; las acciones subían diez puntos en una rueda. Todos compraban y vendían acciones exigibles, sin tenerlas a la mano, y sin garantías de ningún género. La Bolsa era una inmensa mesa, en la cual todos jugaban, por el momento, a la alza, y como las acciones subían y subían sin término, se fundaron sociedades nuevas, a millares, cotizándose con premio sus acciones antes de lanzadas. ¿Acaso no recordaba el joven que una noche, mientras tomaba una copa en el mesón del Club se habló de una nueva sociedad ganadera que podría formarse en el centro de la Patagonia, inexplorada todavía?

Pues, a la mañana siguiente, cuando entraba a la sala de periódicos, un corredor de comercio le ofrecía diez pesos de premio, o sea dos mil pesos de ganancia, sin abrir el bolsillo, por la cesión del derecho a ser accionista de una sociedad por formarse y que nunca se formó, en parajes inaccesibles y desconocidos.

Con el alza general todos ganaban, el champagne corría, algunos partían a Europa, todos eran millonarios. *E viva la gioia..., el vino spuma giante, nel bichiero schientillanti...*

Hubo un momento en que Ángel creyó haber clavado la rueda de la fortuna. Los corredores le buscaban para ponerle al frente de sus negocios, de las sociedades anónimas o en los directorios de comunidades en formación. El nombre de Heredia caía bien, era antiguo, honorable, prestigioso, daba confianza a los accionistas. Ángel recibía doscientas o trescientas acciones liberadas, por ser amigo, y suscribía mil haciendo propaganda entre sus íntimos, a quienes aseguraba, con la mayor buena fe, que esa sociedad, cuyos minerales y ubicación él no conocía, era la más rica del mundo. Por cada diez pesos pagados, afirmaba, se recibirían quinientos. Y metían, entre él y los demás directores, a sus hermanos, amigos íntimos, padres y parientes, embriagados todos por aquella palabra mágica: la fortuna... Todos querían ser ricos de golpe, sin trabajo, sin esfuerzo, sin sacrificios de ningún género. Ahí estaban las tres o cuatro fortunas de salitreros y mineros improvisados, exhibiéndose insolentemente, haciendo resonar las trompetas de sus automóviles, derramando el champagne a torrentes, tirando el dinero a manos llenas por la ventana. ¡Y cómo la sociedad de mejor tono se inclinaba ante ellos, solicitándoles, invitando a su mesa, con orgullo, a esos aventureros averiados que no habían dejado fechoría por cometer en Antofagasta, falsificando títulos, raspando registros notariales, inventando nombres, resucitando muertos, improvisando familias a los difuntos! Muchos títulos eran legítimos, bastantes negocios honorables, no faltaban los de buena fe, pero la sociedad los confundía, concediendo igual aceptación y prestigio a los serios que a los malos, pues los aventureros tenían buen cuidado de poner en los directorios de sus empresas a las personalidades más honradas y conocidas, por aquel principio de que la bandera cubre la mercadería. Y los hombres buenos hacían, con ánimo ligero, el negocio de los pillos, en el mareo del oro y de la fortuna, seducidos al final de un banquete, o por el entusiasmo de un hijo a quien se hace gerente, o a quien se entregan acciones liberadas. En la fiebre de los negocios, lanzábanse a la calle de la Bandera, repleta de gente, de rostros ávidos, congestionados, de individuos que manoteaban y gritaban, salidos muchos no se sabía de dónde. «¿Le apunto doscientas acciones de *La Colorado*? —¿Salitres, ganaderas, qué cosa? —No pregunte... —Apúntelas». Dos horas después, las acciones, aún no firmada la escritura, ya tenían diez puntos de premio. Así seguía la fiebre de especulación y de la aventura sacudiendo a la población entera, como sobrecogida de un vértigo. Hasta las mujeres se habían metido a especular desenfrenadamente. Repetíanse, de boca en boca, las anécdotas de millonarios improvisados; zutano está inmensamente rico en su operación sobre azúcares de Viña: compró a 23 y están a 130..., mengano se va a Europa, ya no sabe qué hacerse con la plata. Se hablaba de un abogado que acababa de invertir trescientos mil pesos en un *chalet* de campo; otro personaje había regalado setenta mil pesos a una bailarina. Las señoras se echaban al cuerpo todo cuanto pillaban en las tiendas, vestidos, encajes, sedas, collares de perlas. A una niñita de ocho años le habían comprado un collar de doce mil pesos. Abríanse cuentas en todos los almacenes y tiendas de la ciudad, gastando sin tasa ni medida. «Bueno, hijita, solían decir algunos, para eso trabaja y suda su negro..., gaste no más...» Y salían nuevas y mejores sociedades, cada cual lanzando la suya. Creose la fábrica de diamantes, aprovechando un invento que aún no se había ensayado, la sociedad de máquinas purificadoras de aire, destinadas a transformar la higiene de las grandes ciudades, y por último, la famosa fábrica de «Adoquines de aire comprimido», con un capital de dos millones de libras esterlinas, suscritas, y una primera cuota de diez chelines por acción pagada. Y las tales sociedades, aun las más absurdas, hasta las más descabelladas, eran suscritas inmediatamente y revendidas con prima, sin que nadie se parase a examinarlas, ni a discutirlas. En el Directorio figuraban los nombres más honorables y conocidos de la sociedad santiaguina.

La calle de la Bandera se había convertido en un hormiguero, inundada de rostros desconocidos y hasta de algunas fisonomías patibularias. Los corredores no alcanzaban a cumplir todas sus órdenes, ganando cuanto dinero querían y especulando por su propia cuenta. Y como las acciones subían cuatro y cinco puntos en la misma rueda, caía más de uno en la tentación de apropiarse la ganancia de órdenes ajenas, con lo cual se iba infiltrando un airecillo sutil de inmoralidad entre las corrientes desenfrenadas de jugadores. Y los Bancos seguían prestando el dinero a manos llenas.

La sociedad entera se sentía arrastrada por el vértigo del dinero, por la ansiedad de ser ricos pronto, al día siguiente. Las preocupaciones sentimentales, el amor, el ensueño, el deseo, desaparecían barridos por el viento positivo y frío de la ansiedad de dinero, de mucho dinero. Y las almas veían desaparecerse de la existencia todo sentido espiritual, barrido por el hecho concreto, por el apetito feroz y desenfrenado de lucro, por un sensualismo desatentado para el cual desaparecía todo valor que no fuese de Bolsa. ¡Y con qué admiración no se abría calle, para que penetrase al Club de la Unión, como soberano, el famoso Pacheco, individuo de reputación dudosa a quien nadie hubiera dado la mano seis meses antes, enriquecido de repente con la compra de títulos salitreros a vil precio, hecha de primera mano, a familias que se hallaban en la miseria, dándoles quinientos pesos por lo que había revendido a diez mil libras. Todos sentían la sed de fortuna, jugando al alza en la Bolsa... El vértigo continuaba y los papeles seguían subiendo. La venta de acciones a plazo permitía el uso casi ilimitado del crédito. Ángel, como los demás, se veía arrastrado por el vértigo del juego de Bolsa, poseído del ansia de dinero, para él de todo punto indispensable, condición esencial para el mantenimiento de su rango social. Gabriela figuraba en todas las fiestas, era invitada a las grandes comidas, tenía carruajes y palco, organizaba kermeses de beneficencia. En ese medio social no era posible mantenerse sin considerable suma de dinero, ni vivir al nivel de sus amigas, muchas de las cuales poseían una fortuna sólida, haciendas o minas. Luego entraba la competencia de los trajes y de los sombreros. Gabriela había sido una de las mujeres más elegantes, de soltera; ahora, casada, su lujo era necesariamente mayor y el rango de la casa más costoso. Las primeras pruebas que habían sacudido ese hogar, donde la felicidad hacía promesas eternas, fueron cuestiones emanadas del dinero. Ángel había recibido doscientos mil pesos, parte principal de la herencia de don Leonidas, todavía en particiones. Pero la vida era cara; mantener una casa como la suya, y caballos de carrera, y coches, costaba un dineral. Su capital, invertido parcialmente en bonos hipotecarios, le daba dieciocho mil pesos de renta anual. A fin de año comenzaron a llover las cuentas y el joven vio, con espanto, que los gastos del año subían de cuarenta... Hubo explicaciones; el marido trató de exponer su verdadera situación económica. No podían seguir en ese tren de gastos, pues en tres años se quedarían sin un céntimo. Gabriela, sorprendida, abrió tamaños ojos; aquello sobrepasaba la medida de sus ideas y de su educación económica de vieja cepa española. En las Monjas le habían enseñado un poco de gramática, bordado y algo de historia y de geografía, bastante catecismo, nombrándola «Hija de María»; pero no se cuidaron mucho de su aritmética, de la cual solo recibió nociones ya olvidadas: ni siquiera conocía bien las cuatro operaciones elementales, y no entendía de sacar intereses ni de cuentas. Le parecía ordinario y plebeyo eso de llevar cuadernos con apuntes del gasto. Por otra parte, con las preocupaciones y hábitos desordenados de una familia rica, ella se contentaba con entregar a la llavera, a la «Tato», ama que la había criado y la quería ciegamente, el dinero necesario para el gasto. Era honrada y no le robaría ni un céntimo. En cuanto a los gastos de modista y demás, «eso era indispensable» y no se discutía. Así, pues, el lenguaje de su marido había causado a la joven una sorpresa mezclada de estupor. ¡Y cuán pequeño y sórdido lo sentía en aquellos momentos! Le veía bajar de su pedestal de enamorado atento y cumplido de antaño, para convertirse en un vulgar y prosaico pescador de dotes, preocupado de cuestiones de tanto por ciento y de dinero... ¡Aj!... Sentía casi asco, náuseas íntimas imposibles de disimular, irritación de todo su ser que se traducía en movimientos de repulsión física. Ángel había sentido como una puñalada en aquel instante, al notar desinteligencias irreductibles entre ambos, y por cuestiones de dinero... Y no podía dejar de sentir una complacencia amarga, viéndola tan elegante, el cuerpo incitante ceñido de seda que moldeaba sus caderas llenas, golpeando nerviosamente el suelo con su largo pie. Aquel animalito de fina sangre necesitaba vivir en el lujo, con cuidados de caballo de carrera, con pesebreras, alimentos y preparadores especiales... Luego él había tratado de borrar la mala impresión de aquella saludable advertencia, echándolo todo a la broma; se habían reconciliado dirigiéndose juntos al paseo.

Las cuentas fueron llegando, poco a poco, de todas partes, las unas pequeñas e insignificantes, las otras crecidas; algunas eran dobles, muchísimas exageradas. Ángel tuvo disgustos y desabrimientos con Gabriela, a quien expuso la necesidad de moderar un tanto los gastos de lujo, para proporcionarlos a las entradas y no concluir en dos años el capital entero. Ella le recibió altanera, casi despreciativamente, con los labios apretados en un gesto que ya conocía en boca de su suegra:

—Tienes admirables condiciones para Ministro de Hacienda —le dijo la joven con ironía—. Es que no podremos seguir viviendo así...

Y mientras se miraban con las pupilas clavadas, notaba el marido un despego completo, hasta ráfagas de odio en aquellos ojos que viera lánguidos y cargados de amor, ahora duros y punzantes. Es que por ley humana, cuanto nos procura satisfacciones y placeres, mueve dentro de nosotros los resortes del cariño, y cuanto es desagradable y áspero se convierte en semillero de odios y de ocultas antipatías. Los sentimientos iban naciendo y desarrollándose, así, en forma inconsciente, y germinaban solos en las horas de reflexiones calladas y de involuntarias meditaciones mudas, ahondando, ahondando cada vez más el espacio que los separaba al uno del otro. Era un motivo de crueles ansiedades para el marido eso de tocar los asuntos de dinero, tan difíciles y espinosos para él pues al fin y al cabo la fortuna era de ella.

Mas, de repente, surgieron las horas de bonanza, con lo que habían dado en llamar *el resurgimiento* del país. Los millones amontonados en los Bancos para la conversión de la moneda de 1905, salían a cancha, incrementados por las nuevas e inesperadas emisiones. Las sociedades se formaron a destajo, locamente y sin examen, suscritas al minuto. Ángel se metió en la vorágine de los negocios con todo el empuje de los desesperados, convirtiendo en papeles los dineros todos de la herencia. Necesitaba crearse fortuna rápidamente, para evitar la catástrofe que preveía, con los gastos exagerados de la casa. Y cerraba los ojos, creyéndose en camino de salvación. Un corredor de comercio amigo suyo, de cabeza encanecida por los años, hombre honorable y serio, le afirmaba, con toda sinceridad y buena fe, que casi todos los negocios eran buenos; solo se necesitaba un poco de paciencia para esperar su desarrollo. Las salitreras darían dividendos enormes de un cuarenta o más por ciento dentro de dos años: uno para instalar la maquinaria, y otro para comenzar la elaboración de salitre. Las ganaderas se demorarían tres o cuatro. Pero los valores duplicarían, a lo menos, en cuanto se iniciara la producción. Ángel veía en los ojos de su consejero el convencimiento de un hombre honrado e inteligente. Metió la fortuna de su mujer en todo género de empresas, auríferas, salitres, minas de cobre, y ganó, como todo el mundo. A los seis meses, su fortuna pasaba de quinientos mil pesos, y se consideraba, a sí mismo, el rey de los financistas, pues la voz pública le corría millonario y los amigos, aun los simples conocidos, le invitaban a beber copas en el mesón del Club para pedirle consejos de inversiones, que daba siempre con voz reposada, tranquila y absolutamente segura como el fallo definitivo e indiscutible de los Tribunales de Justicia.

Pero luego, y de modo súbito, comenzó la baja de valores. Las cajas de los Bancos se encontraban exhaustas y los deudores no pagaban ni siquiera los intereses de sus créditos. Se pronunciaron quiebras y los grandes capitalistas comenzaron a crujir, no muy seguros, mirando para todos lados. Algunos Bancos pedían nuevas emisiones de papel-moneda. Entretanto, como la mayor parte de las acciones sociales solo habían sido pagadas en parte, llegaba la hora de nuevas cuotas en los momentos en que los Bancos no tenían dinero. Alzábase inmenso clamor, voz salida de todas partes, desesperada y rugiente, pidiendo nuevas y nuevas emisiones de papel-moneda.

Gabriela, ya más tranquila, escuchaba las adulaciones de sus amigas que la consideraban millonaria, y hablaban de las enormes ganancias de Ángel en la Bolsa. ¿Por qué no se iban a Europa, cuando estaban tan ricos? Qué suerte era tener un marido como el suyo, tan hábil para negocios. A él no se le iba una; era de los que ven debajo del agua. Gabriela escuchaba complacida las conversaciones de sus amigas echando indirectas a su marido, a la hora de almuerzo y de comer, respecto del famoso viaje y gastando entre tanto el dinero a manos llenas. Había comprado una pareja de caballos de diez mil pesos, y adquiría joyas y trajes sin tasa ni medida. Cuando se produjo la primera baja en valores, Ángel se halló preocupado: era necesario reducir gastos, hacer economías, ya no abrían crédito en los Bancos, los negocios no iban bien. Gabriela se encogió de hombros, mirándole altanera y con ceño fruncido. Y a ella ¿qué más le daba? Allá se compondrían solos los negocios, pues todo era cuestión de paciencia, según se lo había oído a él mismo. No debía tocar esas pequeñeces un hombre que manejaba millones..., pues todo el mundo lo afirmaba y ella sabía por cien conductos diversos. No había quién no se lo hubiera dicho a su mamá y a ella. Hasta el banquero Fillmer le había preguntado por qué su marido no compraba el fondo de Pehuan que iba a rematarse en novecientos mil pesos. En vano trataba el marido de explicar a su mujer el estado general de sus negocios; ella se obstinaba en no oírle, se negaba a descender a cálculos que para ella eran griego. Y luego se exaltaba, a pesar de ser tranquila, se tapaba los oídos y daba voces. Ángel, en cambio, se desesperaba, perdía el tino y se hundía más y más en especulaciones aventuradas y oscuras, en el fondo de las cuales veía relucir el oro de los millones, es decir, la paz del hogar, el fin de las angustias del millonario ficticio, el descanso, el respiro, la consideración de los demás y junto con esto el poder, y el camino de la ambición. Tal como veía constituida la sociedad chilena, se necesitaba gran fortuna para figurar en política, pagar elecciones de diputado o senador. En una sociedad en que solo cuenta el dinero, se decía, es necesario adquirirlo a toda costa. Y sin quererlo, como otros muchos, iba perdiendo toda noción moral, en lenta e insensible desmoralización que le corroía el alma quemándole como ácido nítrico. Cuando podía esquivar un pago, lo hacía tranquilamente; buscaba salidas capciosas y tinterillescas para eludir compromisos de negocios. Lo que le hubiera repugnado profundamente seis meses antes, le iba pareciendo ahora expediente natural y explicable en circunstancias dadas. Ya entraba en las transacciones y compromisos de conciencia consigo mismo, en el camino de la duplicidad de los seres impulsivos. Un velo, cada vez más denso, iba envolviendo su ser moral y deformando la vista de las cosas.

La tarjeta de Vanard llamándole a la rueda de Bolsa había caído sobre él como una granada de espoleta. Y era tanta la emoción, que sus manos trémulas no daban con el hueco de las mangas al coger el abrigo. Bajó los tramos de la escalera de dos en dos y se lanzó por la calle de Ahumada atropellando la gente, con la vista perdida por la ansiedad amarga de llegar pronto, en la previsión lacerante de una catástrofe financiera en la cual bien pudiera caer envuelto, perdiendo buena parte de su fortuna. Desesperábase con el laconismo de la tarjeta que le dejaba en duda; acaso le hubiera causado un alivio, el saberse arruinado, en vez de aquella ansiedad irritante, solo comparable con la de los que buscan el cadáver de un deudo en el desastre nocturno del tren. Así, a grandes trancos, llegó a la Bolsa de Comercio, en cuya puerta dos corredores atrasados discutían un negocio, con las manos metidas en los bolsillos, y con voces rápidas. Sin saludarles, hízoles a un lado y se metió violentamente en el salón central, enteramente lleno de individuos de todas cataduras y de trajes negros, amontonados tras de las barandillas de madera que protegen el recinto de la rueda de corredores. El Director de turno presidía, impasible, mientras uno de los empleados leía con voz chillona y monótona una lista interminable de valores ofrecidos, pronunciando los nombres con excesiva rapidez...: 500 Sofías a ½, vendo... 1,000 Avanzadas a 6, vendo... —A 7/8 compro... —interrumpió una voz desde el fondo...— 200 Cochamó a 30, vendo... 300 Australes a 26... 100 Ormo a 40... Compro 100 Vapores a 1/4...

—A medio, vendo —interrumpió una voz—, ¡Conforme!... —exclamó otra voz, y se oyó golpe seco de martillo, en la mesa, anotándose en la pizarra la operación correspondiente.

Era interminable la lista de acciones mineras, salitreras, ganaderas y auríferas ofrecidas en venta. De tarde en tarde interrumpíala una voz que ofrecía o pedía las acciones a un cuarto más bajo, o más alto, según el movimiento de la plaza. En ciertos papeles muy movidos veíase hasta varios puntos de diferencia en la misma rueda. A cada instante llegaban los mozos con telegramas de Valparaíso, o con tarjetas de órdenes. Había momentos en que las ofertas salían a gritos de diversos puntos de la sala a una voz.

«¡Vendo cien Alianzas a 19! ¡Y cien más!... Y cien más..., y doscientas más..., cien más..., quinientas más...»

En cuanto Vanard hubo divisado la fisonomía pálida de Ángel, abandonó su asiento, conduciéndole apresuradamente al vestíbulo. «Era preciso que habláramos dos palabras... Se ha producido gran baja en las Malveo... Hay vendedores a 12... Tú las compraste a 26... Esto significa ya buena pérdida...

—¿Y a qué se debe la baja?...

—Dicen que ha llegado informe del ingeniero MacFersen, enviado por el Banco Alemán, según el cual no habría ni un grano de sales potásicas en todo Malveo... Aquello sería burla, explotación audaz de la buena fe de los accionistas a quienes habrían contado el cuento del tío...

—¡Pero cómo será posible esa infamia con un Directorio tan respetable! —exclamó Ángel ingenuamente. El joven no podía aceptar el informe..., aquello debía ser maniobra de los bajistas. Qué de cosas peores no se había visto en Bolsa ¡Dios Santo! Vanard se encogía de hombros; Dios estaba muy lejos y los hombres eran muy malos. Todo podía pasar; el judío Bamberg era capaz de una grande, y los telegramas llovían de Valparaíso, dando órdenes suyas para vender cantidades de Malveo, sin duda en descubierto.

—Pero la cosa apura —agregó Vanard—..., ahora tendremos toros en la Bolsa. ¿Quieres que venda tus Malveo?

—No —replicó Ángel, resueltamente. El joven había llegado a la Bolsa con el propósito de abandonar todas sus acciones de Malveo, temiendo la horrible baja; ahora mudaba súbitamente de resolución, quería sostenerse, comprar todavía más, pelear a brazo partido con los bajistas. Acaba de oír el nombre para él tan odiado de Bamberg que le había hecho perder dinero en el Comercial, mediante una maniobra poco decente y que además cortejaba a la Biondi.

Bastaba la presencia del odiado personaje entre los bajistas para enardecer la sangre de sus venas. «Me afirmo», dijo rápidamente a Vanard. «Si las Malveo bajan a 8 tomo dos mil más..., y si llegan a 6... —agregó en tono de duda—, lo que me parece difícil, tómeme cinco mil más...» Ángel estaba pálido; Vanard, tomado el apunte en su cartera, le estrechó la mano fuertemente, despidiéndose con una sonrisa que le iluminaba el rostro. Ambos entraron a la sala. Una luz descolorida caía de lo alto de la claraboya sobre los rostros de los corredores, atentos a la oferta y a la demanda, con el sombrero encasquetado en la cabeza, en algunos echado hacia los ojos, en otros, de lado; algunos agachaban la vista, como dormidos, imitando a los jugadores. Ahí estaba el corredor Vallejos, gordo y colorado, respirando salud y satisfacción, con los pulgares metidos en los bolsillos del chaleco; sentíase contento, pues había recibido numerosas órdenes de compra, y no creía en la veracidad del Informe de Malveo. Por eso chupaba su cigarro puro, que había resultado exquisito, con especial complacencia. Un poco más lejos, el corredor Garrido, nuevo en la Bolsa, y no hecho a tempestades repentinas, estaba un poco nervioso e inquieto; jugaba, también, a la alza como Vallejos, pero comprometía en esta ocasión el capital de unos clientes a quienes había recomendado el negocio de Malveo como el mayor de América. «Las acciones llegarán a mil pesos», les decía en tono de convencimiento absoluto, mientras embolsicaba tranquilamente las acciones «liberadas» de su comisión. Ahora tenía sustos, ¡qué diablos! Las acciones después de alcanzar una prima enorme, vendidas a treinta pesos, habían bajado lentamente a la par, y luego, en veinticuatro horas, de golpe y porrazo, a doce pesos. Mientras tanto, seguía el secretario recitando, con voz apresurada y chillona de letanía, su lista de valores. Solo se vendía uno que otro, principalmente bonos hipotecarios, resonando, de tarde en tarde, el golpe seco del martillo.

   Bajo su aparente indiferencia, todos los corredores se hallaban emocionados. Sabíase que había «máquina», es decir, un *Trust* de corredores, con fuertes capitales acumulados con el propósito de jugar a la baja con Malveo. Por eso, creyendo falsa la noticia del Informe del Banco Alemán, que nadie conocía, se había formado también otro pequeño *trust* para defenderse, y de él formaba parte Vanard, quien, naturalmente, había recibido con júbilo el refuerzo de la orden de Heredia. Vallejos, Garrido, Bellido Hernández y Vanard estaban de acuerdo, secretamente, para sostener las acciones de Malveo en contra de los bajistas encabezados por Raigada y, según se creía, apoyados por todos los capitales y el crédito de Bamberg que representaba otro sindicato secreto de Valparaíso.

La voz monótona del secretario seguía rápida enumerando valores, minas, salitres. Un acento ronco le interrumpió, de repente, desde un rincón:

—Cien Malveo compro a 12...

Era la primera vez que se nombraba las acciones en esa rueda...

—¡Conforme! —contestó la voz un tanto atiplada de Martínez Villar. Y resonó el palo. Entre los corredores se daba señales de atención y cesaron las conversaciones de golpe; en la galería hubo instantes de murmullo seguidos de silencio.

—¡A 13 compro doscientas Malveo!... —gritó Vallejos...

—Y doscientas más —agregó Bellido muy entonado.

—Y otras doscientas —decía la voz fuerte de Julio Menéndez.

Entre los corredores resonó el murmullo de varios que hablaban; en la galería circular se notaba movimiento y agitación visible.

El alza parecía iniciada. Un señor gordo, de barba blanca, envió una tarjeta con órdenes para Vanard.

—Bien lo decía yo —agregó al oído de su compañero—, esto se va para arriba, se encumbra como volantín.[35] ¡Malveo es una riqueza enorme, señor, es el primer yacimiento de potasa del mundo!

Y gritaba, y gesticulaba, como queriendo imponer sus convicciones a todos. Los alcistas no podían ocultar un sentimiento de júbilo; todo volvía para arriba... Malveo triunfaba. La cara de Cristóbal Raigada parecía más amarilla aún, bajo la luz mortecina de la claraboya, y su sonrisa nerviosa tenía aspecto de mueca, pero no decía palabra. Garrido le miraba de reojo, con aire de triunfo, gozándose interiormente con la pérdida de su adversario, que en esos instantes leía un telegrama, pasándolo a otro. Se nombraron diversos papeles, con golpes de martillo.

De repente, estalló de nuevo el nombre de Malveo: ofrecíanse doscientas a 12..., y doscientas más..., y doscientas más, hasta mil. Johnson, después de enjugarse la cabeza calva con el pañuelo, ofreció quinientas Malveo a 10, con voz reposada. Se las tomaron. Ofreció quinientas más, y también las tomaron. A su turno, del otro extremo de la sala se oyó la voz fuerte de Villalón, el *alter-ego* de Raigada, que ofrecía Malveos a ocho... Se

---

35 Artefacto volador, cometa. (N. del E.)

tomaron hasta seis mil acciones. Algunos corredores se miraban inquietos; habían recibido, en garantía, acciones de Malveo a diez. Diversos agentes las ofrecían a 8 y los corredores, sobrecogidos de pánico, no se atrevían a tomarlas.

—A *cinco*, vendo mil Malveos —exclamó Raigada, con tono despreciativo.

—¡Conforme! —le gritó Vanard, y resonó el golpe seco del palo con tono lúgubre.

Era el desastre que comenzaba, algunos sentían el temblorcillo nervioso de las grandes pérdidas que hacen flaquear las piernas y cubren la frente de sudor helado. Ángel notó que le palpitaba el corazón aceleradamente, junto con una angustia indefinible, algo lacerante, como en el día de su ruptura con Gabriela. Habían desaparecido la animación febril y los rostros contentos de los días de grandes alzas. Los movimientos eran más pausados, las voces bajaban en rumores sordos de cuchicheos, mientras un soplo de temor indefinido circulaba por la sala. ¡Las Malveo a cinco! Pero eso era la ruina y la desesperación para muchos hogares..., era el hambre..., la quiebra de otros..., el suicidio de algunos... Ahora los ánimos viraban... Por la fuerza del golpe, comenzábase a creer en la efectividad de los informes del ingeniero MacFersen, y si eran verídicos, las Malveo bajarían a dos pesos, a uno, a veinte centavos..., a nada. El estremecimiento nervioso de la duda conmovía a los defensores de Malveo. Bellido había jugado a la alza en los primeros instantes, lleno de fe; mas ahora, viendo el abatimiento profundo de los sostenedores del papel, y la audacia creciente de los bajistas, encabezados por Martínez Villar y Raigada, tomó una resolución súbita, y cambió de repente de posiciones, jugando a la baja. Los amigos escucharon, con sorpresa, la voz de Bellido que ofrecía, también, mil Malveos a 5 y mil más y otras mil..., hasta diez... La sala se arremolinaba, desencajábanse algunas figuras entre los asistentes de galería. Se veía ojos inyectados en sangre, se palpaba los grandes abatimientos precursores de ruina y de catástrofe. ¡Las Malveo a cuatro!...

Vanard se había puesto pálido, intensamente pálido, pero seguía con sonrisa nerviosa incrustada en el rostro; sentía cólera tremenda en contra de Bellido, a quien hubiera abofeteado de buena gana. Era un chancho..., un infame que faltaba a su palabra traicionando sus compromisos y pasándose al enemigo en plena batalla. En realidad, esa rueda no era otra cosa sino lucha terrible, con muertos y heridos; un batallar desapiadado y frío por arrojarse mutuamente a la miseria y a la calle... Bellido, con cara de palo, miraba hacia el techo, temiendo encararse con los ojos fulgurantes de sus compañeros. Vallejo le buscaba insistentemente la cara, con deseos de abrumarle a fuerza de desprecio, de escupirle: el traidor tendría que amarrarse los calzones, pues si ellos le cogían en algún *descubierto* le harían sonar. Vanard había tomado una actitud desmayada y flácida, con los brazos caídos, el rostro de color cetrino y la mirada ausente y errabunda; ya no tenía fuerza para fingir por más tiempo... Durante varias semanas había creído en el alza de las Malveo, comprando y comprando sin cesar, primero a 26, luego a 22, a 18, a 15, a 12..., a 8, a 6..., y ahora las veía ofrecidas a 4... Estaba excedido en su cuenta corriente a más no poder; había sacado dinero en préstamo, del Transatlántico, dando en garantía unos bonos *ajenos*..., y ahora todo se derrumbaba, sin esperanza alguna, en el *crack* terrible. Su caso se ponía crítico. ¡Santo cielo!, qué no harían sus enemigos para hundirlo en situación semejante. De su frente goteaba sudor helado, pegándole a las sienes sus ondas tupidas de cabello de un negro de ala de cuervo. Vanard conocía el mundo, y su fino tacto, acaso excitado por preocupaciones, creía notar en sus compañeros de Club la frialdad, las miradas errantes, los saludos despegados con que se recibe a los hombres que van a menos, sintiendo, con esto, en su vanidad, que era grande, las más crueles mordeduras, tanto peores cuanto no se pueden castigar a bofetadas como las injurias francas. Ahora comenzaba a sentir que le zumbaban los oídos con el imperceptible campanilleo de las grandes catástrofes. Los bajistas habían triunfado en toda la línea. Martínez Villar continuaba ofreciendo las Malveo a 4... Villalón, el compañero de Raigada, mozo de barba negra, en punta, con voz aguda las ofreció a tres y medio. Un sacudimiento nervioso agitaba a los alcistas: Vallejos, con el rostro encendido, compró varios miles de Malveo a 3; no tenía dinero con qué pagarlas, pero adivinaba en sus adversarios un gran descubierto, y él sabría ponerles las peras a cuatro.[36] Acaso en ese golpe de audacia encontraría la fortuna, pues era imposible

---

36   Aclarar un asunto. (N. del E.)

que las acciones no reaccionaran de tal sorpresa. Y si le reventaban, ¡qué demonios!, arrancaría a la Argentina...

Al levantarse la rueda todos hablaban a un tiempo, gesticulando, dominados por sus nervios; ya sin poder contenerse. Cruzábanse los llamados, las voces, las actitudes triunfantes de los unos, las caras contraídas de los otros, mientras las anchas fauces de las puertas de la Bolsa vomitaban su alimento humano que salía con paso precipitado y violento, en negra y compacta muchedumbre. Vanard apretó fuertemente la mano de Ángel, poniendo en su gesto un sentimiento de fuerza y de consuelo que ya no sentía dentro de sí. «Era celada de los bajistas que habían armado la *máquina* para bajar las Malveo, y quedarse con todas las acciones, con el propósito de subirlas a precios enormes, con gran ganancia, más tarde». «Banda de Pitos», alegre y simpático, voceaba en un círculo refiriendo la historia del *trust* de Valparaíso, con todos sus nombres; a él no se le iban con chicas, era capaz de cantarle una fresca al lucero del alba... Y movía los brazos, accionando con grandes aspavientos. Alrededor de Vallejos, en la acera del frente, se arremolinaba una ola de clientes, temblando de incertidumbre, ávidos de una frase consoladora en aquel derrumbe súbito e inesperado de las acciones más bulladas del mercado, de aquellas en las cuales se fundaba más sólidas esperanzas de fortuna y preconizadas por sus adeptos como la continuación de la «Mil y una Noches», como la industria de la potasa que sería, para Chile, de mayor importancia que el salitre. En la calle de Bandera, entre Huérfanos y Agustinas, hormigueaba la multitud, atraída por las noticias de la caída de las Malveo. En torno de Vanard se había reunido numeroso grupo de amigos y tenedores de la sociedad en baja; eran los creyentes, los cándidos, a quienes bastaba una palabra de su agente de Bolsa, para encender nuevamente la fe, una fe de carbonero, en la riqueza de los yacimientos de Malveo y en su inmenso desarrollo futuro. «¡Calma!, ¡calma!», les decía Vanard... «La regla es aguantarse y no vender cuando todos venden». Un agricultor, antiguo militar a quien se acusaba de manejos indelicados, el «huaso Miranda», llegaba lleno de fe, el pecho henchido de confianza, a dar órdenes de que le compraran diez mil Malveo a tres...

Cristóbal Raigada aparecía, en esos momentos, en la puerta de la Bolsa; venía saliendo de los últimos, lentamente y sin apresurarse, con la sonrisa que descubría lentamente los dientes apretados y blancos en su rostro amarillento, calzados los guantes oscuros, como de costumbre, y rodeado de una corte, del círculo que cerca y adula siempre a los vencedores, de los compañeros que piden datos, de los clientes que buscan consejo. Parecía triunfador romano. «Me acusan de ser bajista, decía, pues bien, lo soy; pero no combato nunca en contra de las sociedades buenas, sólidas y honradas... En cambio, cuando encuentro en mi camino trampas destinadas a zorzales, grandes pilatunas...,[37] alguna maula[38] formidable arreglada por cuatro pilletes, me le voy encima con todo el cuerpo, y si puedo, la aplasto, si no la bajo, seguro de hacer una buena obra de limpieza pública. Las Malveo son un escándalo...» Y sin agregar palabra, Raigada sacó de su bolsillo una copia del famoso informe, del ingeniero del Transatlántico, tomada a máquina.

Comenzaron a leerla en voz alta, en el numeroso círculo del vestíbulo de la Bolsa. El Informe era horrible: jamás habían existido rastros de sales potásicas en Malveo; aquello era una inmensa burla hecha al candor de los suscritores de la Sociedad. La noticia del informe se extendía como una mancha de aceite, queriendo todos leerla y comentarla a un tiempo. No faltaban agentes del Directorio que afirmaran, con certidumbre, cómo les constaba que el ingeniero se había vendido y que ni siquiera había estado en los campos de Malveo, haciendo su informe desde Santiago.

Pero ya la lucha era imposible, llegaba la catástrofe, arrastrando a la multitud en el desenfrenado galope del sálvese quien pueda. De la confianza extrema, la opinión de los hombres de negocios había saltado al absoluto escepticismo. Ángel Heredia, todo nervioso, mordiendo entre los dientes el puño de plata de su bastón, presenciaba la reacción del miedo, en que todos se atropellan por vender, si todavía es tiempo. Las órdenes les llovían a los corredores de comercio para vender Malveo a cualquier precio. El joven se sentía poseído de vértigo; todo le parecía turbio, y las piernas comenzaban a flaquearle. Vanard le cogió de un brazo llevándolo al Club,

---

37 Picardía, farsa, timo. (N. del E.)
38 Trampa o dolo. (N. del E.)

en donde se sentaron solos, junto a la mesita del rincón. Ángel supo que se habían cumplido sus órdenes. Pidieron whisky y soda, para Vanard, quien se bebió cuatro copas, una en pos de otra, mientras refería a Heredia los detalles de la jornada. Habíanse contraído los músculos de su cara en gesto serio y grave que no le cuadraba. Un aire mustio, cansado, envejecía su rostro simpático, dándole muchos años, de golpe, y como poniendo término a su juventud tan prolongada. Poco antes, nadie le hubiera echado más de treinta y cinco; ahora pasaba ya de los cincuenta, violentamente acusadas las arrugas de su frente y las patas de gallo de sus ojos, a fuerza de trabajos y de preocupaciones. Las ojeras, de tono cárdeno, se volvían violáceas, hinchándose con el mal dormir y el excesivo meditar. Era que el peso grave de sus responsabilidades le abrumaba. En vano había golpeado las puertas de los Bancos que ya no le abrían crédito, pues su influencia política bajaba desde que se hallaba lejos del poder su partido. Quiso recuperar algo del dinero prestado a los amigos, pero como casi todos se hallaban sometidos al oleaje y a las tempestades de la Bolsa, encontró las puertas cerradas. En la mañana había visitado a don Bonifacio Carel, prohombre de su grupo, en el cual gozaba el prestigio de fortuna que pasaba de varios millones; le negó los treinta mil pesos que pedía. Vanard se bebía el coñac copa tras copa, de un sorbo, mientras su mirada vagabunda, envuelta en honda tristeza, erraba por todas partes, sin detenerse en ninguna, y sin fuerzas para los disimulos mundanos, como esos viejos resortes ya vencidos e inútiles que ceden al más leve contacto. Había cumplido las órdenes de Ángel. Ambos sacaron las cuentas en una hoja de bloc: el joven perdía, con la baja de las Malveo, la suma de ciento setenta y tres mil pesos, pues las había comprado, en parte, a los precios más altos. Esto, agregado a las pérdidas de otros papeles, reducía su fortuna, dejando libres solamente unos cuantos miles de pesos del naufragio de tantas y tantas ilusiones, y cuando ya se consideraba millonario en medio del *resurgimiento* del país que algunos daban como producido con el chorro continuo de millones fiscales. Dominado por la tristeza que le invadía, el joven no paraba mientes en los síntomas de la tempestad moral que sacudía al infeliz Vanard como una hoja triturada par el viento. Hubo un instante en que tuvo en los labios una frase humilde de súplica; lágrimas asomaban a los ojos del pobre vencido, pero no se atrevía a solicitar un préstamo del hombre a quien hacía perder una cantidad enorme con sus consejos desgraciados. Ángel tal vez contaría sus apuros y miserias a Gabriela, a Magda, a todo el mundo, y eso, después de rechazada su petición. Se veía mirado en menos en las casas de tono en donde antes le acogían y no podía resignarse a la compasión de mujeres a quienes había atendido en bailes y acaso cortejado. Su orgullo se sublevaba desesperadamente y sus nervios le hicieron dar un salto en la silla.

—¿Qué tiene; Vanard? —le dijo su compañero.

—Nada —contestó el infeliz, y recuperó la sonrisa de su rostro como quien hace una mueca forzada y terrible.

IX

Ángel se despidió del agente en la puerta del Club y tomó por la calle de Bandera en dirección a su casa. Llevaba el rostro con el mismo aspecto de costumbre, la cabeza echada atrás, los bigotes retorcidos para arriba y no se apartaba de sus labios la sonrisa enigmática, en la cual se acentuaba ahora su puntillo de insolencia; sus cabellos rizados, por efecto del sudor, se le habían pegado en las ondas de las sienes. Por lo demás, nadie hubiera sospechado las horribles ansiedades interiores que desgarraban su alma, ante la cual surgían, de golpe, todos los problemas de dinero y de vanidad social. Sus rentas disminuían de modo enorme, pues parte considerable de su fortuna se hallaba invertida en papeles que no daban dividendos. Era menester, sin embargo, mantenerse en el mismo rango social, con el coche, el palco, los trajes de su mujer, la serie de gastos personales y unos *items* muy fuertes relativos a sus vicios. ¡Vamos!, un hombre de su posición no podía tirar por la ventana a una prima-donna del Teatro Municipal, ni separarse de sus amigos, con quienes comía frecuentemente, ni dejar de tomar los aperitivos, ni las botellas de champagne jugadas al cacho, ni romper, de golpe y porrazo, con los compañeros de poker quienes, en cuanto lo vieran llegar al Club, le llamarían a jugar una mano. Y así como Gabriela, aun arruinada, tendría que hacer los mismos gastos que Marta Liniers, Nina Oyanguren, Olga Sánchez y demás señoras de gran fortuna con quienes vivía en intimidad estrecha, él se encontraba encadenado a sus amigos, aun cuando no tuviera dinero para hacer los mismos gastos, ni el cinismo necesario para vivir de parásito, a punta de humillaciones disimuladas y del eterno adular a los ricos. No, eso no lo haría jamás; tenía demasiado orgullo, concepto muy alto de su nombre y de su prestigio de familia: un Heredia no hacía esas cosas, ni podía descender de esa manera... Involuntariamente surgía a sus ojos la figura del «Senador» Peñalver, arrepanchigado en la mejor de las poltronas, o devorando, a cuenta ajena, la más exquisita de las comidas. Pero qué lucha tan tremenda, qué de tragos amargos no era necesario pasar para atravesar dignamente por situación tan depresiva... Sin embargo, a todo se hace el cuerpo, como dicen.

Ángel seguía pensando, mientras caminaba por la calle de Bandera, y contestando automáticamente los saludos, con sonrisa y movimiento de manos inconsciente, arrastrado por el impulso mecánico de su andar. De súbito, al doblar por la esquina de Agustinas, se topó con Cristóbal Raigada que se encaminaba al Banco Italiano, con un paquete de bonos bajo el brazo. La sangre refluyó a la cabeza del joven cuando Raigada, antiguo amigo suyo, le golpeó familiarmente el hombro; la cólera hizo palpitar violentamente su corazón, como en los momentos en que se preparaba a descargar bofetadas. Una indignación profunda le puso de palidez cadavérica, al sentir el saludo familiar del promotor de la baja, de esa baja infame que llevaba la ruina a tantos hogares... Pero se contuvo.

—¡Pobre Ángel! —le dijo con voz apacible y suave Raigada—. ¿Que también has caído junto con los zorzales que compraban Malveos a cuarenta pesos? Eso era una gran pilatuna, hijo mío...

Por una rápida transición, Ángel no quiso confesar su ruina, en la sublevación del orgullo. Comprendía que manifestar enojo era darse por vencido en la terrible batalla financiera. Hizo poderoso esfuerzo, y con voz que se anudaba en su garganta:

—¿Por qué dices eso? —interrogó.

—Las cifras cantan, hombre —agregó Raigada, pasándole el Informe del ingeniero sobre Malveo.

Ángel lo leyó en silencio, pudiendo apenas sostener el papel entre sus manos que temblaban. ¡Santo cielo! Entonces era cierto cuanto se decía *sotto voce*, y él tomaba por infame calumnia... Los yacimientos de potasa se encontraban en la mente de Dios; la Sociedad había sido máquina infernal y sus acciones ya no valían un céntimo. Las piernas se negaban a sostenerle y entró, maquinalmente, a un bar en compañía de Raigada. Mientras el sudor pegajoso y frío humedecía su frente, sintió en su ser una reacción súbita. Minutos antes había pensado en golpear a Raigada, con furia, con frenesí, con el más desatentado de los odios, por el mal que le hacía a todo el mundo, sin tomar en cuenta, según creía, sus propios daños; ahora, leído ya el informe, pasaba a una confianza ciega en Raigada y su odio tomaba otra dirección.

—¡Son unos grandes canallas! —murmuro como hablando consigo mismo, y dirigiéndose al corredor:

—¿Sería posible vender unas diez mil Malveo?

—¡Caramba! —le contestó el otro enarcando las cejas—, es grueso. Pero acabo de recibir un telegrama de Valparaíso en que me piden tres mil a *cinco*... Te venderé las que te quedan... y diez mil más en descubierto... Quedan todavía zorzales... En la semana próxima, las compras a peso y te zafas parte del clavo...

Separáronse con fuerte apretón de manos, en que ponía Heredia todo su agradecimiento. Raigada, con su paso largo y pausado, penetró al Italiano. Era muy habiloso, conocía todos los recodos y recámaras de la Bolsa, sabía quiénes jugaban grueso, a la alza o a la baja y había leído, en Ángel, como en libro abierto. Por eso, al acercarse a la pieza del gerente, experimentaba la sensación del triunfo más completo de su vida de hombre de negocios en aquel apretón de manos; era el gozo de haber hecho palpitar, a su voluntad, todas las cuerdas de un alma, convirtiendo, con una palabra, un adversario mortal en instrumento ciego.

Heredia volvió en dirección a su casa con el ánimo ya más tranquilo, por haberse robustecido con el contacto de un hombre fuerte. Caía la tarde, los focos eléctricos hacían parpadear su luz como de Luna a la hora del crepúsculo. Por la calle del Estado se descargaba una avalancha de coches, a todo trote, con el estrépito del rodar apresurado, de las fustas que sacudían latigazos, de cascabeles y cadenas. Masa negra de gente cruzaba por las anchas aceras frente a San Agustín, o se detenía en los escaparates brillantemente iluminados de las tiendas. Algunas damas, de porte airoso, con el vestido ligeramente alzado, hacían resonar sus pasos menudos; sirvientas de manto, llevando cajas de sombreros, paseantes apresurados, se codeaban a esa hora de agitación en que termina el día. Las torres de San Agustín se perdían en el cielo que comenzaba a oscurecerse.

Ángel se deslizó, con paso firme, junto a los muestrarios iluminados de las tiendas fijando su pupila, involuntariamente, en los dos enormes frascos de líquidos rojo y verde, asomados en una botica. Y siguió, sin apresurarse, por entre la multitud, con el bastón cogido por la mitad, y separado del cuerpo, a la inglesa. Frente a un modisto, se detuvo un instante el carruaje de Nina Oyanguren que descendió con aire elegante, el vestido ligeramente recogido, la cabeza echada atrás, el paso ligero, saludándole con una de esas leves inflexiones de cuerpo, mezcla de familiaridad y simpatía, usuales en la gente de tono. Manuelita Vásquez descendía del cupé, a su turno, con un gran paquete; el *valet de pie* cerró la portezuela y ambas se hundieron en la arquería del edificio de moda. A pesar de sus preocupaciones, Ángel no pudo dejar de representarse, en la imaginación, la figura que pondrían las dos elegantes santiaguinas en manos del sastre que les tomaba medidas, les pulseaba el talle, les prendía alfileres y se alejaría para contemplarlas con sus ojuelos de alemán, el continente grave y alzados los bigotes rubios engomados; todo se lo figuraba irónicamente en esos instantes de graves emociones para él. Un poco más allá, cerca de Moneda, se le juntó Polo Sánchez. Púsole cara de vinagre, pero el otro no hizo caso, y siguió a su lado, hablándole de la baja del cambio, del encarecimiento de los artículos de consumo y de cómo la vida se hacía imposible en Chile. Ángel había vuelto a sus preocupaciones, sin cuidarse de lo que el otro hablaba. Polo prosiguió, cambiando de tema, por una asociación de ideas; disertaba sobre el azúcar de betarraga y sus varios métodos de cultivo. Y para forzar su atención, acudía al interrogatorio. ¿Conoces los procedimientos usados en Alemania? ¿Los usados en Francia? Ángel seguía preocupado con el desastre financiero; la enorme pérdida de ciento setenta y tres mil pesos, capaz de tumbar a un Banco, él la resistiría —pensaba para su interior, con cierto sentimiento de vanidad. Pero era un golpe feroz, ¡caramba!, y él lo había recibido como todo un hombre... Sentía admiración profunda de sí mismo, satisfacción íntima al verse fuerte, cuando cualquier otro estuviera desesperado. Mas, como en ese instante le hablara Polo del acontecimiento del día, de la terrible y súbita caída de las Malveo, sintió Ángel una especie de escalofrío, acompañado de sensación de sequedad en la garganta y una pena callada que le invadía lentamente como las rachas de neblina de la tarde. Era la inmensa desgracia de su porvenir destruido, de todas las esperanzas de fortuna derrumbadas como castillo de naipes en el momento en que más seguro se creía de riqueza; con ella se iban hasta las expectativas políticas, los ensueños de ambición formados para el futuro. ¿No había iniciado ya la correspondencia para lanzar su candidatura de diputado en las próximas elecciones? Ahora volverían las luchas tan desagradables dentro del hogar, para moderar los gastos de la casa, para contener los despilfarros de la servidumbre, para limitar los encargos a Europa. Sentía sobre sus espaldas el peso de su enorme tren de rico y sin fortuna, sacando la cuenta: quinientos pesos de arriendo de casa; trescientos, para el coche y cochero; cuatrocientos francos a la *Nurse*, ciento cincuenta al *chef* de la cocina, mil doscientos para los demás gastos de la casa. Aquello formaba un total de cuarenta mil pesos cortos, agregados los demás gastos de ropa, teatros, etc. Y no veía de dónde sacarlos, a menos de comerse todo el capital a breve término. Pero muchos otros habían quedado en la calle, con la baja de papeles, en peor situación que la suya. Estas reflexiones, hasta cierto punto, le servían de paliativo en la desgracia propia. Mas luego se representaba, con cruel plasticidad, la lucha que habría de sustentar con su mujer y su resistencia obstinada e insolentemente orgullosa; ella no podía dejar de vivir, como lo había hecho siempre, a la altura de sus demás amigas: al fin y al cabo no era una mendiga ni una pordiosera de calles. Y veía la pelea diaria por cada ítem del presupuesto doméstico y cómo se resistiría la expulsión de la inglesa, la del cocinero, la mudanza a otra casa más barata...

En ese instante le interrumpió Polo en sus meditaciones:

—¿Y tú crees lo que se dice, hombre? ¿Será posible? Respóndeme.

Ángel se encogió de hombros, no sabiendo de qué se trataba, y se despidió de su amigo con un apretón de manos, pretextando asunto urgente. Ahora sentía la necesidad de andar, de moverse mucho, para descargar, con el movimiento, la tensión excesiva de sus nervios. El campanilleo de un carro le hizo detenerse frente a la Plazuela de San Francisco. Los focos eléctricos derramaban un reguero de luz sobre los ladrillos de composición con los cuales se encuentra embaldosada aquella parte del paseo de las Delicias. Los árboles extendían sus largas ramas de esqueleto deshojado en hilera interminable que se perdía, a lo lejos, entre los focos. La torre de San Francisco, toda de rosa y blanco, surgía como un fantasma, y más allá los jardines con sus chorros de agua, una serie de viejos edificios coloniales, construidos en los primeros años del siglo XIX, y el Hospital de San Juan de Dios, lamentable y triste, sin carácter ni arquitectura, como ruina olvidada del tiempo de la conquista. Luego, al fondo del semicírculo, casi al pie del cerro Santa Lucía, divisábase las agujas y las torres góticas de la Iglesia del Carmen Alto. Un soplo helado de viento de cordillera le hizo alzarse el cuello de su gabán mientras, de paso, recibía la bocanada tibia, impregnada de alcohol, de los muchos bares que en aquella parte existen.

El reloj cercano daba en esos instantes la media, con su voz metálica; eso trajo la noción de la realidad a la cabeza recalentada del joven, y como sintiera unos ardores en el estómago, sacó el reloj. Era ya tarde y debía volverse; al llegar a su casa daban las nueve. Tocó el botón eléctrico para el sirviente; llamaba su atención no ver el comedor iluminado. ¿Que Gabriela no había comido en casa? Muy rara vez se quedaba en la de su madre.

—¿Dónde está la señora? —preguntó, comenzando a notar algo raro, sobrecogido de un presentimiento de vago temor. Ya creía notar en la cara del sirviente un no sé qué, fuera de lo usual.

—Ha salido, señor, poco después de llegar. Me dio esta carta para usted...

Ángel movió la llave para dar luz a su escritorio, cogiendo la carta de manos del criado. Sería probablemente alguna excusa de no comer en casa, pensó entre sí, para tranquilizarse, dominando la inquietud extraña que le sobrecogía.

—¿Y los niños? ¿Están acostados?

—Salieron con la señora.

Ángel quedó estupefacto, y despidió al sirviente con un gesto: «Que pongan la comida...»

Es algo extraño, pensaba, mientras le palpitaba el corazón al abrir la carta de su mujer. Una sorpresa extraordinaria se dibujaba en su fisonomía, mientras iba leyendo. Era larga carta, escrita con mano trémula y con huellas de lágrimas que habían borroneado algunas palabras. Llegaba de casa de una amiga, en donde acababa de saber su escándalo con la Biondini. Se iba a casa de su madre, con los niños, pues no quería vivir, ni un momento más, con él bajo el mismo techo. Era un infame que arrastraba el nombre de sus hijos por el lodo. En todo Santiago no se hablaba de otra cosa sino de su escándalo dado en el proscenio del Municipal, por una mujerzuela... a quien tenía de querida. Su dinero que le escatimaba para «lo más indispensable» era arrojado por la ventana en la compañía despreciable de viles mujeres de teatro. No volvería a verle en su vida, pues estaba harta de humillaciones y de sufrimientos. La carta seguía mezclando lamentaciones indignadas con una sublevación íntima de todo su ser. Ángel se sentía como anonadado e inconsciente ante el derrumbe total y completo de toda su existencia, su fortuna, su hogar, que desaparecían arrastrados de golpe, a un mismo instante. Bienvenido seas mal si vienes solo, pensó.

Y la inmensa tragedia se desarrollaba, sin gritos, ni escenas, ni estrépito, como todos los demás sucesos ordinarios y corrientes de la vida común. Un pedazo de papel, unas cuantas líneas, y sentía dentro de sí un vacío negro, algo irreparable. Era como un gran foso que se hubiera cavado en su conciencia, abismo oscuro y hondo en el cual se hubieran sepultado sus esperanzas. No era feliz en su hogar, las disidencias a cada paso estallaban irreductibles entre ellos, y, sin embargo, el paso dado por Gabriela le sobrecogía del estupor más doloroso, de un desgarramiento interno como si con sus hijos le arrancaran pedazos de sus entrañas, y la *sentía* también, a ella, como se siente el brazo amputado después de una operación quirúrgica. Le abrumaba la consternación más completa, de tal modo le sorprendía y le desesperaba el abandono de su mujer y de sus hijos. La acumulación de las desgracias y de los golpes, en un solo día, sobrepasaba la medida de toda previsión, sumiéndolo en estado de inconsciencia, casi letárgica. Luego surgió en su ánimo esta pregunta: «¿Y por qué se ha ido Gabriela?» No cabía en su criterio que fuera únicamente por haber sabido su historia con la Biondini. Eso databa de hacía varios largos meses, había penetrado en su vida, en sus costumbres, sin que ella lo notara, se había connaturalizado entre ellos como formando parte de su existencia. Por otra parte, él cumplía sus deberes de hogar, sin provocar escándalos inútiles. ¿Y por qué le extrañaba eso a su mujer? ¿Acaso desde hacía dos años no habitaba cada cual su departamento propio, viviendo aislados, de manera indiferente y a su modo? Desde que se había pronunciado, de manera brutal y completa, la disonancia íntima, la incompatibilidad de temperamentos entre ambos, él recobraba, por consecuencia lógica, toda la libertad de sus acciones. Por otra parte, para dar paso tan grave, Gabriela necesitaba pruebas, pruebas positivas y hechos tangibles que señalaran la infidelidad de su marido, y esos, no podía tenerlos, ni era concebible que aceptase simples y sencillos rumores, comentarios o chismografías santiaguinas. Él jamás había dado el escándalo de que se hablaba, y la escena de los bofetones era una fábula ridícula. Solo era cierto que había señalado la puerta del camarín a un personaje que se había tomado libertades indebidas, pero esto repetido y comentado por clubs, salones y corrillos, se había convertido en escena de pugilato: como de costumbre, de una hebra de verdad se había sacado una montaña de mentiras y de calumnias con las cuales querían aplastarle. No, eso no era posible. Parecíale que la fugitiva, luego que reflexionase, volvería trayéndole a sus hijos por los cuales sentía, en el fondo de su pecho, que se despertaba intensidad de amor precisamente ahora que la pobreza amenazaba su puerta y que la ruina se alzaba como un espectro. Ansia de ternura se desbordaba en el corazón del vencido de los negocios, sed de tener un pecho al cual confiar todas sus congojas y sus amarguras que eran tantas. El sueño tranquilo de esas inocentes criaturas, de su Irene, de su Pepe con el cabello crespo y rubio, cortado en cerquillo por la frente... Avisáronle que la comida estaba lista y penetró en el comedor, sentándose. La cuchara se le caía de las manos, en un estado de completa inapetencia, aterrado ante la idea de permanecer solo, enteramente solo y para siempre. La catástrofe, con la doble fuerza de lo imprevisto, le hería en las profundidades más hondas y sensibles de su alma. Que sentía la disonancia de sus vidas, la incompatibilidad de sus caracteres; que él había pronunciado palabras rudas, amenazas brutales nunca puestas en vías de ejecución; que ella se mostraba altanera, fría, descorazonada, sin delicadezas ni contemplaciones: eran hechos innegables. Pero se había llegado a un modo de vivir tácito entre ellos, y nada nuevo podía justificar ese horrible paso en que le separaban de sus hijos, de esos niñitos chicos y débiles, el consuelo único de su vida; para ellos pensaba en sus ansias desbordadas de fortuna, asociándolos a su grandeza futura. ¿Acaso no había soñado muchas veces con presentar a su hija, como reina, en verdadero palacio, cuando fuera mujer? ¿Qué padre no sueña con esas cosas? Y ante la mesa vacía, en la cual se amontonaban los platos, sin que pudiera tocarlos, se puso a pensar en su Irenita y en Pepe, comiendo solos en casa de su abuela, mientras su madre se componía, con postizos y esencias, para ir al teatro en compañía de Magda. En su imaginación veíalos, con el andar de los días, solos y enfermos, sin que le fuera dado a él tocar su frente ardorosa, ni besarlos, pues, con su egoísmo ingenuo, creía que con solo verle ya ellos comenzarían a mejorarse. ¿Qué sería de los niños a esa hora? Sin duda estarían acostados y rezando, con las manos juntas, el *bendito alabado sea*... Y bastó ese pensamiento para que surgiera en su alma, como al golpe de una varilla mágica, el hondo sentimiento de misticismo católico arrojado como semilla de infancia por su madre en aquel corazón de vividor endurecido; era el ardor quemante de espíritu que le abrasaba, exaltado, en las horas profundas y sin remedio; era la tradición de los sentimientos religiosos, ciega y fanáticamente mantenidos en su familia desde el tiempo de los conquistadores. Y de súbito, poniéndose rápidamente en movimiento, salió, llevando maquinalmente en la mano la servilleta, en busca de su gabán y de su sombrero. La impaciencia le espoleaba, era una grande ansiedad de su alma por llegar al puerto, a ese templo, al cual decía con ardor de místico y la pasión de un iluminado: Tú eres la paz...

Así, andando a paso rápido, penetró al templo de San Francisco en donde había esa noche festividades religiosas. Hallábanse encendidas multitud de velas en los altares, arreglados con profusión de flores y grandes candelabros. Un resplandor de apoteosis iluminaba el altar mayor mientras resonaba la voz grave del órgano, y se escuchaba el murmullo monótono de un coro de rezos, en la nave lateral, donde se apiñaba la muchedumbre de mujeres envueltas en negros mantones. Ángel sintió, de manera insoportable, la disonancia entre la inmensa angustia de su alma y la alegría tranquila de aquella profusión de luces, de aquellas iluminaciones religiosas, del resplandor alegre de la festividad católica. Necesitaba mayor soledad, más oscuridad, más tristeza para su pobre alma que se desangraba en inmensa congoja. Luego su presencia de hombre mundano, con paltó de pieles, guante fresco y de medio tono, porte airoso y desenvuelto, hacía volver la cara a muchas mujeres, produciéndole sensación profana y perturbadora.

Se echó a vagar por las calles oscuras, hundiéndose en las callejuelas. Así llegó a la plazuela de San Isidro que no atravesaba desde hacía muchos años, y tomó por la de Estudiantes, en dirección a Carmen y se perdió en el laberinto de callejas de habitaciones pobres y menguadas, en donde la miseria parece brotar de los techos destartalados y hundidos, de las ventanas bajas y de las anchas puertas coloniales. Los pisos están desnivelados, muchas paredes en desplome, el alumbrado público escaso. De todo aquel hacinamiento de conventillos y de edificios vetustos surge honda queja de miseria negra para el que llega de otros barrios y de otra vida, llevado allí por el acaso y sin saber cómo. Las casitas ruinosas y viejas tienen su fisonomía, cuentan la historia de sus habitantes en un lenguaje que habla al observador, y al cual sirven de comentario elocuente las Casas de Préstamos cercanas que prosperan en el aire cenagoso de aquellos barrios. Pero Ángel sentía en la oscuridad intensa y en la pobreza que clamaba, como un eco de su miseria interior, como voz de paz en el derrumbe de su vida, como si la fraternidad del sufrimiento adivinado y el acercamiento a los humildes le procurase alivio... En las callejuelas silenciosas resonaban sus pasos y al oírlos, surgió de repente en su ánimo la idea de que pudieran asaltarle bandidos de los suburbios. Entonces, por extraño fenómeno humano, aquel desesperado, hombre de valor a toda prueba, recordó que andaba sin armas y tuvo el vago temor de una sorpresa. ¿Qué se diría si le ultimaban en una callejuela de extramuros, a esas horas? Esto le hizo desandar el camino andado y volverse apresuradamente.

    Al llegar a su casa encendió la lamparilla de su escritorio para quedar a media luz, y se arrojó sobre el sofá de Maple. Desde allí surgía la figura del viejo Cristo, en la penumbra, con sus hechuras toscas y primitivas de la época colonial, la cabeza demasiado grande, las piernas cortas; mas, en su expresión, el artista primitivo y rústico había sabido poner un sello de tristeza amarga, de supremo desencanto de las cosas. Sorprendíase Ángel de sentir ahora la poesía ingenua y honda, ignorada hasta ese instante, sin darse cuenta de que solo comprendemos las cosas cuando el estado del alma llega a vibrar en un mismo diapasón con ellas.

    Así pasaron las horas, sintiéndolas el joven una a una, dadas por un reloj de la ciudad y luego repetidas, en las lejanías, por otros, en concierto de voces diferentes, prolongadas en soledades silenciosas. El insomnio le agitaba sin darle punto de reposo, ni permitirle ni un corto descanso en el estado de anonadamiento moral y físico que le abrumaba como si le hubieran apaleado violentamente el cuerpo. Muy temprano, al día siguiente, se dio un baño, echándose a vagar por las calles, sorprendido por el aire matinal y el aspecto nuevo para él, risueño y alegre, que tomaba Santiago con los lecheros que pasan al trote con grandes tarros de metal, y las carretas de verdura que recorren las calles entre chirridos de ruedas y lamentos de ejes. Pasaban las cocineras con el cesto al brazo, en dirección al Mercado, y los obreros a su trabajo, con caras trasnochadas y manos en los bolsillos. Las modistillas, los empleados de tiendas, todo un mundo pequeño y anónimo circulaba en la atmósfera matinal con aspecto apresurado, encaminado cada cual a sus obligaciones, lo que no dejaba de sorprenderle, pues jamás había sentido los apremios del trabajo a hora fija. Y por asociación de ideas pensó en que podría llegar para él esa hora del trabajo necesario y subordinado, en empleo modesto, sintiendo malestar indecible y una especie de humillación involuntaria como de repugnancia a la miseria. Todas sus pérdidas surgían nuevamente, crecían y se multiplicaban en su imaginación excitada por el desvelo, produciéndole un estado de ánimo intolerable. Ahora comprendía el suicidio por pérdidas de dinero. Al llegar a la esquina de Teatinos se topó casualmente con Raigada que se dirigía a la sala de esgrima, con paso largo y pausado. Era una silueta típica, de cuerpo alto y delgado, vestido de negro, la nariz fina, la nuez saliente en la garganta, los ojuelos penetrantes y agudos. Cambiaron saludo amistoso. El corredor le dijo, en tono tranquilo, que ya le había liquidado sus acciones de Malveo, y que le llevara los títulos en la tarde... «También le vendí las otras diez mil, a cuatro, agregó... El Informe aparece en los diarios de la mañana; aquí lo tiene, en el *Ilustrado*. ¿Sabe a cómo se cotizan en Valparaíso en este momento?» Y le mostró un telegrama. Habían bajado a un peso. Ángel quedó estupefacto; jugando él también a la baja, sin saberlo, había recuperado treinta mil pesos aquella noche.

    Al separarse del Corredor sentía el joven un alivio inmenso, como si le hubieran dado bálsamo, y se detuvo, poseído de simpatía cariñosa por Raigada que se alejaba con paso largo y perezoso. Parecíale, ahora, que todo se había mudado; la alegría de la mañana surgía también radiante en su alma y la sentía gloriosa en la atmósfera transparente, bañada de Sol que destacaba, con relieve, las líneas finísimas de los árboles desnudos y las manchas blancas de los mármoles de estatuas en el paseo de las Delicias. Y todo aquello que media hora antes le disonaba como el corte de un cuchillo en un durazno o el roce del terciopelo, le parecía cambiado ahora y nuevo, sin que acertara a darse cuenta de la rápida transición.

Mas, al volver a su casa, le sobrecogió la misma tristeza. No salían a recibirle Irene y Pepe, ni a darle el beso de la mañana con «los buenos días, Papá», como de costumbre. Estaba cerrada, pues al llevarse Gabriela casi toda la servidumbre, no había dispuesto quien ventilara los salones, abiertos siempre de mañana, a esa misma hora. Este detalle reavivó su pena.

Involuntariamente subió la escalera que conducía al segundo piso, y penetró a las habitaciones de los niños. Ahí estaba el catre de bronce, con barandillas, de Pepe, el menor, de tres años. Las imágenes de santos en las paredes, un Niño Dios, rubio de ojos azules a la cabecera, y la fotografía de Ángel, a un lado, y de Gabriela, al otro. Era un retrato suyo, de antigua data, con peinado de grandes hondas y sombrero de pelo pasado de moda, en el cual estaba más joven, pero se notaba ridículo. Una tricicleta de hierro y un muñeco habían quedado tendidos al pie del catre, en la precipitación de la partida, y se había olvidado, igualmente, un atado de ropa de niño. La pieza de Irenita con sus muebles todos de laque blanco, y sus cortinillas inglesas, parecía de niña grande. La mano de Gabriela había llenado de lazos de cinta las colgaduras, poniendo el sello de una elegancia coqueta de madre que ya comienza a mirarse en su hija. Todavía quedaba, en un vaso, el ramo de flores que habían llenado la pieza de penetrante perfume. Ángel abrió los cajones de la cómoda, en donde halló revueltas las cintas con los guantes finos, hechos para sus manecitas de cuatro años, y los pañuelos, un par de zapatitos nuevos, muchos de medias negras, algunas de seda, una muñeca grande, un chal a cuadros cuidadosamente doblado. Todo revelaba la precipitación nerviosa de la partida, como de campamento que se abandona en la desesperación de una idea fija y súbita, de un propósito inexorable. Con esto Ángel sintió sobre su vida el peso de las resoluciones irrevocables, angustia de verse lejos de sus hijos, separado de ellos quizá para siempre. Gabriela y su suegra cultivarían en ellos sentimientos de odio y de menosprecio para con el padre; crecerían considerándole acaso con repugnancia, a él, que se miraba en ellos. Esto le causaba angustia lacerante, dolor sin palabras ni expresiones. Una resolución violenta comenzaba a surgir en su ánimo, alternando con las ternuras apasionadas. Sí, tomaría un coche, y se presentaría a la casa de miseá Benigna para sacar a sus hijos por la fuerza y traerlos a la suya; nadie podría impedírselo, era bastante hombre para hacerse respetar, y si los sirvientes se ponían por delante, los correría a bofetadas, con su revólver si era preciso. La idea de estas soluciones de fuerza encuadraba de tal modo con su temperamento que por el solo hecho de concebirla sintió una especie de alivio, seguido del deseo de convertir la idea en acción. La imagen de Gabriela humillada y vencida le procuraba una delicia cruel. Sí, habría de domarla, de mandarla como amo y señor, *en todo*. Ahora no le guardaría consideraciones de ninguna especie. En esto penetró en su dormitorio cerrado y oscuro, dando vuelta el botón de la luz eléctrica, mediante lo cual, inundándose de luz la pieza, recibió la impresión de la noche. Y bastó la sensación del perfume de Gabriela, mezcla de Heliotropo y de *Violette de Parme*, para despertar en el joven, viva y palpitante, la imagen de su mujer, con una fascinación sensual desconocida, en la cual se combinaban la idea no abandonada de violencia y de dominio, con otras asociadas al dulce mareo del perfume que surgía de todo, en aquella estancia: de los muebles, de las cortinas, de las colgaduras del lecho y de la cubierta de cama, del forro de seda claro de su paltó de nutria. En el traje de seda malva y violeta, caprichosa creación de Doncet, en la cual se armonizaban y combinaban esos colores con las líneas elegantes y severas de las últimas modas, se nota la presencia de Gabriela. De seguro lo había tirado precipitadamente sobre la *chaise longue*, en la prisa loca de abandonar la casa, por lo cual, la chaqueta, sin plegar todavía, conservaba el molde torneado de sus brazos redondos y finos y mantenía, palpitante, un olor humano que Ángel sorbía junto con ese para él tan conocido de la violeta mezclada con heliotropo. Involuntariamente asociaba esos olores a sus sonrisas, a sus besos, a sus miradas, al gentil balanceo de sus caderas, lo que ahora le parecía único y adorable, una vez perdido. Era que bastaba la perspectiva del alejamiento y de la distancia, de la mujer en otro tiempo amada, para que se fueran borrando las asperezas y los roces, los choques y las violencias mutuas, mientras tomaban relieve las dulces voluptuosidades, las ternuras de antaño. Las luces reflejadas en los grandes espejos biselados del ropero de tres cuerpos Luis XV, parecían proyectar intensa vida sobre el retrato de Gabriela, de gran tamaño, con marco de laque blanco. Su fisonomía parecía surgir, dulce y reposada, sin altanerías, ni resistencias. Ante ese retrato, acentuado por perfumes, esperando ver surgir, de súbito, la imagen tantas veces reproducida en los espejos, sintió Ángel que su orgullo y su cólera se fundían, desvaneciéndose, en la sensación de los recuerdos candentes del pasado, reavivados por ráfaga de súbito deseo en aquella su naturaleza tan sensual y tan ardiente a la vez que mística y soñadora. Y comenzó entonces a convenir, por primera vez, y sin darse cuenta de la causa, en que una parte a lo menos de las desinteligencias de su vida y del desacuerdo de su hogar emanaba de él, y era exclusiva culpa suya. Junto con esto experimentaba la amargura desesperada de lo irreparable. Gabriela —él la conocía bien— ya no volvería sobre sus pasos, una vez tomada una resolución, ni él, tampoco, en las inflexibilidades de su orgullo, se allanaría a buscarla. ¡Y los niños! ¡Ah! Qué sollozo angustiado y lacerante surgía de sus carnes abiertas que sangraban...

X

No había tomado ningún alimento y fumaba, sin cesar, cigarro tras cigarro, sin detenerse a mirar ciertos detalles de su escritorio que de ordinario le complacían. Hallábase enteramente absorto y ausente de espíritu, cuando resonó en sus oídos el repiqueteo de la campanilla. ¡Ah!, si fuera ella que volvía, arrepentida, a su hogar, a explicarse con él y formar vida nueva, acompañada de los niños. Pero abandonó ese pensamiento por parecerle absurdo. En ese instante se abría la puerta y entraba a su escritorio el canónigo Correa, antiguo amigo de su familia, clérigo cuya bondad e inteligencia, reconocidas de todos, lo rodeaba de prestigio, aun ante los radicales avanzados entre quienes contaba con buenos amigos. Su presencia, en cualquier momento, le habría distraído; en aquel instante le causaba una sensación desagradable. Recibióle, sin embargo, cortésmente.

El señor Correa era sacerdote, hombre de mundo, confesaba la gente de fortuna y de posición social. Perteneciente a familia distinguida, era recibido en todas partes con grandes consideraciones, pues conocía a los padres, hijos y nietos de todos, y daba suma importancia a las cuestiones de abolengo. Grande, alto, fuerte, a la estatura de un soldado de Granaderos unía físico vigoroso y robusto capaz, en momento dado, de sostener sus convicciones religiosas a fuerza de puños. En el púlpito se había señalado en su juventud por actitudes militantes, dignas de los tiempos de Pedro el Hermitaño, que daba golpe y reveses. Con los años se habían dulcificado sus intransigencias en contra de los liberales; ya no repetía, como en otros tiempos, sus consejos a las madres católicas para que impidiesen el matrimonio de sus hijas con jóvenes liberales que «infestaban» los salones. Su espíritu había cobrado mayor elasticidad, convertido en director de las almas bien nacidas y de las conciencias perfumadas. Su tiempo, de valor no escaso, lo consagraba a la gente que merecía la pena. De fisonomía distinguida, la cabellera blanca, maneras fáciles y sueltas, tenía en su voz inflexiones insinuantes, apoyadas en sonrisa benévola, que penetraban hasta el fondo de las almas inspirando confianza. Apenas se había escuchado su palabra de hombre de mundo, ya los pecados salían por sí solos, sin atascarse en la garganta, sintiéndolos fáciles de confesar los fieles, pues la llaneza mundana del confesor servía de apoyo invisible. Y como era inteligente y conocía el mundo a fondo, con todas sus pequeñeces y miserias, sabía desprender de la vida una filosofía tranquilizadora ligera, elástica, proporcionada a las ideas y situaciones de los ricos, doblegándose a cosas y personas, a conveniencias de sociedad y a costumbres, a preocupaciones y hábitos inveterados, si bien permanecía inflexible y riguroso en cuanto a la sustancia del dogma y a los preceptos de la Iglesia. Al mismo tiempo que condenaba, con voz de trueno, desde el púlpito, por vicios del día, empleaba en el confesonario palabras turbadoras tratando del amor divino, y gastaba indulgencias con las ovejas tímidas. En sus charlas familiares, durante las visitas, no desdeñaba las anécdotas picantes ni los cuentecillos de sociedad, hallándose al corriente del matrimonio próximo, de los negocios de mengano, de las aventuras de perengano. ¡Y cuán suave y sutilmente se deslizaba en las conciencias femeninas, adivinando el olor de las faltas, las sutilezas mundanas de los casos de conciencia, las tentaciones próximas y la manera de resistirlas sin dar escándalos ni traer complicaciones!

 Desde su entrada, con reposado y tranquilo continente, al escritorio de Ángel, iba sembrando como un sentimiento de paz desprendido del contraste de su estatura vigorosa con su sonrisa benévola y su andar apacible. Estrechó la mano de Ángel, se dejó caer suavemente en el sofá, y luego, con voz de cobre y sonrisa mundana, expresó la satisfacción que le causaban los resortes muelles. Bien venía un poco de reposo después de esas escaleras modernas que lo dejaban a uno todo cortado. Ángel le escuchaba, como adivinando que su visita pudiera referirse a las cuestiones conyugales. El señor Correa tocó diversos puntos, ligeramente, con voz insinuante y tendiendo los hilos de la confianza mutua con suave maestría, sin pretenderlo. Le habló luego de su tío, el Ilustrísimo señor Heredia, Obispo de Santaria, cuya salud parecía un tanto amenazada por achaques al corazón: era necesario procurarle una vejez tranquila, evitando cuanto pudiera perturbarle, en especial todo género de preocupaciones y golpes morales. Había estado, también, de visita en casa de doña Benigna Álvarez de Sandoval, y conversado larga y detenidamente con Gabriela, de cuyos labios escuchó la confidencia de los últimos sucesos. Él, como persona de mundo y en virtud de aquello: «más sabe el diablo por viejo que por diablo», conocía de sobra los desacuerdos e historias íntimas ocultas en todos los matrimonios. La tierra es un valle de lágrimas, cosa a la cual no podían acostumbrarse las mujeres; se necesitaba resignación, mucha resignación y fortaleza, pues no hay matrimonio donde no exista alguna falla, las más de las veces imperceptible para el mundo. Era necesario hacer el sacrificio de la resignación por los hijos, tomando en cuenta su porvenir y la situación social tan falsa en que solían quedar con las separaciones de los padres, salvo, por cierto, los casos en que la vida en común se hiciera de todo punto insostenible. Grave, muy grave, le había parecido el caso de Ángel y su aventura de teatro. La voz del clérigo Correa tomaba un acento distinto, más severo, pero con cierto leve matiz de indulgencia mundana. Se encaraba con el joven, exhortándole a una conducta seria; sobre todo condenaba el escándalo, que duplicaba la falta, dándole proporciones enormes. Y así como había tratado de paliar su conducta a los ojos de la joven, para traer la calma, en la visita precedente, ahora creía de su deber hablarle con franqueza un tanto ruda, afearle su conducta, reprobarla y señalarle a tiempo el precipicio. Por felicidad, según creía, se trataba de una de esas aventuras vulgares en las cuales no aparece comprometido el corazón, ni complicación mayor de sentimientos. En tales casos, basta con un poco de buena voluntad y de cordura para componer las cosas. Y consideraba indispensable y urgente, el arreglo entre Gabriela y Ángel, pertenecientes a dos familias tan distinguidas, tradicionalmente religiosas: los Heredia... los Sandoval... El divorcio sería un escándalo enorme, un descrédito para la sociedad santiaguina, pues familias como la suya debían dar siempre buenos ejemplos a las que se encontraban más abajo... El sacerdote insistía en este punto, dilatándose en desenvolvimientos y reflexiones, pues conocía el corazón humano, y sabía que tocaba, con esto, la llaga viva del orgullo de los Heredia.

Por último le habló de los niños... Ángel tuvo un movimiento espontáneo para preguntarle por ellos. El sacerdote volvía a su lenguaje benévolo, buscando las expresiones más insinuantes, las inflexiones de voz que penetraban y removían hasta el fondo del alma del joven. Había visto a los niños; estaban muy monos. Pepito tenía un poco de fiebre, pero ya pasaría..., y al ver la inquietud no disimulada en el rostro del padre, le tomó por ese lado, insistiendo con palabras en que unía el agrado a la unción, la frase cariñosamente compasiva con la melancolía tierna. Esa era precisamente su cuerda. Sus grandes triunfos en el púlpito, a pesar de no ser grande orador, los había obtenido hablando de los niños a las madres. Y repitió ahora esas palabras que fluían a sus labios espontáneamente, convertidas en segunda naturaleza, seleccionando aquello que había traído lágrimas, a raudales, a los ojos de las mujeres: «Piensa que será de ti, cuando los niños se enfermen gravemente, y no puedas estar junto a ellos, si Dios quiera llamarlos..., no podrás recibir el suspiro supremo en que se vuela el alma. El llamado oportuno al médico, el viaje inesperado que trae con una receta la salvación de la vida de tu hijo, no podrás hacerlo. Y los niños, lejos de ti, aprenderán a mirarte con indiferencia, como a extraño, y la familia desaparecerá para siempre, arrebatada por el vendaval. No te quedará, para la vejez, sino soledad y vacío en torno de ti, indiferencia y desprecio más lejos...»

Ángel también lloraba. Estaba dispuesto a todo, comprendía lo grave de su situación. Y se encontraba de tal manera perturbado con los varios golpes recibidos, y era tal la dislocación de su sistema nervioso, que no atinaba a defenderse, ni a justificarse con las razones que verdaderamente le abonaban, atenuando su conducta. Solo quería la paz y la vuelta de sus hijos. Olvidaría los choques, los disentimientos, el pasado; por su parte, rompería con la italiana, sin gran sacrificio.

El señor Correa le comunicó, entonces, que Gabriela se encontraba profundamente herida y que, si bien estaba seguro de reducirla, era mujer de carne y hueso, al fin y al cabo. Era menester dar tiempo al tiempo. El creía que lo más oportuno sería la separación momentánea, con cualquier pretexto decoroso. Por ejemplo, ¿qué le costaba emprender un viaje a Europa por algunos meses? La ausencia era gran calmante. Así le daría tiempo a Gabriela de perdonar y de olvidar. A su vuelta reanudarían su existencia, valiéndose de las lecciones del pasado. Quién sabe si no renacería el nido, más tibio y sólido, después de las tempestades. Su voz se llenaba de unción cariñosa al terminar, bajando la voz, con las palabras de su prelado: *Pax multa...*

Ángel convino en ello, aceptando sus consejos, en todo. Acompañó al sacerdote hasta el vestíbulo, y se dirigió a la calle, resuelto a pedir su pasaje para Europa en la Compañía de Vapores, arreglando sus negocios en el acto.

Serían las cuatro de la tarde cuando se encaminó a la Agencia, dando sus órdenes. Pasó, enseguida, al escritorio de Vanard, sorprendiéndose de hallarlo cerrado a esa hora. No acertaba a comprenderlo. En la esquina se encontró con Javier Aguirre, que llevaba el rostro sin bigote, afeitado a la americana. Hízole bromas, mas el otro le contestó con displicencia, produciéndose, con esto, una reacción en su naturaleza altiva, y cuando se despedía secamente oyó que Javier le hablaba con otra entonación de voz...

—¿No sabes la noticia? Me siento abrumado... Acaba de suicidarse el pobre Vanard.

—¿Vanard?... ¿Vanard?... Imposible...

—Lo que oyes...

Ángel no podía creerlo. Y como estaba acostumbrado a las bromas de Javier, le pareció que se trataba de una burla, mas la fisonomía impresionada de su amigo volvió a desconcertarle. Bien podía ser verdad. Sintió entonces como el frío de la hoja de un cuchillo que le clavase lentamente.

—El cadáver está en la casa del Círculo de Armas.

Mientras se dirigían a ese pequeño club se acercaron varias personas a preguntarles si era cierta la noticia que ya circulaba por todas partes. Vallejos, más colorado que nunca, con el bigote caído, se aproximó, comentando y ampliando las noticias.

—¡Pobre Vanard! ¿Quién hubiera creído que hombre tan alegre, y un vividor tan consumado, se fuera a suicidar? Era un buen muchacho, servicial, cariñoso, afable, inteligente... ¿Qué edad tenía?

Todos ignoraban la edad de Vanard, como uno de los misterios sociales. Martínez Villar, que se acercó al grupo, le calculaba cerca de sesenta, pues había sido cajero del Banco de la Alianza en 1868, es decir, hacía cerca de cuarenta años. ¡Qué bien conservado, era una maravilla! Y todos se condolían de su suerte.

—Desde hacía días —agregó Vallejos—, se le notaba alicaído y triste. Tenía profundas ojeras y se quejaba de insomnios. Don Pancho decía en el Club, con su humor acostumbrado: «Este chico Vanard me da mala espina..., debe tener algo muy gordo metido adentro...».

—¿Por qué?

—Por que anda mirando al suelo y arrastra los pies.

Todos se miraban con tristeza; Velarde sacó un paquete de cigarrillos Maryland, encendió uno y exclamó entre dos bocanadas: «Se nos fue el chico...» Era la oración fúnebre de los que con él habían comido alegremente, cenado juntos, solicitado sus empeños y fumado sus cigarros.

Los demás echaron a andar hacia el Círculo de Armas. Martínez Villar contaba los últimos amargos trances del pobre difunto. Se notaba el tren de vida dispendioso que llevaba: frecuentes comidas en el Club, enormes gastos en las elecciones, pues la última de Calbuco pasaba de cuarenta mil pesos, y una manera de vivir que se juzgaba por su consumo de cigarros puros... La cuenta del año anterior subía de mil quinientos pesos. Sus entradas estaban considerablemente disminuidas, y se decía que había hecho malos negocios en Bolsa.

Vanard se quejaba de que un caballero de gran fortuna y posición social le había encargado la compra de papeles que no le había querido recibir al día siguiente, obligándole a liquidarlos de una manera desastrosa para él, con pérdida de varios puntos. Como se trataba de persona pudiente y grandes influencias en los Bancos, el corredor se había quedado callado... Referían otros que Vanard había recibido, para invertirlos convenientemente, unos fondos pertenecientes a la Beneficencia, y que había jugado con ellos en Bolsa, perdiéndolos totalmente... Así, a lo menos, lo indicaba entre líneas el suelto de un diario de la mañana. Sea lo que fuere, lo cierto es que Vanard, durante los días precedentes, había recorrido todos los Bancos, había golpeado a la puerta de sus amigos, de sus correligionarios, encontrándose con negativas redondas, aun de aquellos que le debían dinero. La situación estaba mala... Era un sálvese quien pueda general. Mientras tanto los de la Junta le apretaban, exigiéndole cuenta de los sesenta mil pesos, dándole plazos que habían expirado. Ahora comenzaban a ponerle cara seria; algunos se hacían los desentendidos, para no saludarle, y eso era lo que más profundamente lo hería en su dignidad de hombre. Las preocupaciones le habían agriado el carácter, inclinándole a la bebida, por lo cual no le veían en el Club, sino frente a un vaso de *whisky and soda*. Ahora solían divisarle, por la calle, con la cabecita de cabellera renegra echada atrás y el ceño fruncido; se quejaba de pasar noches de insomnio y de invencibles tristezas. Sin embargo, en la víspera, estuvo muy alegre en el *five-o-clock-tea* de Olga Sánchez, embromando a la baronesa de Strinberg, de quien era gran amigo.

Ángel, presa de honda emoción, escuchaba en silencio cuanto se decía, comprendiendo la miseria de una existencia generosa, pisoteada por la fatalidad, arrastrada y envuelta por el torbellino de la vida. Así, conversando, llegaron a la puerta del Círculo, situado en la Alameda, en el momento en que comenzaban a pasar los coches, iniciada ya la hora del paseo, y desfilaban mujeres elegantes, con los colores de tonalidad violeta de última moda en los vestidos y sombreros de estilo japonés, indiferentes y despreocupadas, en sus papeles de buen tono, sin pensar en el infeliz cuyo cadáver se velaba, en esos momentos, en el Círculo, al caer la tarde radiante de un día de Sol.

Los tres penetraron en silencio hasta el último patio. Allí, en una piececita oscura, situada junto a la sala de esgrima y cerca del cuarto del baño, se encontraba tendido, sobre un viejo sofá de reps verde, el cadáver de Justino Vanard. El portero, acurrucado sobre una silla de paja, refirió con voz enronquecida cómo habían pasado las cosas. A las doce llegó Vanard, sentándose en aquella salita a escribir tres cartas que había lacrado y sellado. Estaba pálido, de un color terroso, y muy triste. Y como él diera vueltas por la pieza, le había entregado un billete de cinco pesos para que le fuera a buscar un diario, agregándole: «Guárdate el vuelto...» Era tan rebueno don Justino... A esa hora el Círculo estaba desierto. Al volver, se encontró con el cadáver de don Justino Vanard recostado en el sofá y la mano derecha colgando, con el revólver apretado. Costó no poco trabajo quitárselo. Se había pegado el tiro en la sien derecha, saltando un trozo de masa encefálica al techo; un fragmento, sanguinolento y gelatinoso se había adherido al vidrio de un retrato del Patriarca Matta, colgado encima del sofá. Allí estaba el infeliz Vanard, con la fisonomía impasible y serena, la boca plegada ligeramente por una contracción amarga; todos los rasgos de su fisonomía parecían hechos con cera, en tono amarilloso y luciente en el cual resaltaban las arrugas y las patas de gallo de los ojos. Esas miradas antaño tan vivas y penetrantes, empapadas en malicia, tenían ahora el brillo del vidrio. Su cuerpo se extendía rígido, como si estuviese tallado en madera. Las lágrimas acudían a los ojos de sus amigos al pensar en las congojas que lo llevaron a ese trance desesperado, y vagaban involuntariamente las miradas por aquel cuerpo, como paquete inerte, vestido con negra ropa vieja, rodilleras en los pantalones, los zapatos deformados y los tacos torcidos.

Velarde refirió en voz baja que esa misma mañana, minutos antes de su muerte, Cucho Sánchez, que iba en compañía de Marta Liniers, por la Alameda, se había encontrado con Vanard, quien les había dirigido, sonriendo, el mismo saludo elegante, con todo el brazo estirado al quitarse el sombrero, y la cabeza derecha, el mismo saludo de Pepe Rosales, aprendido del Duque de Morny por los «Floros» durante el Segundo Imperio. Marta Liniers, advirtiéndolo, había contestado con una inclinación de su cuerpo ceñido finamente por el paltó de astracán.

Ángel, sumido en honda tristeza, escuchaba el murmullo de las vanidades mundanas que pasaban zumbando en torno de su alma hundida en las sombras, con la sensación alternada de las futilezas y de las melancolías de la vida.

Sintió cómo que se asfixiaba. Se asomó al patio; allí estaba Martínez Villar, con las manos metidas en los bolsillos, la mirada fija en el suelo, empinándose en las puntas de los pies para dejarse caer lentamente sobre ambos talones. No bien lo vio, díjole con su voz de cobre: «Las Malveo cerraron a ochenta centavos en la segunda rueda de la Bolsa... ¿Qué tal, don Ángel?...»

Tercera parte

Nostalgia de amor

I

Ángel vibraba todo entero al recordar la patria ya lejana, ese cielo de Chile de azul intenso, aquella su naturaleza que tiene algo de las magnificencias tropicales, en sus selvas del sur, de altísimos robles entretejidos de copihues y de helechos, junto con las dulzuras de la zona templada. Cerrando los ojos, a través de las lejanías del recuerdo, creía ver Santiago, sus amigos, los paseos al parque, las comidas de Gage, las torres de los templos, entre las cuales descollaban las de Santo Domingo, todas de piedra, con su admirable carácter colonial y su pátina de añejo dorado del siglo XVIII; parecíale divisar cuerpos gentiles y flexibles de mujer, ojos negros aterciopelados como de andaluzas, el andar que casi no toca el suelo, lleno de gracia, y la fragilidad de porcelana de Sajonia de esas lindas chiquillas de veinte años que parecen objetos de vitrina. Se veía en el Club, a la hora del aperitivo, mientras el *barman* de chaqueta blanca batía en cocteleras de metal la bebida americana de moda, el *gin-fish*, o el *whisky-sawer*, mientras circulaba en el corrillo de jóvenes el «cacho» haciendo rodar los dados de marfil sobre el mostrador barnizado de claro. Creía tener en sus manos las cartas de poker, y veía los montones de fichas rojas, amarillas y blancas que iban enflaqueciendo por momentos..., y las terribles sorpresas del Royal-flush y de las cuatro cartas. Y la llegada de los niños, de vuelta del paseo de la tarde al Santa Lucía, con carreritas y besos, contando en su media lengua lo que habían visto y a quienes habían encontrado. El recuerdo de los niños tenía tal fuerza evocadora que llenaba de lágrimas sus ojos... Los quería tanto... Se miraba en ellos, como vulgarmente se decía. Y sus ojos cerrábanse a medias, durante largas horas de travesía, con el libro en las rodillas, el *plaid* en las piernas y al frente el mar azul, inmenso, ilimitado, brillante, ocultando en sus tranquilidades aparentes el fragor de tempestades futuras. Y mientras los rayos de Sol se quebraban, reflejados en las aguas tersas, y el cielo se confundía con ellas por los horizontes lejanos, le invadía una atmósfera de nostalgia, hecha de ensueños y de recuerdos. Su vida, en apariencia tan sencilla, había sido drama rudo y desconocido; la experiencia le enseñaba ahora aquella lección tantas veces leída, sin comprenderla, en el pequeño y viejo libro que conservaba de su madre:

«El mundo pasa y sus deleites. Los deseos sensuales nos llevan a pasatiempos: mas pasaba aquella hora, ¿qué nos queda sino derramamiento del corazón y pesadumbre de la conciencia? La salida alegre muchas veces causa triste y desconsolada vuelta y la alegre tarde hace triste mañana. Y así todo gozo carnal entra blando, mas al cabo muerde y mata. ¿Qué puedes ver en otro lugar que aquí no lo veas? Aquí ves el cielo y la tierra, y los elementos, de los cuales fueron hechas todas las cosas».

Esto le decía la *Imitación*, el gran libro del menosprecio del mundo.

Si se ponía a mirar, en lo que alcanzaba, por las rendijas de los demás hogares, se quedaba espantado. Por aquí la lucha ruda con la pobreza, para mantener el rango social, con los recursos escasos, salvando las apariencias; más allá el adulterio, unas veces cínico y descarado, con el amante instalado a la cabecera de la mesa, otras tan oculto que los culpables apenas se saludan en presencia de las gentes; a ese lado, el marido que bebe y golpea a su mujer, más allá el jugador que se pasa las noches de claro en claro, o el calavera que revienta de celos a su desgraciada esposa. Y por fuera todos parecen correctos, las exterioridades se guardan, y la cosa no parece... ¡Y qué decir del puritano con el gaznate ronco de predicar contra la corrupción, recibiendo, a su turno, las más gruesas sumas en los negociados políticos y administrativos!... Todo se disimulaba, se ocultaba, desaparecía a los ojos del público, a quien se engañaba con palabras y con actitudes de comedia. Mas, a lo lejos, iban borrándose rápidamente las impresiones desagradables, y quedaban, tan solo, recuerdos cariñosos, *saudades* dulcísimas de la patria ausente y querida ahora más que nunca.

Había partido con el propósito firme de rehacer su vida, creyendo en las omnipotencias de la voluntad, con la profunda convicción de que el espíritu, enteramente libre, hace lo que quiere, sin sujeción a las fatalidades del medio, de la lucha por la existencia y de la selección natural; negándose a reconocerlas, aún después de haber visto su acción terrible dominándole a pesar suyo. Y surcaba los mares alegremente, estirado sobre su silla de lona en la cubierta del gran transatlántico, seguro de sí mismo y de dominar el porvenir, adormecido en los calores del trópico, entornados los ojos para contemplar las claridades luminosas del horizonte lejano.

Otras veces, en tanto que miraba, sin leer, las páginas de una novela francesa, reflexionaba sobre el pasado, asombrándose de verlo todo color de rosa en razón de sus nervios reconfortados por el aire marino y su espíritu ya libre de preocupaciones. Los puertos particularmente le distraían; Río de Janeiro con su bahía espléndida de una vegetación maravillosa, el verde encendido de sus bambúes y de sus palmeras, las frondosidades incomparables de la Tijuca y del Corcovado, su *Ruas das Palmeiras*, con tanto hermoso palacio entre jardines de ensueño, y la *Praia da Gloria*, las alturas de Santa Teresa. La vida presentaba nuevos aspectos en esas decoraciones de ópera que hacían pensar en los esplendores de la naturaleza primitiva, recién descubierta por Colón, y aún no profanada por mano de los hombres; se vislumbraban allí las magnificencias de sus bosques, océanos vivos en los cuales el hombre, débil y desamparado, se pierde con la facilidad de un ligero barco en el océano. Las playas de Bahía y de Pernambuco mostraban otros aspectos de la misma grandiosa naturaleza invadida ya por los blancos edificios y las elegantes construcciones modernas que reverberaban bajo el cielo deslumbrador y eternamente azul. Cuba y Puerto Rico desfilaron a sus ojos en la plenitud soberana de su naturaleza tropical. Recordaba, luego, el desembarco en Nueva York, el movimiento que amilanaba y empequeñecía, todo enorme, desbordado, gigantesco, los edificios de veinte pisos, Broodway, las multitudes abrumadoras, Broocklin, los diarios de ochenta páginas, los millones movidos como las arenas del mar. Los edificios colosales, los palacios de mármol de los millonarios en la quinta avenida y el choque, demasiado recio, producido sobre sus nervios por aquel conjunto enorme y abigarrado, ante la rapidez de los trenes sobre los ferrocarriles elevados en el espacio, los edificios desmedidos y las multitudes atropelladas. Hasta perdía la noción de los valores al pagar tres *dollars* por una hora de coche. Y no sabía qué pensar al escuchar las prédicas al aire libre de la *Salvation Army*, y al verse detenido por una procesión política desfilando al compás del *Star springled banner*.

Luego se veía cruzando el Atlántico, en dirección a Europa, lleno de bríos juveniles, animoso y fuerte, seguro de rehacer su vida y su hogar en una nueva primavera. Tendría más paciencia y más fuerza de voluntad para dominar sus nervios con Gabriela; era todo cuestión de mutua condescendencia..., era preciso saber ceder, en ocasiones, como se lo decía el señor Correa. Y se complacía en la disciplina futura de su voluntad, considerándolo ya todo como fácil y allanado.

La suerte debía disponerlo de otro modo. Aún recordaba la impresión profunda y súbita de ese instante en que debía transformarse su existencia. Era la hora en que se ponía el Sol. Los pasajeros se agrupaban en la popa, afirmados en las barandillas de hierro pintadas de blanco, cerca de los botes salvavidas, cubiertos de lona. Las fuertes chimeneas del transatlántico arrojaban negro penacho de humo por el cielo. El Sol se hundía lentamente, con majestad soberana, en el fondo de las aguas; su disco se ensanchaba, aplastándose, a medida que tocaba el horizonte, convertido en hoguera que hería la vista con su tono violento, y luego desapareció de la superficie de los mares en una grande agonía violeta, anaranjada, rosa, lila, según las súbitas y continuas transformaciones del cielo. Ángel parecía sumido en la contemplación de aquella mañana sintiéndolo con todas las fibras, en un estado de comunión absoluta entre la grave melancolía de su alma y la majestad solemne de aquella hora única del Sol perdiéndose en el mar. Y como viese que las amarguras de su pasado y las soledades de su presente se amontonaban al recuerdo, como evocadas por las impresiones de esa hora, experimentó insoportable sensación de angustia y volvió el rostro. Aún recordaba la impresión, tan fuerte que parecía insostenible, al ver a pocos pasos una joven de veinte años, de cuerpo esbelto y lleno, moldeado por traje de punto de Irlanda, todo blanco de lirio, el ancho sombrero de paja caído sobre sus cabellos rubios levemente rizados. Era Gabriela, con algunos años menos, surgiendo nuevamente en su vida, con el talle delgado y flexible que tenía seis años atrás cuando la había conocido; parecía más risueña, las mejillas sonrosadas y llenas, en vez de la ligera flacura producida por contrariedades y desencantos. Diríase que el corte de su barba, algo redonda y voluntariosa, la plegadura especial de su sonrisa, el modo de llevar la cabeza, los cabellos de un rubio rojizo, la silueta, el andar, correspondían a la misma persona, tan absoluta y total parecía la identidad entre las dos mujeres. Pero ésta era Gabriela rejuvenecida, feliz, con las ilusiones arrebatadoras, con todas las promesas de ternura y de ensueño. Ángel se quedó sobrecogido, contemplándola como se contempla una resurrección, pasmado de tamaña semejanza, como perdido en las mismas pupilas acariciadoras pero graves e impenetrables. Y luego, vio formarse en sus labios un pliegue conocido de sus horas de amargura y de ensueño desencantado, de sensibilidad demasiado palpitante. En la finura de las manos, delicadas, de los pies, del talle, del aire tan distinguido, del conjunto, como producto y flor de varias generaciones de aristocracia seleccionada, sintió ese *algo* que tanto le había conmovido con súbitas palpitaciones de corazón hacía ya muchos años. Y experimentó sorpresa agradable al sentir, de nuevo, las antiguas palpitaciones, como si le repitieran que su alma renacía y podía revivir en una resurrección gloriosa y sentimental. La mirada de la joven se hallaba fija en el mar sin que se diera cuenta de la contemplación de que era objeto, y como dejara caer la bolsita inglesa de gamuza, con su monograma de oro, que llevaba en la mano, Ángel se inclinó a recogerla, pasándosela con atento saludo. La joven le dio gracias con una ligera inclinación y *la misma sonrisa* de Gabriela en tal forma, de tal manera idéntica, que Ángel sintió la evocación emocionante de su pasado. Hablaron dos o tres frases, en inglés, cambiando impresiones sobre el admirable espectáculo que acababan de presenciar. Supo que la joven era norteamericana. Se dirigía al Havre, de paso a España. Estaba cansada de los esplendores y lujos de la vida moderna; quería la vuelta a la vida sencilla, al amor de la naturaleza, al arte medioeval. Pensaba en visitar Sevilla, Granada, los alcázares, la Alhambra. París y Londres solo servían para la vida convencional del lujo y de la fortuna. Ella quería, sobre todo, emociones. Su voz, de timbre armonioso, era distinta de *la otra*, más flexible, más alta, más musical; tenía entonaciones penetrantes que acariciaban el oído. Ángel sentía desprenderse de ella, junto con cierta gravedad de forma, algo ligero y caprichoso que le recordaba a Magda. En ese instante tocaban la campana de prevención, para la hora de comida. Los hombres corrían a ponerse el smoking y a prepararse. Era un hormiguero de gente que hablaba todos los idiomas, predominando, por cierto, el inglés, pronunciado por los americanos con acento nasal y abreviado. Veíase las fisonomías de bigotes afeitados, la elegancia un poco tiesa y dura, la alegría estrepitosa y desenfadada del *yankee* de pura sangre, en aquel inmenso transatlántico, en el cual parecían haberse agotado las comodidades y atractivos para una rápida navegación entre Nueva York y Europa, desde las salas de juego, en donde tallaban jugadores profesionales, hasta el diario impreso a bordo con las comunicaciones últimas del telégrafo sin hilos. Todo era movimiento, agitación en los unos, lecturas en sus sillas de lona y reposo en los otros. Era un mundo más pequeño, con tipos extravagantes, personajes equívocos, gruesos millonarios, elegantes del último figurín, vividores empedernidos, grandes damas de exquisita distinción, cocotas parisienses de regreso, aventureros, diplomáticos, millonarios aparatosos anhelantes de exhibiciones, turistas y negociantes de varias cataduras, llegados de todos los rincones del mundo, hablando trozos de todos los idiomas.

Y en medio de aquella muchedumbre desconocida, extraña, incoherente, Ángel veía surgir, de una manera inesperada, la imagen de la misma inolvidable Gabriela de antaño, con su mismo perfume de exquisita pureza, su mezcla de gravedad y de simpatía, y aquella indecible fascinación sensual desprendida del contraste de su talle virginal y flexible con la plenitud de sus formas y las entonaciones calurosas de su acento. Hubiera querido prolongar esa conversación a solas con ella, en la claridad crepuscular que sigue a la puesta de Sol, con una franqueza extraña entre dos personas que no se conocían, que lo ignoraban todo la una de la otra, autorizadas tan solo por la libertad de las costumbres norteamericanas.

Era que en la naturaleza de místico incompleto de Ángel, existía el impulso inconsciente del amor que se sublevaba en la nostalgia de sus recuerdos. Veía esa niña, contemplada por primera vez, como impregnada de su propia alma, como saturada de sus antiguas sensaciones, de sus sufrimientos, de sus ternuras, de sus penas y de sus ensueños. El frenesí de imaginación, la intemperancia de los recuerdos lo colocaban en presencia de aquella virgen como delante de una cosa enteramente suya. El deseo y las aspiraciones del amor vivían en su alma en estado latente y surgían, por esa asociación de semejanza física entre la joven americana y Gabriela, en una forma tan violenta y súbita que lo entregaban desarmado, en brazos del azar. Veía, en esa joven, la resurrección de horas fugitivas y encantadoras de un pasado que se presentaba en la imaginación como el Paraíso perdido. Mas luego, de súbito, surgía el terror de ser rechazado violentamente, con lo cual sentía un malestar agudo que no se explicaba cómo hubiera podido surgir en tan corto espacio. Su sensibilidad se hallaba excitada en lo más vivo, y habían bastado para eso las melancolías evocadas por una puesta de Sol, lejos de los suyos, en el mar, y el paso de una joven, acaso con aire indiferente, por el escenario estrecho de su vida, y una semejanza que hería en lo íntimo la sensibilidad de sus recuerdos. Era, por naturaleza, un enamorado de la pasión, del amor más que de las mujeres.

Un señor de aspecto extraño vino a interrumpir su diálogo. La joven se lo presentó: «Mr. Astor-Lee, mi padre...» Ángel, a su turno, declinó su nombre, cambiando con el caballero un *shake hand* vigoroso. Era, como luego lo supo, uno de los príncipes de las finanzas americanas, de la raza de hombres acostumbrados a manejar los millones a puñados, entre los dedos, en las múltiples combinaciones de los *trust* ferrocarrileros o alimenticios, en combinaciones gigantescas mediante las cuales se monopoliza, en un momento dado, el trigo, el arroz, el azúcar de un país, la mayoría de las acciones de un ferrocarril o de una mina. Persona de aspecto demacrado, las espaldas hundidas, el color plomizo y en el rostro las huellas de un esfuerzo continuo, mostraba el cansancio de un trabajo abrumador, de una tensión permanente del espíritu siguiendo el movimiento bursátil de los diversos mercados de la Unión, y de la multiplicidad de negocios emprendidos. El cuerpo delgado, los labios apretados por una contracción amarga, los ojos sin brillo y como vagabundos, tenía las apariencias distraídas del tipo que los americanos denominan *absent minded*. Desgreñado en el vestir, con el gorro de viaje echado atrás, la corbata negligentemente anudada, nadie hubiera dicho, al verle, que se hallaba en presencia de uno de los más audaces y desatentados manejadores de millones, ni cuanto esfuerzo de energía sobrehumana acumulaba en su vida aquel hombre de tan insignificante y descuidada traza.

Media hora más tarde, en los momentos en que la orquesta, vivamente dirigida, empezaba los compases del vals *Viuda Alegre*, al entrar al comedor central, recibió una tarjeta de Mr. Astor-Lee, respetuosamente entregada por el *steward*. Invitábale a su mesa, en donde le colocaron al lado de Mistress Astor-Lee, a quien fue presentado, y frente a su hija Nelly que acababa de conocer en el puente. Y mientras servían la espléndida comida de los grandes transatlánticos americanos a una considerable concurrencia, en la mesa selecta, en la del capitán, a la cual todos se sentaban vestidos de semietiqueta, los hombres de smoking y las señoras de escote redondo, se encontró Ángel de repente en animada y familiar charla con una familia norteamericana para él totalmente desconocida una hora antes.

Aquel Mr. Lee, de rostro en apariencia adolorido, con la misma expresión desapegada de todo, comía con trabajo unas tostadas de pan y un ala de pollo, su alimento único de dispéptico, acompañado de aguas minerales. Mientras las damas americanas bebían champagne extradry, hablando en alta voz y riéndose a carcajadas, cubiertas de brillantes y encajes, como si estuvieran en New York bajo una reverberación de luz eléctrica que desprendía destellos de sus joyas, la orquesta entonaba una marcha de Souza, el músico favorito del pueblo americano, el autor de un célebre *cake walk* y de un famoso *tow-steps*. Las notas subían cortantes, alegres, en un ritmo violento como dando el compás a ese mundo cosmopolita, de fondo netamente americano, en el cual se encontraba sumido de improviso Ángel Heredia. Después de conversar unas cuantas frases de cortesía con Mistress Astor-Lee, el joven se vio llamado por una ligera seña de su hija Nelly que le dirigía la palabra. Mientras la contemplaba, sentía renacer en su memoria el recuerdo de la otra, de Gabriela, tal como la había conocido años atrás, en aquella inolvidable primavera tantas veces evocada entre suspiros; y acudían a su memoria mil reminiscencias de insignificantes detalles ya olvidados, de palabras perdidas, de cosas muertas. Creía en la resurrección de su pasado, pero más fresco, más primaveral aun, más alegre, como galvanizado por el compás violento de la música de Souza y la alegría estrepitosa de aquel nuevo mundo. Parecíale, de buena fe, que el encuentro con aquella joven, y su milagrosa semejanza con Gabriela, venían a servirle de suave transición a su vida nueva de hogar, a la reconstrucción de su nido que brotaba como el ave fénix de las propias cenizas. Ni la sombra de un reproche se formulaba a sí mismo en aquella simpatía súbita, brotada al calor de sus recuerdos y que no valía, según se dijo, sino en cuanto vale el retrato por parecerse a la imagen verdadera y natural. Nelly, entre tanto, le hablaba con graciosa desenvoltura: «¿Sabe usted por qué se encuentra sentado en ese asiento? Apostaría que no. Ni adivinaría usted por qué yo le dije a papá que le enviara una tarjeta, invitándole. Tenía deseos de conocerle y de presentarle a mi amiga Maud Alisson, que está loca de entusiasmo por usted. Le ha proclamado el hombre más buen mozo del mundo. Para nosotros los americanos todo debe ser grande y mundial. Estábamos juntas cuando usted llegó al barco y apenas le hubo visto, cuando hicimos una apuesta considerable: cada una de nosotras ha escrito su biografía de usted, sin conocerle, ni saber su nombre. En la de Maud usted figura como tenor italiano enamorado de una princesa alemana, con quien desea casarse, pero como existen razones de política, el matrimonio se ha roto y usted viaja desesperado para distraerse. Luego la leerá usted y verá que es bastante divertida. En mi escrito usted aparece como un Marqués español a quien le suceden numerosas aventuras; usted viaja para olvidar unos pesares, después de haber muerto a su rival en duelo...» Nelly se echaba a reír, sin más, con una carcajada cristalina que le recordaba la risa de Magda. Y el joven se puso a meditar en los extraños misterios que permiten reproducirse, a inmensas distancias, los rasgos finísimos de dos mujeres, hasta sus gestos, y sus risas, causando la ilusión completa de la casi identidad.

Eran deliciosas las noches de a bordo. Paseábanse, después de comer, sobre cubierta, se bailaba, enseguida. Hasta hubo un concierto a beneficio del «Asilo de Marineros» en el cual cantó el tenor de Reské, la romanza de *Fausto* con esa emoción intensa y el arte que le han hecho célebre.

Ángel había penetrado en la intimidad de la familia Astor-Lee, durante la vida estrecha de la navegación, y poco a poco, insensiblemente, se había saturado de aquel refinamiento de lujo, de la violenta exhibición de joyas, de encajes y de sedas, de aquel poder de los millones jamás sospechado en otras partes, ni manifestado en esa forma. Las sombrillas con mango de oro e incrustaciones de zafiros y rubíes; la marquesa de brillantes que llevaba al dedo Nelly; el cinturón con grande hebilla de oro mate con perlas enormes; sus vestidos de punto de Irlanda, ostentaban un lujo continuo y sin tasa, el desdén del dinero, la apoteosis permanente de los caprichos femeninos. Y mientras más la veía, más notaba que era el capricho la esencia del alma de aquella mujer rica en fantasía.

II

Las compañías de campo despiertan en poco tiempo, acaso en horas, una intimidad desconocida en la vida de ciudades, donde el contacto es más lejano y difícil. Lo propio suele pasar con la existencia en común de los vapores, en donde el ocio forzado, el espacio reducido, la curiosidad natural, el tedio, aproximan a los viajeros unos de otros. A las pocas horas se había formado ya un grupo en el cual se practicaba en toda su extensión el *flirt*. Allí estaba Maud, una graciosa y linda americana, con Mr. Stevens Hill, y Nelly, con otras muchachas y otros jóvenes. Cada pareja buscaba su rincón en la cubierta, o se paseaba por un espacio reducido, en charlas alegres, con el mar ilimitado siempre a la vista, el cielo claro que invenciblemente se funde en el horizonte con la línea de un verde casi desteñido del mar. Reinaba tanta calma que apenas ondulaba, inmóvil casi, enteramente silencioso.

Y mientras paseaban por cubierta, el ritmo de un mismo paso iba estableciendo, entre ellos, nueva comunidad, confirmando la mutua e inevitable atracción de dos temperamentos que se completaban, de dos simpatías recíprocas y naturales. Formaban hermosa pareja, contemplada con envidia por los viejos que habían pasado ya la edad de los amores. Ángel, alto de estatura, de cuerpo musculoso y fuerte, los ojos de negro intenso, llevaba en la pupila un destello brillante, acentuado por la sonrisa enigmática, a veces irónica, nacida de una plegadura natural de su boca. Las cejas tupidas se unían encima de los ojos cargados como de un efluvio eléctrico. Y la pasión, el ardor contenido de su temperamento, expresado involuntariamente en la mirada, contrastaba con su andar lento que tenía mucho de felino, como el del tigre americano, el jaguar de los bosques. Presentíase en aquel dominio de los nervios una voluntad poderosa, que sugestionaba ya por su contacto. ¿Había principiado así el amor de Gabriela, como desarrollo lento de una sugestión recibida? La pareja marchaba con paso decidido, ciñéndose el joven al andar de la muchacha, como si ya comenzara entre ellos la ligadura de dos simpatías. Maud, en los raros momentos en que se hallaban juntas, la embromaba con su nuevo *flirt*; Nelly apretaba sus labios caprichosos, fruncía el ceño, pero seguía constantemente en conversaciones interminables con Ángel.

Y cuando el joven llegaba a la cubierta sin hallarla, sentía desagrado, irritante vacío. Luego se decía a sí mismo que era aquello el principio de su regeneración y esas emociones la reproducción fiel de las sentidas en otro tiempo con Gabriela. ¿Y por qué no habrían de repetirse cuando la viera, en su hogar restaurado, al iniciar la nueva vida? De vuelta a la patria ya tendría nido, y sabría conservarlo con las experiencias de la vida pasada, pues el joven se creía ya muy sabio y muy experimentado en las cosas de la existencia. Y se dejaba arrastrar de la corriente, en amistad peligrosa, creyendo poder dominarla si llegaba el caso. Era simplemente, para él, amistad amorosa, eterno complacerse en hablar de poesía, en buscar el romance de la existencia, en soñar despierto con amistades puras que ligan a las almas perdurablemente al través de la distancia, sin notar cómo en aquella poesía se ocultaba el deseo, despertado por ráfagas inconscientes de sensualismo. Y si lo dudaba, le hubiera bastado, para convencerse, con pensar en los deliciosos instantes que había pasado contemplando el cuerpo esbelto de Nelly, ceñido por traje de piqué blanco, de estilo *trotteur*, mientras él, con una novela en la mano, haciéndose que leía, sentado en su silla de lona, la divisaba apoyada en la barandilla, con brazos atrás, alzando el busto en una de esas actitudes que recordaban, por su elegancia natural, las de estatuas griegas. Su retina se fijaba aun en ciertos detalles, en el cinturón de piel de gamuza gris con hebilla de oro, y en su fino calzado blanco, en sus medias de seda calada, igualmente blancas y en ciertos reflejos deliciosos de sus cabellos rubios en la nuca, de un tono más claro y más tierno. El joven había cerrado los ojos a medias, como fingiéndose dormido, para gozar en la imaginación los refinamientos de sensualismo despertados en lo íntimo de su ser por los recuerdos. Era que surgían besos dados a Gabriela, caricias ya lejanas... Recordaba cierta mañana, en el fondo de don Leonidas, cuando fueron al camino de las quilas, en la quebrada que bajaba del parque al río. Allí había cogido por primera vez entre sus brazos a Gabriela, que temblaba, sin resistir, en el corazón que le palpitaba con tal fuerza que parecía arrancarse, y cuando la había besado en los labios había sentido un desfallecimiento de todo su ser, como si fuera a morirse. Ahí, apoyada en la baranda blanca de hierro, estaba la *otra Gabriela*, de tal manera idéntica en su aspecto, en su porte, en sus movimientos, que era cosa de pasmarse.

Hasta la sonrisa grave que asomaba a sus labios recordaba la expresión de la otra con relieve sorprendente. Las memorias de los sentidos, las del pasado, imprimían en el joven la convicción de que se encontraba en presencia de algo suyo, de algo poseído que guardaba su sello.

Nelly buscaba al joven para pasearse con él. Si no le veía, por casualidad, poníase triste, las horas le parecían mortales, todo insípido, le cansaba. No era ya la muchacha locamente alegre que había conocido Maud. Y cuando Ángel se perdió una tarde entera en la mesa de poker, agitado por una conmoción no explicada que le producía cierto malestar nervioso, al pararse de la mesa con gruesas pérdidas, se dirigió lentamente a cubierta. Allí estaba Nelly, que no le había visto venir, sumida en la contemplación del mar, y notó en su mirada tristeza inexplicable, el cansancio de la vida que tanto conocía en las pupilas de la otra y que despertó, a su turno, en el joven, otro amargo estado de alma que creía muerto. En aquella su mera amistad amorosa, iba surgiendo el recuerdo de otros amores y de otras agonías, superponiéndose con una exactitud cruel, para hacerlo revivir también sus horas de agonía con sus horas de amor. ¿Y por qué causa podía sufrir la hermosa muchacha, de inmensa fortuna, en quien se juntaban todas las condiciones para ser dichosa? Ángel no se lo explicaba, al acercarse sonriendo a ella, con un verso de Sully-Prudomme en los labios: *...Le vase brisé...*, la canción del vaso trizado por el cual se filtra gota a gota el agua..., «no lo toquéis, está roto...» Y cuando el joven pensaba en hablarle de su melancolía, notó que el rostro de la muchacha y toda su persona se iluminaban con alegría febril y súbita. Solo habían andado seis días juntos en aquel vapor, y parecían como viejos amigos, unidos por amistad tierna. Cuando Ángel habló de la separación ya próxima vio anublados los ojos de la joven por tristeza indecible. Iban a separarse, quizá para siempre, en este mundo tan chico en el cual nos perdemos sin embargo. La joven experimentaba ansiedad angustiada, de la cual no acertaba a darse cuenta, creía, presentía en el joven un sentimiento serio y grave, mas, de repente, parecíale como que se alejaba de ella, huyendo visiblemente de su compañía, y entre ambos se levantaba un sentimiento de congoja inquieta, cuyas causas ella ignoraba. Era algo pesado, amargo, desesperante, lo que creía leer en los ojos de Ángel, como cuando ella no alcanzaba a darse cuenta exacta y precisa de un drama desconocido que sentía aletear en la atmósfera. ¿Por qué se alejaba el joven de repente, sin motivo alguno? ¿Qué significaba esa expresión de cansancio profundo, el *tedium vitae*, notado por ella en ciertas expresiones fugitivas de su rostro, sorprendidas al pasar, y que él se esforzaba en disimular tras de unas sonrisas, como viajeros importunos a quienes se cierra la puerta? El joven debía sentir, en los efluvios de la mirada, en los estremecimientos nerviosos del contacto leve, cómo se deslizaba entre ambos la sensación tibia de ternura alternada con ondas quemantes de pasión. Esas mismas tristezas súbitas, esos silencios impensados, ¿qué eran sino expresiones del amor que pasa batiendo las alas? Entre tanto él comenzaba a interrogarse inquietamente a sí mismo. ¿Quiero a Nelly? ¿Acaso una pasión imperdonable viene a confundir en mi corazón los recuerdos sensuales, los besos inolvidables de mis amores de antaño, haciendo una sola imagen de dos mujeres distintas? Por una asociación complicada de recuerdos y de sensaciones, sentía los detalles de sus amores de otro tiempo surgiendo unidos al acre y violento deseo de experimentarlos todavía, en las irradiaciones de aquella juventud que le ofrecía inconscientemente en la mirada el calor de sus besos. Y se sentía rodar por un abismo sin fondo, sobre una pradera cubierta de flores. Recordaba entonces las leyendas eslavas de la deliciosa y fresca región, al centro de los bosques, todo cubierto de nenúfares y de plantas hermosísimas y perfumadas que solicitan al viajero a cogerlas y a descansar en medio de ellas; mas luego el caballo y el jinete se hunden lentamente y no existe poder humano que llegue a salvarlos. Así, por un extremo de inconsciencia, él se sumía lentamente en las fascinaciones de aquel amor que súbitamente surgía ante sus ojos, cada vez con claridad creciente. Y mientras se dejaba llevar del atractivo de las conversaciones tiernas, y mientras se perdía en los dulces abismos de miradas, creía poder interrumpir, de súbito, el idilio involuntariamente comenzado, cuando más intensamente se sumía en él. Pero trataba de luchar, sin comprender cómo en tan breve espacio el veneno moral le hubiera penetrado todo entero, con el engaño que a sí mismo se hacía de resucitar en su alma el amor a Gabriela, al través de la imagen de Nelly. Combatía consigo mismo, sublevábase, alejándose de la joven, evitándola. Pero entonces era ella quien experimentaba la inquieta ansiedad de continuar la romanza interrumpida, sintiendo en su alma la impresión desesperante, de escozor intolerable, de una melodía que se corta, de nombre escapado de la memoria cuando lo necesitamos con urgencia, de sonata de Beethoven, interrumpida por el ejecutante en el momento mismo en que nuestra alma comenzaba la comunión del sentimiento. Luego, con su iniciativa de raza, la joven solía buscarle hasta en la sala de juego. Y mientras ella, valientemente, arrojaba sobre el tapete del baccarat un puñado de oro, Ángel se veía ya vencido, en un desfallecimiento de la voluntad ante aquella joven tan hermosa y frágil, a la cual daba un atractivo extraño de gracia la pasión del juego y el completo dominio de su propia persona.

Salieron juntos a cubierta, en noche plácida, con el cielo tachonado de estrellas fulgurantes que titilaba en la sombra tibia. Ángel sentía cómo la ola le envolvía y le arrastraba a pesar suyo; aquella muchacha que debía ser simplemente una nostalgia de amor, una evocación de recuerdos, regeneradora de su vida, le sacudía en un súbito y angustiado sentimiento de deseo, en una sensación de vida rota, de cosas imposibles, de flores marchitas, de puñados de lirios destinados a ser cogidos por otro. Acudían a sus labios las frases ardientes de amor, y se desvanecían en suspiros, con la conciencia de que no tenía derecho a pronunciarlas, de que en ese momento cometería un crimen irreparable y acaso inútil, ya que todo le separaba de esa joven: matrimonio, familia, pasado.

Entonces, comprendiendo, aunque tarde, el peligro inmenso, hubiera querido huir, poner países y mares de por medio; mas pensaba de igual modo, que de todas maneras desaparecería la esperanza de reconstrucciones del hogar; presentía que iba a hundirse no ya en melancolías de soledad, sino en angustia lacerante y sin remedio. Pero todo lo borraba una palabra temblorosa de Nelly, al calor tibio de su cuerpo tan próximo, su aroma suavísimo de esencia de *White-Rose*, desprendido del traje a cada movimiento, y hasta los mismos elegantes y suaves gestos, sencillos y armoniosos a la vez. No habían pronunciado hasta entonces una sola palabra de amor; pero la franqueza honrada de Ángel se confesaba, sin subterfugios, su responsabilidad moral completa. No era indispensable promesa, ni confesión de amor, para establecer entre ellos esa comunidad de alma nacida porque él la permitía, porque él la solicitaba con todas sus fuerzas; la responsabilidad comienza por el hecho de haber despertado conscientemente en un corazón de mujer sentimientos de amor, por haber creado en ella la vida de ensueño, la realidad de ilusiones y esperanzas. De aquí la lucha entre los dictados de su conciencia y el impulso casi incontenible de los sentidos, en un temperamento poderosamente sensual, mareado por lenta absorción de fluidos femeninos. Nelly no podía resignarse a la separación ya próxima; sus lágrimas corrían a raudales, despertando, en Ángel, junto con remordimientos, excusa para proseguir en aquel camino de peligrosa culpable seducción. «¿Con qué objeto acabar ahora esta dulce romanza de mi vida, haciendo sufrir a una criatura inocente, cuando entregándose al tiempo todo concluirá de un modo natural y sin sacudidas dolorosas? Verá otros paisajes, nuevos espectáculos mundanos, París, Londres, con sus maravillas y su lujo le harán olvidarse del rápido y fugitivo episodio». Con estas y otras excusas semejantes adormecía su conciencia a manera de narcótico moral y se dejaba rodar por la pendiente suave que empujó en sus brazos a la joven, en la oscuridad de la toldilla, y le hizo buscar con sus labios ardientes las mejillas frescas y perfumadas de Nelly que temblaba toda entera, estremecida. Y ese temblar pudoroso le producía al joven una sensación exquisita de pureza que halagaba su vanidad de hombre y sorprendía deliciosamente sus sentidos de vividor gastado. Era tan fuerte la palpitación del corazón de Nelly que Ángel casi lo sentía vibrar dentro de su propio pecho. Junto con besos locos, palabras entrecortadas, lágrimas silenciosas, vinieron las promesas de eterno cariño, de ilimitada pasión. Se verían pronto, y dentro de un mes, cualquiera que fuese la suerte; aun cuando los negocios de su padre le retuviesen en Liverpool, se encontrarían en alguna parte solitaria y nueva para ellos. ¿Dónde? Se habló, de repente, de Granada, recibida con júbilo por Nelly. Tenía vivos deseos de visitar España; la región de Andalucía, el reino de los antiguos moros la llamaba con sus imágenes de leyenda, sus palacios y jardines árabes, la honda fantasía que hablaba a su espíritu romántico historias de caballerías. A fines de febrero, cuando los viajeros abandonan esos parajes, llegarían ellos a visitarlos juntos, en la exquisita comunión de dos almas que sienten unidas la belleza de los grandes espectáculos y las delicadezas de las obras de arte. Luego, la promesa mutua les tranquilizó por completo y en su alma se fue deslizando la quietud suprema de la noche en el eterno palpitar de tantas y tantas estrellas lejanas.

III

Al día siguiente, cuando el tren expreso le conducía velozmente hacia París, reclinado junto al vidrio de la ventanilla, sintió Ángel sobre su conciencia la reacción que venía, el acre malestar moral que le indicaba las perturbaciones malsanas de una mala obra. Mientras desfilaban confusamente los paisajes a su vista, los campanarios rústicos y los villorrios, sentía crecer el remordimiento de las malas acciones y, por un fenómeno moral de que no acertaba a darse cuenta, quiso echar sobre Nelly esa misma responsabilidad que le abrumaba, con lo cual, por un momento, casi le parecía odiosa esa imagen adorada. Mas luego acudían a puñados los recuerdos de los breves días levemente marcados con sello de amor sensual. Ángel notaba el calor que la certidumbre de ser amado infundía en todo su ser, renovando su vitalidad y llenándole de alegría con la sorpresa de sentir nuevamente, ahora, la misma intensidad juvenil de sus primeros años. Luego, por un movimiento de su ser impulsivo, no pudo resistir al deseo de abrir el *necessaire* en el cual llevaba, junto con el retrato de Nelly, uno de sus guantes de cabritilla blanca en el cual se mantenía todavía la forma de sus dedos y la conformación deliciosa de su mano larga y fina. Lo besó, sintiendo el olor delicado y fresco de su tierno cutis y, junto con esto, evocación tan poderosa y fuerte que cerrando los ojos veía las líneas de su cuerpo esbelto y alto, con una morbidez perturbadora. Luego reaccionaba sobre sí mismo y sentía la odiosa angustia de una situación desesperante. No podía casarse con Nelly ¿Y si ella o su familia llegaban a saber su verdadera situación, su matrimonio, algo de su vida? Ángel se estremecía figurándose la mirada de desprecio de aquella mujer apenas conocida y adorada, porque para él representaba el resurgimiento de toda su primavera.

Entonces resolvió, angustiosamente, no volver a verla, distraerse, enloquecerse, embriagarse, arrojarse al torbellino. La llegada de Ángel produjo un verdadero escándalo en la colonia americana. Noche a noche se exhibía en los pequeños teatros del Boulevard en compañía de las mundanas más estrepitosamente conocidas, ostentándose con cinismo y desdén del qué dirán tales que dejaban espantados a sus compatriotas. Dio comidas a sus amigos, en compañía de «horizontales», en el Restaurant de la Cascade, en el de Bignon y en otras tabernas de moda, con adornos de orquídeas y fuentes luminosas. No dejó escándalo por dar, ni barbaridad por cometer, buscando, en vano, una sensación de alivio que no hallaba, de olvido que no venía. Y a medida que con más ardor trataba de aturdirse, iba sintiendo más profundamente adherida a las intimidades de su alma la imagen de aquella joven de belleza y de elegancia rara, y cómo surgía dejando en la sombra todos los placeres sensuales de París con el perfume de su casta idealidad amorosa. Estaba lejos de ella, y la distancia había resultado ineficaz; se había sumido en el libertinaje, y la embriaguez de aquellos instantes le hacía experimentar como una sed de pureza ingenua y graciosa, perversamente realzada por la libertad aparente y desenfadada de sus maneras de americana.

Al cabo de dos mese de vida de alegría forzada, seguida de accesos de melancolía íntima, Ángel vio claro la imposibilidad de renunciar a la resurrección de las horas más felices de su pasado, de sus ensueños de amor, de las delicadezas y refinamientos sensuales, desesperadamente adheridos a la piel de sus recuerdos y que surgían, como una visión sobrecogedora, nuevamente, después de algunos años de lucha y de agotamiento moral, de desengaños y horribles desencantos de vida. En el instante en que tocaba a la edad de las grandes abdicaciones y de los cansancios definitivos, surgía Nelly —otra Gabriela más joven, más fresca; todavía más fascinadora, pero con una identidad de físico tan sobrecogedora que resucitaba por sí sola el pasado en toda su amplitud de recuerdos y deseos. ¿Y por qué huiría de ella? ¿Por qué se alejaría para siempre? ¿Por qué? ¿Era acaso por ese principio de respeto al orden religioso que veneraba en su conciencia de católico? Ah, no; Dios era demasiado bueno para negar su indulgencia a las fragilidades de los hombres que habían luchado con su conciencia y se sentían vencidos de las tentaciones. ¿Sería el respeto del mundo, el temor de que supiesen allá lejos, en Chile, su historia, deshaciéndose toda esperanza de reconstrucción de su hogar con sus hijos? Por extraña aberración humana, el mismo sentimiento que le hizo buscar, en Nelly, regeneración propia, en el resurgir de la imagen de Gabriela y de todo su pasado, le hacía nuevamente odioso hasta el recuerdo de Gabriela, y los sentimientos de familia llegaron a serle una carga que deseaba arrojar lejos de sí. Surgió luego, en su interior, la idea de que la joven podía haberse encaminado a

Granada; veíala espantada, sola, desesperada, mientras él, en París, se agotaba en orgías con el alma desbordada de amor, de irresistible amor a ella que también le amaba. ¿Por qué la haría sufrir tan estéril, tan inútilmente, cuando la vida le ofrecía tantas horas felices, cuando su corazón palpitaba con esa irresistible savia de juventud? Y comenzaba entonces a tirar por la borda el bagaje insoportable de sus remordimientos, de sus preocupaciones y de sus temores. Una inquietud le abrazaba en irresistibles deseos de partir, de caer en brazos de ella... Y que la vida trajera, por sí sola, la última palabra, la solución trágica o alegre de este problema. Entonces, por primera vez, sintió la fuerza dolorosa de una sombra que se interponía entre su felicidad y él —esa sombra era Gabriela.

Surgieron evocados, impensadamente, los recuerdos amargos de seis años de matrimonio con sus desencantos sucesivos, pequeños alfilerazos, desinteligencias, escenas, heridas de vanidad, la horrible soledad de dos almas que ya no se comprenden y que viven juntas, y luego aquella insoportable unión de dos seres que se contemplan al través de una mesa común, sin tener nada que decirse, en el hielo de una desinteligencia absoluta. Aquel horrible andar..., andar..., alejándose cada vez más el uno del otro. De tal manera se mostraba la visión cruel y desapiadada que se interponía entre la felicidad y él; esa era la sombra que surgía, desde lejos, amenazadora. Sintió una especie de complacencia amarga en evocar recuerdos, tan duros y punzantes, de la vida conyugal. Caras agrias, incidentes desapacibles revivían ante sus ojos. Hasta detalles insignificantes, ciertos vestidos, una opinión antipática de Gabriela, resaltaban ahora ante sus ojos quizá con un relieve que nunca tuvieron. Sentimientos enervados y odiosos se adueñaban de su alma, sacudiéndole en una corriente de revuelta en contra de esa vida que había sido tan amarga y ante la absoluta imposibilidad de ponerle término. Era matrimonio indisoluble, condenación a cadena perpetua de dos seres que ya jamás vibrarían al unísono. ¿Existía, en verdad, el derecho de impedirle ser feliz en otra mujer que le amara de corazón y con quien se armonizara en absoluto? ¿Podría castigarse con el infierno en vida el error o la ligereza de un momento? Ángel sentía la sublevación desesperada de todo su ser en contra de tales violencias; particularmente ahora, que era amado, sentía la opresión terrible del sistema social impuesto por las costumbres, por las creencias y por las leyes de su propio país. Un oleaje de amargura le sacudía todo entero. ¿Fue entonces o fue más tarde, cuando por primera vez acudió a su mente la idea maldita, repudiada en el acto, con indignación, por su alma? Parecíale que todo se arreglaría si Gabriela muriese, y experimentó complacencia culpable ante la sola perspectiva de ver desaparecer a la madre de sus hijos. Rechazó luego esa idea, como tentación infernal, mas, en repetidas ocasiones, se sorprendió a sí mismo complaciéndose en ella...

Pero una reacción de su ser moral le hacía reprocharse el mal deseo, afeándoselo como tentación de los infiernos. A su alma saturada de creencias católicas desde la infancia, acudían las oraciones enseñadas por su madre en contra de las seducciones del «maldito», y lloraba de sentirse tan depravado, tan poseído de aspiraciones culpables. Hacía, entre sí, juramentos de alejarse de Nelly, de considerar ese episodio como página incidental de su vida, apartándose para siempre de ella, como si eso dependiera de su propia y exclusiva voluntad.

Tenía la locura de creer que podía renunciar a la felicidad, entrevista y acariciada por la imaginación en Nelly —esa otra Gabriela radiante de ilusión, de belleza y de gracia— encontrada en el momento de transición en que le abandonaba la frescura de la primera juventud y comenzaban a imponer su gravísimo peso las desilusiones de la existencia y las abdicaciones definitivas. Después de haber contemplado, en su alma angustiada, la caída de las hojas, creía poder desechar esta nueva primavera tan espontáneamente ofrecida, apartar de sus labios las tentaciones del beso, borrar de su memoria esa imagen turbadora y deliciosa, desviar de sus sentidos las memorias castamente voluptuosas de la otra Gabriela que acudían, en tropel, tomando las formas esbeltas y mórbidas de Nelly. ¿Y por qué ahogaría esos deseos? ¿Por qué? ¿En obedecimiento a una ley moral, rígida y dura, inflexible y marmórea? Dios es tan bueno..., comprende las miserias de los hombres y sabe perdonarlas. Luego las fragilidades mismas de la naturaleza humana le ofrecían una excusa anticipada en su caída, tan perdonable, desde que en su conciencia solo existían sentimientos y no hechos culpables. Sentía que ella lo llamaba, que lo esperaba lejos, en el apartado retiro de la ciudad española.

IV

Era ya entrada la noche cuando el prolongado y melancólico rumor de la sirena, repercutiendo en los valles de Granada, anunciaba la llegada del tren correo. Un joven alto, delgado, de hermoso porte, arrojaba a un mozo de cordel su maleta-*necessaire* de cuero de cocodrilo, su caja de sombreros y los atados de mantas inglesas y bastones. Frío sutil calaba los huesos en aquella noche de febrero, con el cielo cubierto de manchas de tinta que ocultaban por completo la Luna. Por el modo febril con que pasaba su equipaje, se notaba como desequilibrio nervioso en su temperamento. Dio al cochero la dirección del «Hotel Siete Suelos», y se lanzó en el vehículo destartalado, que hacía crujir sus ejes, cruzando calles estrechas y negras, por plazoletas desiertas, a través de la ciudad alumbrada a medias como en dramas de capa y espada. Todo estaba desierto y silencioso. Así llegaron al pie de gigantesca masa oscura; tras de recorrer callejuelas empinadas como cuestas, detuviéronse al pie de enorme puerta, a medias iluminada por la luz del reverbero que dejaba en la sombra, diseñado apenas, un bosque tupido que a esas horas, y en circunstancias semejantes, parecía ilimitado y fantástico, digna morada de Aladino, de «Barba Azul» o de «La Bella durmiente del Bosque».

El cochero se volvió y le dijo: «Estamos en el recinto de la Alhambra».

Azotó los caballos enseguida, y, lentamente, comenzaron la ascensión de pendiente rápida, como avenida de montaña, entre árboles inmensos que se dilataban en la sombra con perspectivas indefinidas e ilimitadas, por obra de la imaginación y de la noche. Su imaginación se complacía en aquellas perspectivas insondables de misterio. La sensación física, tan aguda, correspondía, en él, a un sentimiento moral latente, a un estado de su alma, anhelante, así mismo, consumida por el deseo, ansiosa de reanudar el idilio de su amor naciente, llena de temor de verlo interrumpido y desbaratado por una palabra, por la más leve indiscreción de cualquier compatriota suyo. Junto con esto despuntaba el escozor del remordimiento, en el misterio complejo de su alma. Nunca tales sensaciones de bosque, de noche, de soledad, le produjeron impresión parecida, ni completaron de modo tan absoluto su ser interior.

Luego, llegado al Hotel de «Siete Suelos», se notó a sí mismo una voz rara, emocionada, enronquecida, al preguntar al camarero, con la garganta seca, si había llegado Mistress Astor-Lee, en compañía de su hija. Y como el mozo le contestara con negativa, comenzó a latirle desesperadamente el corazón dentro del pecho. Pidió un cuarto, se arrojó vestido sobre el lecho, y comenzó a sentir opresión insoportable, angustia que le atenaceaba, como si la sombra hubiera invadido por completo su alma. ¡Ah!, le parecía que nunca más vería a Nelly. De seguro que alguien, quizás un compatriota suyo, habría referido a la joven la historia de Ángel Heredia. Cómo envidiaba a los seres desconocidos y anónimos a quienes hasta entonces había mirado en menos, desesperándose de pertenecer a una de esas familias que viven siempre expuestas a la expectación pública, sometidas al lente de la chismografía y de la maledicencia ajenas en una especie de vida pública, sin intimidades propias, ni el derecho de vivir para sí, en la reserva del hogar. Alguien, sin duda, le había denunciado, por el puro gusto de hacer el mal por el mal. El rubor subía involuntariamente a sus mejillas, como si realmente se hallase en presencia de la mirada acusadora de la madre, y sentía el sobresalto peculiar de las situaciones falsas, la angustia de la mina que puede reventar de un momento a otro, el desprecio de Nelly, el fin de su ensueño de amor. Y todo eso le parecía tan insoportable, que precisamente por la intensidad de aquel desgarramiento interior, se daba cuenta de cuán hondas eran las raíces de su sentimiento de amor a Nelly. Se asfixiaba materialmente: abrió las ventanas y apagó las luces para sentir sobre su frente abrasada, el frío de la noche, envuelto en la sombra, con doble sensación, calmante para sus nervios.

Despertó al día siguiente con las claridades de una mañana primaveral, sintiendo canto de pájaros en la floresta y rumor de abejas zumbando en la tranquilidad apacible de la atmósfera. La masa verde se alzaba frente a sus balcones; los árboles extendían sus ramajes hasta por sobre el techo del Hotel, dejando apenas leves claros que permitían ver trozos de cielo azul de tono intenso. La mañana era apacible; una brisa ligera sacudía levemente las hojas de los árboles —que por lo fuertes, lozanos y magníficos le parecieron dignos de figurar en los bosques de América. Angosta franja de azul marcaba el cielo, diseñado en lo alto de aquellas hermosas gradaciones de verdura. Lo verde tomaba mil formas y matices, desde el intenso verde botella y verde-mar hasta el dorado verdoso de las hojas por donde filtraban, como en línea recta, los rayos del Sol. Era una orgía de notas verdes, todas originales, vibrantes y luminosas todas; difundíase por el alma de Ángel, nacida de ellas, plenitud primaveral, expansión de vida inconsciente y desbordada. Luego, escuchó rumores de agua, de arroyos semiocultos que suavemente se deslizan como olvidados de sí mismos entre las malezas; junto con esto observaba la humedad de los troncos de aquellos árboles centenarios, los musgos que les tapizan y que luego trepan por ellos. Sentía que su alma se apaciguaba en la naturaleza. Producíale grave recogimiento el murmurar del agua, como si pretendiera servir de acompañamiento y de orquesta a la música de las cigarras, de los grillos, de los mil insectos que pueblan la apacible y dulcísima quietud, que da la suave somnolencia del recinto moro; y sin explicarse el por qué, sintió, de súbito, esa quietud en su alma.

Y mientras tomaba su café, después del paseo matinal, oyó crujido de faldas de seda y un paso ligero y firme que hizo palpitar locamente su corazón dentro del pecho. Parecíale que el cielo se despejaba, que todo le sonreía, que cantaban gloria en la mágica transformación universal. Ahí, en el dintel del comedor, se dibujaba la delgada silueta de Nelly, vestida primorosamente con traje lila, del corte severo y elegante de Laferniére, sombrero del mismo tono, sombrilla con puño de oro y amatistas y ese aire entre risueño y desenfadado que los artistas americanos suelen dar a sus creaciones. Brillaba en sus ojos una ternura que le removía todo entero, hasta lo más profundo. Ángel se sentía amado, y de los temores excesivos pasó, de golpe, a la más ilimitada confianza. Nelly acababa de llegar, cumpliendo su promesa. La naturaleza entera se transformaba a los ojos de Ángel; la penumbra del bosque, el Sol encubierto, la frescura de la mañana producían en su alma una sensación deliciosa de ensueño. Nelly venía de Italia en donde acababa de pasar la temporada. Le habló de una cacería cerca de Roma, a la cual había concurrido en compañía del Cuerpo Diplomático y de unos días de arte en Florencia; pero todo le había parecido triste..., le faltaba algo..., las cosas no tenían vida... Y al pronunciar estas palabras le miraba con profunda intención sentimental. Ángel sentía reanudados esos lazos, por un momento interrumpidos, con más fuerza que nunca, con el desesperado anhelo de aferrarse de aquel amor primaveral que se le ofrecía de modo tan espontáneo. Al estrechar la mano de Nelly, hizo un esfuerzo para desechar toda idea importuna, borrando, por entero, el pasado, ese pasado irrevocable. A su turno, la joven, ocultaba otra preocupación un tanto triste, de manera que en aquel saludo se formó un primer silencio entre sus dos almas, sin que acertaran a comprenderlo, extrañados ambos de ese hecho que constataban. En su interior sentían bullir el amor, pero mezclado de una angustia inquieta, mutuamente presentida, no el amor sano y fuerte que mira desembozadamente al porvenir.

Almorzaron juntos en el comedor del Hotel, acompañados de Mistress Astor-Lee, madre de Nelly, todavía joven, a pesar de sus cincuenta años, y concertaron los programas para su estadía en Granada. Visitarían las iglesias, con sus sillerías talladas, los sepulcros de los Reyes Católicos Don Fernando y Doña Isabel; recorrerían juntos la famosa Vega de Granada, en carruaje, internándose por la campiña, pero, desde luego, la Alhambra.

—Vamos inmediatamente —propuso Nelly. Su madre se excusó; estaba algo cansada—. Entonces iremos nosotros solos —dijo la joven a su amigo, usando las libertades concedidas por las costumbres americanas. Ángel encendió el cigarro, bebió su copita de *Kümmel*, y partieron.

Iban a pie por el ancho camino, rodeado de bosque, bajando por entre los árboles que entrecruzaban en lo alto sus copas en caprichosos arabescos verdes. A lo lejos divisaron la puerta de las Granadas, llamada Bib-Leuxar; a la derecha de ésta la célebre Torre Bermeja, levantada sobre antiguas construcciones fenicias, según explicaba el joven. Allí se han ido amontonando siglos sobre siglos, unas civilizaciones sobre otras, todas ellas distintas y lejanas.

Luego volvieron sobre sus pasos llegando al punto en que el camino de la Alhambra se bifurca en dos: uno que conduce a la Torre de Siete Suelos y el otro al Palacio. Detuviéronse a contemplar la fuente levantada por el Marqués de Mendoza en honor de Carlos V.

Las impresiones producidas por los objetos se van mudando conforme a un estado interior. Así, la Puerta del Juicio, construida en esa vasta plazoleta, por el Rey Árabe Jusuf Afi, muda y solitaria ahora, les hubiera producido acaso profunda impresión en otra circunstancia. Allí dieron sus sentencias los Califas en medio de su pueblo, vestidos con los magníficos atavíos de su corte. Ahora escuchaban ambos con perfecta indiferencia las palabras del guía. Ángel iba pensando en que había creído notar, durante el almuerzo, en la madre de Nelly, una sombra de reserva, algo imperceptible, pero positivo, que le llenaba el alma de una zozobra insoportable, de presentimientos relacionados con sus secretos temores. La joven, a su turno, había traslucido el cansancio nervioso, la melancolía del joven que debiera sentirse radiante, en presencia de la prueba de amor que ella le daba, partiendo de Italia, atravesando los mares, abandonando una existencia brillante de fiesta, para presentarse en aquella ciudad silenciosa, en el día prometido. ¿Por qué estaba así? ¿Qué explicación tenía esa tristeza, precisamente cuando más motivos debiera tener para sentirse alegre?

A sus ojos se ofrecía ahora el arco de ancha torre que afecta la forma de un corazón; en él se marcan la mano y la llave misteriosas y simbólicas de la Justicia del que todo lo puede y del que todo lo alcanza. Ángel se inclinó, sonriendo, para decirle a Nelly: «Ese corazón es más pequeño que el mío...» Una mirada de ternura contestó su frase. Súbitamente les invadía el sentimiento de confianza mutua, apacible soplo desprendido de la naturaleza. Antes de penetrar en la Alhambra extendieron la mirada por el paisaje. La colina parece nido inmenso de verdura que se alza muy suavemente y domina la ciudad, y dilata en todos sentidos sus caseríos blancos, sus vergeles, sus alamedas, las torres de sus iglesias. El cielo de azul intenso, el Sol vivísimo, daban el mayor realce posible a esas manchas de irresistible y deslumbradora blancura, a los follajes verdes que forman como abismos de verdura en derredor de la colina.

Y penetraron en la Alhambra. En su estado especial de alma comprendían ambos el Palacio de los Árabes y el espíritu de su pueblo, que no ve los objetos del mundo exterior con claros y determinados contornos, sino envueltos en una niebla luminosa, que desvanece y esfuma las líneas, haciendo que no se sienta el deseo de darles forma consistente. Los árabes muestran más la impresión recibida de la naturaleza y de la vida humana que lo realmente visto, reproduciendo la mancha de color sin la firmeza de los perfiles y de las líneas. Viven hacia adentro, esos espíritus orientales, concentrándose en sí mismos, desdeñando el aparato de la arquitectura y de la calle, por las dichas ocultas del harem, envuelto en misterioso velo, todo interioridades. Ángel y Nelly sentían las fascinaciones de la vida interior, del secreto amoroso. ¡Ah!, vivir eternamente solos, apartados del mundo, en aquellos misterios de verdura y de arte, sintiendo palpitar los corazones juntos, hubiera sido la suprema dicha. Sentían profundamente, como los árabes, ajenos a toda vanidad; se recogían dentro de sus casas y dentro de sus almas, a gozar la suprema dicha que debe ocultarse callada, exclusiva, temerosa de ser descubierta.

El vastísimo patio de los Arrayanes, o del Mezuar, que se despliega de súbito, pasado el estrecho corredor, produjo en Ángel un sentimiento de calma, de plácida quietud, de intimidad callada y apacible, que le refrescaba el espíritu después de las zozobras súbitas y las alarmas que le sorprendían como remordimientos. En el centro, un estanque en forma de paralelogramo, orlado de arriates, de arrayanes y de mirtos, extiende sus aguas como grandes espejos temblorosos que retratan algo de cielo y algo de verdura; despertando sensaciones de frescor... La arquería morisca mueve y quiebra sus curvas elegantes en torno del patio, como para hacer más apacible y más completa la sensación primera. Despidieron al guía para quedar solos, apoyándose Nelly en el brazo, del joven, en una embriaguez de dulcísima intimidad. ¿Que no era suyo? Sobre esos anchos corredores, debajo de aquellas arquerías debían extenderse los mullidos tapices rojos, celestes, oro y hoja seca, esas combinaciones primorosas y sensuales. Allí sentíanse ellos unidos en comunión profunda y completa de las almas. Nelly se afirmaba toda entera sobre Ángel que desfallecía, en un éxtasis, al contacto semitibio de ese cuerpo adorado. ¿Acaso no era suya? Hallábase capaz de todas las locuras, de todas las exaltaciones, hasta del crimen, por aquella mujer de admirable cuerpo, elegantísima, fascinadora, que le sonreía como jamás lo hicieran las sultanas orientales. ¿De qué no sería capaz por ella?

Penetraron a la gran sala de Embajadores. Todo le parecía radiante. Los techos, en que se combinan por maravilloso modo los colores más vivos, en la plenitud de la armonía, como si se tratara de una magnífica orquesta de colores dirigida por maestro genial, avivaban el sentimiento de alegría, de variedad, de novedad constante. Afectaban todo género de formas, desde los encasillados, la media naranja, las estalactitas, gigantescas bóvedas de gruta primitiva decorada con el admirable primor de la naturaleza; aquí, en la sala de Embajadores, mostraban el trabajo finísimo, el relieve de un encaje de Malinas o de puntos de Venecia.

Sintieron, a un tiempo, la comunidad de alma en las mismas impresiones. El interior de la Alhambra parecíales como hecho por la ideal combinación de elegancias de palmera, fragilidades de cristal y sutilezas de encajes superpuestos. Las salas espléndidas, las columnas aéreas como tallos de junco, se comunican por corredores de finas arquerías de labores árabes con jardines, estanques y surtidores arrancados del Oriente. La luz iluminaba, de lo alto, esas fragilidades de verdura y de agua, y penetraba luego por los finísimos bordados de las puertas, saltando por entre los encajes de los arcos de sala en sala, como esos silfos de que hablan las antiguas leyendas, besando los techos mudéjares, los alicatados azules, púrpura, verde mar, grana, violeta pálido; deslizábase por entre oscuros encasillados, y saltaba por las estalactitas que bajan del techo como flecos de cristal iluminados por todos los colores del iris, y por último, salía por el arco de una ventana que parecía primorosamente ejecutado en punto de Alancón. Ángel y su amada se detenían, extasiados, ante las inconcebibles combinaciones del color y de las formas, de luces, gasas, cristales y plumas que el vuelo fantástico de las imaginaciones orientales ha logrado encarnar en aquellas salas y en aquellos jardines.

La ebriedad amorosa iba llenando esos corazones ardientes, sus almas preparadas, para recibir emociones. Ángel se complacía en la gracia elegante de Nelly, al recoger su vestido para subir las múltiples escalinatas, dejando ver su hermoso y largo pie, la fina garganta de su pierna cubierta por media de seda y realzando las líneas virginales de su cuerpo. Al penetrar a la penumbra la sorprendía un beso, y mientras él se desvanecía en la sensación deliciosa de su cutis fresco y perfumado, ella, arrancándose castamente, con ligereza de gacela, aparecía, de súbito, en otro salón: era el de Embajadores.

—Aquí no se ama —díjole, sonriendo, mientras ponía el dedo sobre los labios con un mohín de enojo—. No estamos ya en la intimidad, sino en la sala de recepción, donde han de lucir los tapices más espléndidos de Oriente, las cimitarras y las armaduras damasquinadas, las telas recamadas de oro... Mire —agregó, señalándole con el dedo las inscripciones árabes—: «Solo Alah es vencedor».

El techo, elevadísimo, se halla dominado por notas de color oscuro que contribuyen a dar a la sala, rodeada de luminosas habitaciones y jardines, un aspecto severo a la par que imponente, noble así como soberbio.

Por los calados de las ventanas penetraban infinitos rayos de luz. Afuera todo era alegría y vida, con lo cual ganaba la sala en severidad hasta convertirse en imponente. Los jóvenes, la mano cogida de la mano, en contacto dulcísimo, contemplaban las murallas por las cuales se desarrollan mil y mil combinaciones de líneas caprichosas, que se enredan y se desenredan y se entrelazan de todos los modos posibles, siempre redondeadas, siempre impecables en sus diversos movimientos. Incesantemente se leía la divisa de los Califas de Granada: «Solo Dios es vencedor». Sentimientos de fatalismo invadían el espíritu de Ángel con soberana imposición. Se entregaba, también, como los árabes, en brazos del destino junto con su amada. Se empeñaba en cerrar los ojos al pasado, en crearse libertad ficticia, desprendida de las cadenas de los hombres y de la tiranía de las instituciones sociales, para darse al amor irreductible y triunfal de la naturaleza. ¿Quién podría quitarle a esa joven que sentía suya, en cuerpo y en alma, nada más que al suave contacto de su mano? Sí, la sentía plenamente suya, en la confianza del ser que se entrega de una vez para siempre, nada más que con sentir el contacto de esa mano y la rendición de su mirada, esas vibraciones de la pupila en el ser que se entrega incondicionalmente, apenas con la suave resistencia de la paloma. Era tan hermosa y él se embriagaba tanto en ella...

Nelly se había entregado desde el primer momento, con una mirada, junto a la barandilla blanca del vapor. Recordaba la impresión causada por ese joven de cuerpo robusto y musculoso de atleta conforme al ideal americano, con los cabellos negros ligeramente crespos, el color moreno y una llama rojiza en las pupilas, de nariz ligeramente levantada, de fuerza ruda, de virilidad dominadora, con aire de vencedor, un poco retraído. Y luego, sorprendía en aquella contextura física la elegancia del talle, de los movimientos, de los gestos más insignificantes, de los detalles del traje correcto de un perfecto *gentleman*. Su pantalón, bien cortado, caía sobre un pie fino; su mano, muy larga, de uñas pulidas y sonrosadas, tenía un sello de aristocracia que se acentuaba con el timbre de su voz, con el ritmo de su paso. Instintivamente, al hacer conjeturas sobre el desconocido, Nelly había dicho a su amiga: «Debe ser un marques...» Había comenzado a pensar en él, convirtiéndole insensiblemente en centro de sus preocupaciones, dejándose envolver por el efluvio de sus miradas que por todas partes la perseguían, desviando inmediatamente en cuanto ella le sorprendía. Esa mirada, de leve tinte despótico y dominante, le causaba un bienestar indecible. Era tan mujer por todas las fibras de su temperamento, y le agradaba tanto la dominación del hombre fuerte que la protegiera, acariciándola y dejándose vencer de su belleza y de su gracia. Luego nunca había sentido tan completamente el efecto casi milagroso de su influencia femenina sobre un hombre. El estremecimiento interior de Ángel no se había escapado a su perspicacia de mujer, y ella pertenecía a esa raza en la cual el ser amado constituye lo más esencial, el punto de partida de su propio amor. Luego el contacto íntimo de la vida a bordo; la tristeza del desconocido; la belleza radiante del alar infinito; las puestas de Sol; las noches de Luna; todo contribuía a despertar en ella un sentimiento profundo de amor, removiendo fibras íntimas, nunca hasta entonces tocadas, de la virginidad de su alma.

Recordaba las tristezas súbitas cuando pasaba una tarde sin verle, sentada en su silla de popa, y luego cuando él aparecía, alto y esbelto, ella no desviaba los ojos, inmovilizada por voluntad temible y fuerte, como sintiendo la corriente de una sugestión que la adormecía en dulce desvanecimiento de la propia voluntad.

Ángel se entregaba a las fatalidades de su dicha, con la mirada perdida en aquel paraje denominado el Mirador de la Reina. Allí se asomaban, de tarde en tarde, las cautivas a respirar las brisas que traían los aromas del Generalife, situado a lo lejos. El panorama que a sus ojos se extendía le daba la impresión de su agitada existencia, con mares de verdura, cascadas de árboles que se prolongan a los pies de la Alhambra y que parecen un abismo de verdura, abismo risueño, alegre, singularmente feliz, que atrae como una sonrisa y que hace pensar en esas sirenas que arrastraban a los viajeros al fondo de las aguas. Una congoja le invadía al pensar en que también él se hallaba cautivo, prisionero de unas redes que le impedían ser feliz con Nelly, creatura de pureza, de castidad y de ensueño. Ni por un segundo cruzó por su imaginación la idea de una seducción torpe; comprendía, por otra parte, que ella le habría desterrado para siempre. Una desesperación invencible crispaba los músculos de su cara mientras veía surgir, entre él y la felicidad, la sombra temible, la sombra de Gabriela, del matrimonio, del hogar consagrado, de la ley, de la sociedad. Y en su crisis de amargura se sorprendió deseando la muerte de Gabriela, la supresión del obstáculo. ¿Acaso no era posible que muriese? ¿No solía quejarse, a veces, su mujer, de palpitaciones violentas de corazón? Podía morirse cualquier día, cuando menos pensado. Y se repetía esos sofismas como para acallar su conciencia que le reprochaba como un crimen lo que hacía con Nelly, pues en el hecho moral, no en el material, estaba lo más grave de una seducción consciente que podía parar en un desastre irreparable, en el día de la verdad, cuando se aclarasen las cosas. Un sentimiento de terror súbito hizo brotar en su frente gotas de sudor helado.

Nelly, invadida por un sopor delicioso y suave, contemplaba el Albaicín que tantas maravillas encerraba en tiempo de los moros. Allí se alzan los huertos, los palacios de verano, los estanques de aguas vivas, los aljibes, las torres mudéjares, los jardines y las habitaciones misteriosas en que vivían los moros vidas eternas de voluptuosidades y de ensueño, en el retiro callado, en el silencio de la ventura discreta. El valle, en toda su magnífica extensión, se desplegaba a su vista. Las manchas oscuras de los cipreses resaltan entre el verde claro de los huertos y la vívida blancura de las habitaciones que, por lo albas, traen consigo una idea de palomas. El blanco es la nota dominante, la nota más típica del Oriente; aquellos contrastes de lo albo y de lo verde, aquellas extrañas y vaporosas irradiaciones de blancura surgen por el desierto y por los valles como si se tratara de un desafío al Sol.

Apoyada en el hombro de Ángel, la joven contemplaba el Darro, bajando entre granados y flores en medio de las colinas del Albaicín y de la Alhambra. Desprendíanse, entre las líneas lejanas, encantos misteriosos, adivinados más que percibidos, junto con una sensación de paz que les fue dominando por medio de infiltración lenta. El joven experimentaba el adormecimiento de sus inquietudes en un goce tranquilo del presente, en la contemplación exquisita de aquella deliciosa creatura que marchaba, junto a él, con el vestido ligeramente arremangado, haciendo crujir la seda de su enagua de encajes, bajo los cuales, como entre espumas, surgía delicadamente su pie. Y cuando ella se inclinaba sobre su hombro para contemplar el paisaje, sentía el roce de sus cabellos rubios y suaves, impregnados en raro perfume. La plena luz la favorecía, exhibiendo en toda su pureza las líneas de su rostro, tan delicadas y tan finas, el óvalo perfecto, la ligera curva de las cejas, esas largas pestañas tras de las cuales tomaban aire de sorpresa ingenua sus ojos. El joven sentía en sí el goce del triunfo al verse amado por aquella creatura, era una sensación de mareo de vanidades.

Penetraron al patio de los leones que les mostraba, de lejos, una perspectiva de cálices invertidos, cortados en plena luz, que iban a rematar en columnas delgadas, sutiles, esbeltas como palmeras, con ligerezas de pluma y levedades de cristal de Baccarat. Las ciento veinte columnas de mármol, dispersadas en artístico y simétrico desorden, de cuatro en cuatro y de tres en tres, multiplicaban sus rayas de blancura, las extienden, prolongan la perspectiva, la arrojan en un desborde, en una mancha de luz, hacia el centro, por la pila, y luego la dejan sumirse misteriosamente por las oscuridades de su fondo. Los jóvenes sentían que la luz les fascinaba, les embriagaba, les sobrecogía intensamente, quizá con el rayo que atravesaba los encajes de sus arcos por la parte superior en forma de múltiples y finísimas agujas; quizá por disposición de las columnas que parecen multiplicadas por la perspectiva: les dominaba el hipnotismo de la luz, la sensación de suavísimo e inexplicable deleite, el goce refinado de la retina de sus ojos hasta diluirse en un ensueño del espíritu.

En el centro del patio se alzaba la pila, de tazas superpuestas, sostenida por leones informes y groseramente esculpidos. Pero la vista de Ángel se encaminaba a las columnas tan esbeltas que casi tenían formas de mujer. A su lado, Nelly, estaba encantadora, con los ojos húmedos y la palpitación leve del ala de su nariz, signo de emociones en ella. Era que todo se acumulaba a un tiempo: sensaciones de arte y emociones de corazón. Atravesaba por las horas supremas de su vida, por momentos que dejan en lo íntimo del ser una huella imborrable. Se sentía feliz. En cambio, el rostro de Ángel, involuntariamente señalaba contracción dolorosa, y cuando llegaron al muro del recinto vastísimo de los jardines de la Alhambra, había tomado su mirada la expresión del que desea formular una pregunta. Era que se acumulaba en su espíritu inquietud tan angustiosa que tornaba por hacerse insoportable.

—No sé si sea susceptibilidad mía, pero he creído notar algo que desearía me explicara dijo a la joven. Ella palideció levemente, con ansiedad.

—Hábleme.

—He creído notar, en su madre cierta frialdad para conmigo...

—¡Ah! —exclamó Nelly, con la entonación del que no halla palabras para expresar algo—, en Florencia escribieron a mi madre un anónimo... Le decían que me guardase, porque usted era casado, y tenía hijos en su patria. Pero..., ¿cómo era posible creer en semejante infamia?... Los anónimos se reciben y se desprecian Solo Alah agregó con tan firme acento de seguridad y de convicción que Ángel sintió en sus entrañas el frío de un cuchillo.

El instante horrible, la hora temida se acercaba; sus temores se cristalizaban y tomaban cuerpo. ¡Ah!, si Nelly hubiera podido notar, en la penumbra de aquel rincón oscuro, la intensa palidez del joven, la convulsión que le sacudió todo entero por espacio de un segundo, el esfuerzo desesperado con que dominaba sus nervios, y cómo cada palabra suya producía nueva angustia traducida en las palpitaciones aceleradas de su pulso...

—Yo no me he dejado conmover ni un instante por esa calumnia —agregó la joven—, pero mi madre..., ha dudado..., perdónela...

Cada expresión le hería doblemente, por el tono en que había sido pronunciada, con tan ingenua, tan ilimitada fe, y por la conciencia de la terrible, de la fatal condenación expresada en ellas. Si la joven le hubiera recibido fría y duramente; si le hubiera expresado alguna duda irritante, si hubiera provocado una escena de violencia, habría sacado fuerzas para defenderse y mentir. Pero en presencia de aquella naturaleza recta y confiada, de aquella alma entregada toda a él, se sentía humillado, vencido, sin alientos para la inevitable comedia. La sombra de su vida tomaba cuerpo, se solidificaba, se convertía en obstáculo insalvable, entre la felicidad cercana, entre la mujer adorada, refinada, exquisita y el mísero galeote con su cadena atada al pie. Dos lágrimas silenciosas rodaron de sus ojos y cayeron sobre Nelly que le arrojó los brazos al cuello besándole en la frente, en los ojos. Ella jamás lo había creído, jamás. Y por primera vez sus labios se unieron en un beso desesperado, amargo, ardiente e infinitamente dulce, que en Ángel tenía el picante escozor de la culpa y en la joven la deliciosa inocencia de un alma que se entrega... Ella le amaba aún más en el dolor, sentía en sus entrañas de mujer las voluptuosidades de la pena.

Pasada la embriaguez suprema de aquel instante, Ángel sufrió el horror instintivo de sí mismo; se despreciaba, se vilipendiaba. La joven, dentro de su casta exaltación experimentaba la necesidad de luz. Y salieron a los jardines.

Desde allí, ¡qué espectáculo! Abajo, las lomas herbosas de las colinas, los árboles apiñados, ahogados con los misterios de las hojas muertas. El Sol cae: la Sierra Nevada, que envuelve la ciudad de Granada en sus festoneadas labores, ostenta sus aristas, sus cumbres y sus agujas encaperuzadas en nieve que se tiñe, suavemente, de rosa pálido, tibio, esfumado en sedas, damasquinado en plata —como la empuñadura de coral de un alfanje. Mézclanse, por el horizonte, el anaranjado, ya violento, ya diluido, que desaparece lentamente para dar paso al iris y al ópalo que crecen y se ensanchan, a la par que los tonos satinados de nácar y rubí. La llama púrpura de un grande incendio se rasga levemente para dar paso al zafiro, convirtiendo esa faja de horizonte en las caprichosas combinaciones de una plancha de ágata. El Sol ha desaparecido por completo: ya no garabatean por el agua sus rayos de luz, ni vibran entre las hojas de los árboles, ni reverberan sobre las murallas blancas de esas casas que parecen mezquitas. La sombra caía: Ángel sintió que la soledad se formaba en su alma, con el tedio de las frivolidades de la vida y el desencanto de los ensueños rotos. Era la conciencia de la corta duración de las alegrías humanas, sin ser suficientemente intensas para borrar las ansiosas inquietudes. La noche caía cuando abandonaron el recinto de la Alhambra. Nelly callaba, pero su sonrisa y las líneas de su cuerpo mostraban una manera tan melancólica y tan fina de expresar la confianza de su amor, de fundirse en él, que Ángel sintió de nuevo el corazón oprimido por la angustia de la sombra creciente.

Cuarta parte

La sombra

I

Los pasajeros agrupados en el puente del vapor «Oravia» contemplaban con anteojos el borde negruzco de la costa chilena, en dirección a Lota. Ansiedad en unos, júbilo en otros con la idea de abrazar a la familia, curiosidad en los extranjeros, sentimientos de varia especie venían a mezclarse a ese instante de inquieta expectación. Unas señoritas inglesas hablaron de visitar el Parque de Lota, pintado como nueva maravilla. Invitaron a varios caballeros, entre otros a Heredia, que declinó el ofrecimiento. Siempre conservaba la apostura varonil de su cuerpo de buen mozo, pero las arrugas de su frente se habían acentuado, junto con las cárdenas ojeras; el pliegue de la boca tenía un no sé qué de amargo, el color del rostro era un tanto plomizo y los ojos brillaban con fulgor particular, con lumbre que en ciertos instantes tomaba acentuación rojiza. Era que la vida había pesado rudamente sobre sus hombros, sacándole de una tempestad para lanzarle en otra. El desgaste de sus nervios, el relajamiento de los resortes de su voluntad se hacían visibles en ciertos detalles de conducta, en la indiferencia con que aceptaba la vida, en el desmayo de todo su ser ante los apetitos de la juventud: la alegría espontánea, los ímpetus, se habían disuelto en una especie de penumbra moral. «¿Con qué objeto habría de afanarse?», era la desesperante respuesta dada a sí mismo. Así, admirando y comprendiendo por instinto las delicadezas del arte y de la naturaleza, no había pensado en bajar al admirable paraíso de Lota, como si se hubiera roto, en su interior, un resorte de los que antes le movían. Extravagancias, rarezas, comenzaban a señalarle a los ojos de los demás viajeros: aún cuando hablaba inglés a la perfección, por haberlo aprendido siendo niño, no había pronunciado ni una palabra en ese idioma: solo usaba el español o el francés. Veíanlo andar horas de horas, por la cubierta del buque, siempre con el mismo paso igual y gimnástico, enteramente solo, sin dirigir la palabra a los demás viajeros.

Ahora volvía, con el peso de grandes preocupaciones, a su tierra, y con sentimientos de tal manera complejos que no hubiera acertado a decidir si eran, en suma, felices o amargos; quizá tenían de todo. Aún sentía sobre sí el peso de la terrible comedia de la mentira constante en que había vivido quince días en Granada, frente a Nelly, a quien engañaba, adorandola. Se habían separado, prometiéndole volver a Norteamérica, en cuanto hubiese arreglado sus negocios de Chile, donde todo se hallaba perturbado con la crisis económica. Le había prometido *volver*, como si fuera libre, como si no tuviera mujer y familia imposibles de abandonar, y en ese mismo instante había sentido, dentro de sí, una sinceridad que le horrorizaba, porque iba mezclada con algo confusamente siniestro y oscuro que no quería aclarar en manera alguna, pero que ya *sentía*. Era un sedimento malo, envuelto en un fulgor de relámpago, de tal manera era rápido su paso por el alma, apresurado para no tener remordimientos. Ahora gozaba cierto alivio al no verse obligado a mentir; su naturaleza expansiva se veía, con esto, más libre y descansaba. Pero luego renacía con inquietante fuerza el recuerdo de su Elena, de su adorable Nelly que, aún a la distancia, traía a sus sentidos una fiebre turbadora y sensual. Veíala en esas noches deliciosas de primavera, en Granada, bailando el *two-steps*, tocado en orquesta de bandurrias y bandolines en una deliciosa fiestecilla de media docena de parejas, una «*sauterie*» organizada por el secretario de la Legación Americana. Cerrando los ojos percibía, palpitantes y estremecidos, los contornos esbeltos del cuerpo de la joven, echado atrás el busto con una flexibilidad pasmosa, en tanto que su elegantísimo traje negro ceñía, duras y perfectas como las de una estatua, aquellas sus formas adoradas. Y hasta el detalle de cómo daba el paso, con el vestido ligeramente arremangado, al compás tan cortante de la música, reavivaba ciertas sensaciones adormecidas en su retina. Experimentaba la nostalgia íntima de aquella mujer, la tenía demasiado prendida de su alma, pegada a su carne, a sus ojos, a su imaginación, a sus deseos. Era como la sensación de codicia en el avaro, al ver montones de oro que no son suyos, algo que le agarraba y le atenaceaba todo entero, sin soltarle, encendiéndole ardores en la sangre. Y tenía de tal modo la obsesión de sus apetitos no satisfechos y de sus recuerdos, que se sorprendía deseando prolongar esa vida permanente de ensueño, o irritado cuando alguien le interrumpía al acercarse a hablarle.

Mas la vista de esa línea negra de playa chilena vino a traerle también otros recuerdos que le removieron en lo más hondo: el de Irene y el de Pepe, sus dos niños. ¡Cómo habrían crecido en el espacio de aquellos ocho meses que no los veía! Irene tenía el cabello castaño y sedoso, los ojos azules, sombreados por pestañas largas y crespas. Será, con el tiempo, una belleza fina, pensaba para sí Ángel, y tendrá sello de raza, de elegancia delicada. Sus ojos ingenuos y grandes tenían mirar de tal manera irresistibles que hacía cuanto le daba la gana con sus padres. Ángel experimentaba, con esto, un placer de vanidad. ¡Y cómo habría crecido y cambiado, Santo Dios! Los niños, en unos cuantos meses, ya son otros. Pepe tal vez habría entrado al *Kindergarten*, a pesar de que él hubiera preferido siguiera en la casa con el aya inglesa, para que se perfeccionara en el aprendizaje de idiomas...

La costa crecía por momentos, las moles que se avanzan en el mar hacían palpitar el corazón de los viajeros con la sensación cariñosa de la tierra de Chile, tan ardorosamente despertada después de cada ausencia. El movimiento de la hélice era ya más lento y los grupos de viajeros se agitaban con animación peculiar. Los botes fleteros comenzaban a merodear en torno del vapor, en tanto que se acercaba, en el suyo, el capitán de puerto. ¡Ah!, con qué júbilo vio Ángel que le saludaba el clérigo Correa, pañuelo en mano. El corazón le palpitó pensando en la familia, en sus hijos pequeños, en las promesas de este encuentro. Luego se abrazaron y sintió Ángel que lágrimas acudían a sus ojos. —Picaronazo..., hijo pródigo..., ven para que te abrace... —le decía el sacerdote en tono efusivo—. *Pax multa*... ahora, más que nunca, soy mensajero de paz...

—¿Y los niños? —preguntó ansiosamente Ángel; era el grito que se le iba del alma.

—Están bien; Irene le manda muchos besos, a su papá, y Pepe me ha dado, para que te lo regale... un programa del Circo Frank Brown... ¡Ja!, ¡ja!, ¡ja!...

El buen sacerdote reía con risa llena, beata, que le sacudía todo entero, satisfecho con el éxito de su acción social y saboreando, de antemano, su misión conciliadora y el gusto que daría al joven.

—¿Y no me preguntas por Gabriela? —agregó— ¡Ah! es que no te atreves, porque todavía te remuerde la conciencia..., bueno..., pues tienes por mujer una santa, hijo mío, un ángel del cielo siempre inclinado a todo lo noble. Bien sabe Dios cuánto ha sufrido, la pobre, y eso te probará la sinceridad de su cariño, pero te perdona de todo corazón...

Mientras el clérigo pronunciaba estas palabras, Ángel experimentaba la sensación rara, muy rara, de aquel a quien hablaran de cosas desvanecidas, muertas, ya viejas, sumidas en una distancia inconmensurable. Si palpitaba su corazón al recuerdo de los niños, en cambio Gabriela no le decía nada, no le removía, como si hubieran trascurrido cien años entre ellos. Ni siquiera comprendía eso del perdón de que le hablaba el señor Correa. ¿Le perdonaba? ¿Y qué tenía que perdonarle sino una aventura de aquellas más corrientes y vulgares, una historia insignificante de aquellas jamás tomadas en cuenta entre la gente de mundo? Y como no le remordía la conciencia, parecíale un poco teatral aquello del perdón, y un sí es no es afectado y ridículo aquello de enviarle un clérigo a Lota para darle cuenta de aquel suceso trascendental. Tampoco veía en eso motivos para considerarla como santa. Ángel se valía de tan insignificantes menudencias para formular cargos interiores a Gabriela, pues, por una dura ley psicológica, el mal hecho a otro suele ser causa de odiosidades para con el ofendido.

Mientras tanto, el clérigo Correa, con acento de unción sacerdotal y soltura de hombre experimentado, le refirió cuántas dificultades había sido preciso vencer con Gabriela. Al principio, casi «se lo habían comido vivo en la casa», desde la propia miseá Benigna, que le proclamaba un pájaro de cuenta y pícaro redomado. Luego todos los Sandoval, con primos y parientes hasta el cuarto grado, emprendieron campaña en contra de la familia Heredia y en particular de Ángel. No había delito ni picardía de que no se les acusara; salieron a relucir hasta los negocios de los abuelos y los manejos de los Heredia, «esos godos redomados y sinvergüenzas» en contra de los «patriotas» en la época de la revolución americana de 1810: una de las abuelas Heredia había sido tan cruel que hacía azotar a las esclavas cuando le perdían un pañuelo. Aquello era de morirse de risa... Pero él, en su carácter de sacerdote, había tranquilizado los ánimos... Vamos, era menester indulgencia con los pecados de los hombres, como la tuvo nuestro Señor Jesucristo... Al fin y al cabo, la misma doña Benigna había presenciado muchas cosas en sus mocedades... Entre los hombres, ese género de faltas, si bien graves, muy graves, él no lo disimulaba, era cosa corriente...

La voz de bronce del clérigo Correa resonaba con metal agradable, uniendo al prestigio del sacerdote los atractivos de la educación y de maneras finas, convirtiendo la religión dura y amarga de los pobres en una doctrina elegante, confortable, aristocrática y de buen tono, arreglada a las costumbres y preocupaciones de sociedad. Las mujeres le llevaban al confesonario sus penas y sus miserias íntimas, sus caídas y sus desengaños; él sabía tratarlas con la suavidad del cirujano que aplica a tiempo los anestésicos y sabe proceder sin violencias ni escándalos en los casos morales apretados, dando consejos preciosos, suministrando distingos escolásticos, mediante los cuales se evita el ruido muchas veces y se salva la paz de la familia. ¡Cómo sabía insinuar, al oído, esas palabras que reconfortaban en sus ideales a las mujeres desconocidas de sus maridos, próximas a rodar por la pendiente! Y junto con esto, penetraba en los hogares de buen tono, con sus medias de seda y sus zapatos con hebilla, y el aire aristocrático de hombre de pergaminos auténticos, cara sonrosada, y sonrisa afable.

«Sin necesidad de recurrir al canto ni a la música, como Orfeo —agregaba—, he conseguido el triunfo de domesticar a las fieras, hijo. Bien dicen que más vale maña que fuerza. Si escucharas a miseá Benigna, creerías oír hablar a otra persona. Tú eres simplemente un muchacho alocado pero de buen fondo, como que perteneces a familia hidalga: «todo puede esperarse del que nace caballero al contrario del "*siútico*", que ha de bajar a la tumba eternamente de "cursi", aun cuando vaya sobre un asno cargado de oro». Tu tío, el Ilustrísimo señor Obispo de Sartoria, es un santo varón, a quien doña Benigna pone por los cuernos de la Luna. ¡Y qué decir de la belleza de tus hermanas! No hay mujeres más lindas en Chile... Magda, en los primeros tiempos, te llamaba «el penúltimo de los pícaros», y cuando le preguntaban por qué no el último, respondía que «era para no desalentar a los demás». Ahora te trata de «picarón buen mozo que olvida, de cuando en cuando, el noveno mandamiento». Ahora todo ha cambiado...»

El sacerdote, satisfecho con su triunfo, encendía un cigarro puro lenta y beatamente, gozando a cada bocanada con aire de conocedor en tabacos. «Están dados, en esa casa, Angelito, —le decía palmoteándole el hombro—, y Gabriela te espera con los brazos abiertos. El consejo que te di fue sabio, no hay como la ausencia para domesticar los espíritus rebeldes. No se puede ser por mucho tiempo culpable a cuatro mil leguas de distancia. Hasta Dreyfus volvió de la Isla del Diablo convertido en víctima propiciatoria». El señor Correa sonreía con aire de iniciado en los misterios del corazón.

Ángel, paseándose por el puente, meditaba, hondamente preocupado por el problema de su nueva existencia que solo ahora se presentaba a sus ojos en su positiva realidad. Era preciso decir adiós para siempre a los nuevos ensueños de su vida, olvidar a la hermosísima niña que realizaba sus ideales, sus deseos, sus más íntimas aspiraciones, que correspondía a la carne de su carne, al ser de su ser, que comprendía la vida como él la comprendía. Durante su existencia entera había vagado de desengaño en desengaño. Se había casado creyendo amar a una mujer, encontrándose en el hogar con otra muy distinta, en medio de un continuo andar entre miserias, pequeñeces, choques, contradicciones de carácter, cuestiones de dinero, exigencias y fracasos de negocios. El solo recuerdo de aquellos años pasados ponía en su sonrisa pliegues de amargura. Y cuando pensaba que por fin había divisado, muy lejos, el ideal de mujer, el retoño de los árboles marchitos, en una joven de hermosura tan espléndida, con su aureola de lujo de millonaria, los goces de vida y la situación que procura la inmensa fortuna, allí a la mano, sin más trabajo que inclinarse a esa mujer de la cual se sentía tan amado, tan locamente adorado... Y en vez de caer en sus brazos para siempre, debía cerrar los ojos y abandonarla. Leyes sociales implacables habían establecido el matrimonio indisoluble, como cadena que no se podía cortar hasta la muerte. Preocupaciones religiosas y sociales de la raza española en América encerraban la vida del hombre en marco de hierro con púas; si, por desgracia, al casarse, llegaba a equivocarse, como a él le acontecía; si una incompatibilidad absoluta de caracteres le hacía imposible de llevar la existencia del matrimonio; o si, como en otros casos, sobrevenía el adulterio, la ley prohibía al hombre rehacer su existencia legalmente: solo permitía la felicidad fuera de su orden convencional, descargando todo el peso de una sanción social abrumadora sobre seres que no tenían más delito que el de amarse y el de comprenderse fuera de un matrimonio que les estaba prohibido por la organización social existente. Al querer renunciar a todo ensueño, a toda esperanza, sintiendo aún la mordedura sensual del deseo hasta desfallecerse en él, con el alma llena de Nelly, que era suya, a quien adoraba, de quien se sentía comprendido, sentía un desgarramiento de sus entrañas parecido al de la mujer que pierde un hijo. ¡Ah!, no, no podría resignarse jamás a esa nueva situación de intimidad forzada con una mujer que ya no amaba y tan lejos de la otra. Gabriela despertaba en él ese horror de las imposiciones, de la fuerza que oprime, del deber practicado contra la propia voluntad, cuando el sentido crítico ya le ha barrenado por su base. Y sentía dentro de sí una sublevación creciente, rugir contenido, ansia de clamar: «Todo eso es una mentira impuesta por la fuerza en contra de la razón y del sentimiento. Mi espíritu es libre y ustedes no pueden encadenarlo. Ustedes condenan esos arrendamientos de predios rústicos por cien años; ustedes defienden al menor hasta en sus bienes; ustedes dieron libertad a los esclavos, prohibiendo que un hombre fuera siervo de otro hombre, y le concedieron derechos políticos a ese esclavo; pero a un hombre, a quien llaman libre, no le permiten ordenar su vida legalmente conforme a su corazón. Y si aquel ser humano ha cometido error, en un solo momento de su vida, al casarse, y con mujer cuyos defectos y vacíos intencionalmente le ocultaban, presentándola bajo el disfraz social de fiesta en horas de expansión y de alegría, prohibiéndole toda intimidad y toda libertad anteriores como contrarias al orden regular, porque "eso no debía ser así", porque no era costumbre, ese error ya no tiene más remedio que el descanso de la tumba. El divorcio sería contrario a las leyes chilenas y a los hábitos y preceptos religiosos de la Iglesia dominante». Por primera vez en su vida, al contemplar su propio caso, pensaba Ángel en que millares de seres humanos quedaban sometidos al mismo yugo y aplastados por una misma cadena. Siguiendo reglas características del hombre, solo en su experiencia personal comenzaba a conocer la ola de miseria humana que bullía en torno suyo, entre sollozos de tantos seres y lágrimas calladas de tantos otros. Y comprendía un abismo desesperante, círculo del infierno, oculto a los ojos del mundo por las leyes del propio decoro, en el cual hombres y mujeres se revolvían sin hallar consuelo, ni encontrar alivio sino pisoteando leyes del derecho humano y preceptos del credo religioso en un mar de fango, con la señal de los réprobos y la marca de fuego de la infamia. El mundo era implacable, sin tregua ni perdón, y, sin embargo, Cristo había dicho a Magdalena, la pecadora: «Mucho te será perdonado, porque has amado mucho...»; y a la mujer adúltera: «Que te arroje la primera piedra aquel que no haya pecado...»

En esto iba el pensamiento secreto de Ángel, cuando la voz del señor Correa le interrumpió con inflexiones cariñosas e insinuantes de hombre de experiencia; le trataba como a niño a quien había conocido de chico, por ser íntimo de la familia. Ahora tocaba el capítulo de las confidencias sociales y mundanas. Los negocios habían entrado, en Chile, por período de crisis: «Qué quiere usted, amigo mío, hemos abusado tanto del crédito, formando sociedades sin base ni seriedad. ¿Creerá usted que su concuñado Emilio Sanders, el marido de Magda, está de director de la "Sociedad de adoquines de aire comprimido"? Julito Ahumada es gerente de la "Sociedad de pompas fúnebres"... Mire que formar sociedad para enterrar a los muertos, es ya un colmo... Se explota, en comunidades, minerales que solo existen allá en la mente de Dios. Naturalmente, con tantos y tantos millones invertidos en esa forma, padecen hasta las sociedades serias y honorables. Las quiebras están a la orden del día. Se cuentan detalles encantadores... El marido de Julia Fernández se ha presentado definitivamente en quiebra, con cesión de bienes; la pobre Julia está desesperada. "¿Cómo podré vivir con dos mil pesos mensuales?" me decía. "Es imposible; apenas me alcanzará para la plaza"». El presbítero Correa continuaba en el mismo tono de charla mundana, para penetrar más fácilmente en el espíritu de Ángel, acostumbrado como estaba a insinuarse agradablemente en el alma de sus fieles de tono.

Resonaban sus pasos sobre el piso del buque, en el silencio y la tranquilidad que sucedieron a los afiebrados instantes de llegada, cuando todos querían bajar a tierra. Los ojos de Ángel se dirigían maquinalmente a las chimeneas rojas de las máquinas, a los grandes tubos blancos, en forma de cuernos, de los ventiladores, al mar apacible y azul, a las colinas verdes y boscosas de los jardines de Lota suspendidos junto al mar. Escuchaba maquinalmente, por respeto al clérigo Correa, pues aquella charla, que tantos agrados le causaban en otro tiempo, no correspondía al nuevo estado de su espíritu, sorprendiéndole su insubstancialidad y futileza, por primera vez, como algo extraño y nuevo.

Entre tanto, involuntariamente proseguía su monólogo interior, escuchándole como a un eco lejano, casi sin oírle, aferrándose a la ilación interior de su propio pensamiento. De súbito el sacerdote habla con fuerza del matrimonio. El clérigo, íntimo amigo de su familia, encarnaba las tradiciones de la iglesia, arregladas, en lo exterior, al mundo moderno, al gusto de los fieles, al buen tono de moda, presentándolas como fáciles y agradables hasta en los actos más austeros y graves. Las formas no podían ser más amenas, y desprovistas de toda rudeza y amarga asperidad, pero, en el fondo, era el mismo dogma inflexible predicando la unidad eterna del matrimonio, cualquiera que fuesen los factores personales o accidentes de la vida. Era que la Iglesia partía del libre arbitrio absoluto de los contrayentes, de la creencia ilimitada en una libertad del alma, dentro de la cual, cada uno podía trazarse la propia vida y hacer lo que creyera conveniente, refrenando sus pasiones, venciendo sus propios apetitos secretos, sus instintos oscuros, y dominarse, imponiendo, por medio de la libertad moral, un rumbo a su vida. Y Ángel, creyente convencido y sincero, católico por tradiciones y educación, criado en esas ideas desde los Jesuitas, veía nacer, en forma oscura, en las interioridades de su alma, una protesta inconsciente en contra de ese concepto de la vida y de esas imposiciones del dogma. ¡Ah!, su propia existencia le probaba todo lo contrario; esa libertad no existía sino en parte. ¿Acaso él mismo no había sido juguete de las circunstancias, del medio, de su temperamento? ¡Acaso no había hecho todo género de esfuerzos estériles para mantener la unidad en su matrimonio, la paz tan solo? Siempre quedaban, irreductibles, su personalidad y la de Gabriela, sin que les fuera posible entenderse, ahora menos que nunca, y sin que bastase el cariño de los hijos para unirles, desde que existía, separándoles, algo, lejano materialmente, pero próximo y vibrante dentro de sí. Un desfallecimiento moral, la conciencia de la inutilidad de sus esfuerzos al entrar, de nuevo, a la vida conyugal, le sobrecogió con claridad pasmosa. Precisamente, en esos instantes, llegaban a sus oídos estas palabras del sacerdote, y sus ojos, velados por una nube de distracción, se fijaron sobre él, con singular fijeza:

«La Iglesia, hijo mío, al bendecir vuestro matrimonio, ha previsto así mismo el caso de rudas pruebas, del desacuerdo en los caracteres, tales cosas, que la vida en común se hiciera imposible, autorizando en esos casos la separación, pero nada más que la separación, pues el Evangelio establece la continuidad moral del matrimonio y prohíbe las segundas nupcias en vida de los cónyuges. El carácter de sacramento impone al matrimonio un sello solemne de eternidad. La separación te dejaría en un estado incierto, incompleto, ese no es el estado normal del hombre; quedarías expuesto a tentaciones rudas y tal vez desastrosas. ¿Cuál sería tu existencia si por fragilidad humana llegaras a enamorarte de otra mujer? Si fuera casada, te revolverías en el fango de vida culpable y peligrosa, llena de sinsabores y de remordimientos; si soltera, la religión y la ley te impedirían contraer otras nupcias, vivirías como réprobo, con una marca de fuego en la frente, y con las ansias del deseo no satisfecho, de la aspiración inconfesable, royéndote las entrañas, devorándote, alimentándose de tu sangre y de tu alma como los vampiros...»

Ángel estaba muy pálido, y un estremecimiento imperceptible le sacudía el labio inferior. El sacerdote, sin advertirlo, en el calor de la improvisación que le arrastraba, prosiguió: «Sí, hijo mío, ha sido una gran ventura para ti ésta que ha producido la crisis, sacándote de situación incierta y falsa para traerte de nuevo al buen camino de la vida conyugal franca y sin equívocos, honrada y tranquila. Vivirás junto con tu mujer, que es buena, y en compañía de tus hijos, a quienes adoras, y eso lo sé yo de muy buena tinta, pues he leído las colecciones de tarjetas postales que les enviabas de todas partes del mundo, llenas de ternura y de palabras gentiles. No podrías vivir lejos de ellos. La voluntad humana es poderosa y omnipotente para la virtud y el bien, mediante la gracia divina. Tu alma es libre..., encamínala a vencer las resistencias del orgullo, y bendice al cielo que tan excesivamente pródigo de bondades se ha mostrado contigo. Gabriela te espera con los brazos abiertos, después de perdonarte, y podrás rehacer la vida de modo serio. Quiere apartarte de la Bolsa y de los negocios; han arreglado con la Benigna que te vayas a trabajar al campo, arrendándole su fundo. Esa vida de actividad, de levantarse temprano, trabajar todo el día en la vigilancia de las faenas, de la lechería, de la viña, te hará bien considerable para la salud del cuerpo y acaso para la del alma. La ociosidad, hijo mío, es madre de todos los vicios...»

El clérigo le habló largamente de Gabriela, de su piedad... Se confesaba los sábados y comulgaba los domingos, a pesar de que, según creía, debía hallarse en duros aprietos para descubrirse pecados siendo, como era, mujer excepcionalmente virtuosa. «¡Ah!, si todas las señoras de Santiago fueran como Gabriela, seríamos el primer país del mundo, porque la virtud, la mansedumbre y la fortaleza de las mujeres hace a los pueblos grandes.»

Ángel le escuchaba en silencio contemplándole, y, cosa inexplicable, habiendo visto un hilo blanco sobre el cuello de su sotana, experimentó una comezón nerviosa de quitárselo, pero no se atrevía a interrumpirle en medio de su disertación sobre la virtud de las mujeres. Y luego notó lo cómico del incidente, mientras su alma permanecía siempre grave.

El señor Correa tomó el vapor para volverse, por mar, a Valparaíso. Quería penetrar al fondo del joven, dominarle, prepararle para la nueva existencia, madurarle con observaciones. La obra de regeneración debía ser completa, ayudándole a rehacer su vida leal y honradamente dentro de los preceptos cristianos y de los cánones de la Iglesia. Se evitaba, con esto, grave escándalo entre dos familias conocidas que habían prestado, en muchas ocasiones, su apoyo social y político a la Iglesia en medio de las tribulaciones a que la habían sometido los Gobiernos liberales. Experimentaba, con esto, el placer, un tanto orgulloso, de sentir en su mano la acción social de la misma Iglesia.

II

Numerosas personas esperaban, paseándose por los andenes, la llegada del expreso nocturno de Valparaíso. Las hermanas casadas de Ángel Heredia, vestidas de negro por luto reciente, formaban un grupo compacto, elegante, con sombreros de moda cuyas plumas oscilaban. Gabriela, Magda con su marido y varios íntimos, formaban otro grupo, en medio del cual accionaba el «Senador» Peñalver con el aire satisfecho y altivo de un Jefe de Estado. Había concluido por tomar a lo serio el título de Senador, dado en noche de alegre cena por los compañeros de fiesta.

Luego se incorporaron al grupo dos jóvenes a quienes saludó con cierto aire de condescendencia protectora, dándoles un par de dedos de la mano izquierda. Las mujeres cambiaban sonrisas y se miraban, mutuamente, sombreros y trajes con ojo de crítico. Al parecer reinaba entre ellas la mejor armonía. En uno de los grupos femeninos se comentaba el matrimonio del joven Hernández con Manuelita Vásquez, a quien una tía suya acababa de legar cien mil pesos al morir.

—La tomó de *placé* y le salió *ganador* —exclamaba Emilio Sanders, con su lenguaje hípico, celebrándose a sí mismo con gran carcajada. Y recordando sus aficiones, agregó con voz sonora—: A propósito, voy a darles una mala noticia. *Sun-dial* está con una pata enferma de reumatismo y tal vez no corra en la próxima temporada...

Era de oír el lenguaje de sentido pésame con que participaba a sus amigos la infausta nueva; acaso no hubiera experimentado ninguno de ellos mayor sentimiento por la muerte de una hermana.

Los focos eléctricos iluminaban *a giorno* el vasto recinto de la Estación Central con su elevado techo y las líneas de rieles, de reflejos opacos. Las carretillas con equipaje pasaban corriendo por los andenes desiertos. El pito de alguna sirena se hacía oír a lo lejos, o vibraba el toque acompasado de la campana de alguna máquina remolcadora que volvía al recinto. En el andén central aumentaba el núcleo elegante a la espera de diversos viajeros que regresaban de Europa. La luz eléctrica les daba un tono pálido, uniforme, a esos grupos, vestidos con las modas del último vapor, nerviosos, refinados, sedientos de diversiones, que sentían chico, para sus placeres, el escenario de la vida santiaguina con sus carreras, su ópera, sus comidas y una que otra tertulia. Más de una de las primas de Gabriela o de las parientas de Ángel acudía con la esperanza de ver algo nuevo en la entrevista de las Heredia con las Sandoval en los andenes, pero habían perdido su tiempo. Gabriela había saludado cariñosamente a sus cuñadas, para juntarse enseguida con Magda. Allí estaban también Marta Liniers y Olga Sánchez, Julio Menéndez y Javier Aguirre. Leopoldo Ruiz se acercó a Gabriela.

Un velo de melancolía había caído sobre ella, avejentándola con arrugas precoces que daban a su boca pliegue de cansancio y de hastío, difícil de ocultar, como si las tempestades de la vida, al pasar, le hubieran impreso marca indeleble. Sentía, en sí, la vida errada, equivocación de impulsos de amor que la habían conducido al matrimonio, y como un remordimiento, recordaba la resistencia de su padre, a quien ese matrimonio disgustaba. Parecíale que sus desgracias y sus contratiempos conyugales eran el castigo merecido de una desobediencia a la voluntad del muerto, y aceptaba los dolores de su vida como reparación necesaria. Era, en el fondo, una excelente mujer, de alma sana y pura, cumplidora de sus deberes, preocupada constantemente de sus hijos, a quienes idolatraba. Se veía arrastrada a pesar suyo, muchas veces, por el anhelo de paseo de Magda. El contraste entre ambas hermanas era profundo y visible. Magda, alegre, ligera, alocada, lo consideraba todo en la vida desde el punto de vista de la diversión, sin atribuir importancia a las cosas, ni preocuparse del qué dirán; Gabriela, de fondo grave y serio, miraba la vida meditándola y pesándola. Magda era, por excelencia, nacida para el mundo y el mundo su elemento. Desde el colegio soñaba con él, al divisar a las mujeres elegantes que iban al parque en coche descubierto, al oír la crónica de los escándalos santiaguinos que desde la infancia conocía de memoria, en la época en que otras muchachas aprendían el catecismo. Vanard y el senador Peñalver, viéndola de vestido corto, no vacilaban en contar, delante de ella, las anécdotas más escabrosas, los detalles del último baile y de la comida de bulla, y así sabía que tal viejo santurrón muy respetable, senador y ministro, se alegraba demasiado en las fiestas, cerrándose a abrazos con las señoras, y no ignoraba quién hacía la corte a quién dentro de las exterioridades respetables de la vida de buen tono. Al casarse con Emilio Sanders, no iba enamorada

Magda, sino resuelta a unirse con una posición social y pecuniaria, con el *sportman* conocido, con el hombre elegante cuyo nombre sonaba en todas las fiestas, con la familia rica y hasta con el monóculo que formaba un todo inseparable con él. El palco en el teatro, el coche propio, los brillantes, las invitaciones, las amistades mundanas cultivadas asiduamente, los trajes de afamadas modistas llenaban lo mejor de su existencia. Para ella, el día más grande era aquel en que estrenaba un vestido nuevo «que le llenara el gusto» en alguna fiesta en donde pudieran admirarlo, viéndose cortejada por los hombres, perseguida de miradas incendiarias, notando que despertaba deseos y apetitos de concupiscencia, y al mismo tiempo sintiéndose fría como el mármol. Esa era, para Magda, la suprema dicha. «Mira, tonto, solía decirle a su marido, me tomaste *placé* y te he salido *ganador*... y todavía te quejas de la cuenta de Lejour... Dime, hombre de monóculo y sin entrañas, si yo fuera cocota, ¿cuánto no gastarías en mí?» Solía Magda tener salidas de ese género, muy celebradas de los hombres. Era lo único *suyo*; por lo demás, sus ideas, sus juicios, su estilo, su manera de expresar los sentimientos los tomaba del círculo en el cual vivía, entre casadas jóvenes de tono, entre las «gallinas finas» del Club Hípico, y las del *five-o'clock* de Olga Sánchez..., entre las que hablaban la mitad en francés... *cela va sans dire*... Magda vivía esclava de la moda, consagrando lo mejor de su existencia al culto de la elegancia no siempre de buen tono. Asistía a la Iglesia los domingos, en actitud irreprochable, pero a la misa de moda, en compañía de Marta Liniers, de Nina Oyanguren, de Olga Sánchez, de Julia Fernández, a prosternarse a los pies de un Redentor de buen tono, en cuyo templo solía predicar el señor Correa. ¡Y qué noches de triunfo las suyas al presentarse en su palco de la ópera, vestida de lila, con traje de Rédfern, en compañía de Gabriela, sintiendo sobre sí los anteojos de los hombres, las miradas de las mujeres, y saber que éstas hablaban de ella, mal por supuesto, pero llenas de una admiración envidiosa que no podían ocultar.

Ahora, vestida de claro, con el alto cuello de garza ceñido de encajes y su talle esbelto conservado como si fuese soltera, la falda de seda recogida con la mano izquierda mientras la derecha se extendía visiblemente y en actitud dominadora sobre el puño de oro del bastón de su marido, Magda reinaba en su grupo elegante, reunido allí por la feliz llegada de viajeros.

En cambio, Gabriela estaba triste, profundamente triste y hermosa. Sus cabellos rubios, con el peinado de moda, le formaban uno como casco de oro veneciano, bajo el cual tomaba su frente un tono de alabastro en donde se diseñaban ligeros surcos, dándole ese tono especial de los árboles cuando comienzan a caer las hojas, en otoño. Sus ojos grandes, rasgados, circundados de una tibia penumbra azul, brillaban con casto fulgor opaco; su boca, de expresión bondadosa, entreabierta, dejaba relucir, por lo limpio del esmalte, dos filas de menudos dientes, entre unos labios teñidos de rosa descolorida. Algo incierto, algo inquieto palpitaba en su persona toda, de color anémica y como marchita, de una albura de lirio en conservatorio, de flor enferma. Hubiera querido borrar el sello de melancolía en ese momento, aparecer feliz y radiante como Magda, pero su naturaleza la dominaba. No pertenecía Gabriela a ese género de mujeres que se consuelan de ser desgraciadas por cierto placer que hallan en parecerlo. Era naturaleza también espontánea, como la de Magda, pero en sentido grave. Otra ráfaga de drama, de extraño e inesperado drama, había cruzado también por su vida, sin que lo sospechara el mundo, de manera callada, casi invisible, solo percibida por unos pocos. En su abandono había visto surgir, junto a sí, otro cariño. Aún lo recordaba como si fuera ayer. Acababa de partir a Europa su marido, cuando los médicos le recetaron una temporada en los baños de Cauquenes, para la salud de los niños algo quebrantada. Allí se había encontrado en compañía de su prima, Pepita Albareda, casada desde hacía un año con Leopoldo Ruiz. Era matrimonio dichoso; tenían ya un niño y se querían tiernamente. Las dos primas se llevaban juntas el día entero, caminando por las quebradas, andando a pie, en todas direcciones, para contemplar los panoramas fantásticos de la Cordillera y del valle y hacerse mutuamente confidencias. Sentíase Pepita completamente feliz con el cariño de su marido, siempre atento a sus deseos, pendiente de ella, generoso y franco, de buen humor, con tono campechano de «huaso». «Con Leopoldo no se pasan penas», decía. Y así era, Gabriela no podía dejar de sentir envidia al ver la suerte de su prima que ni era bonita, ni tenía fortuna; y recordaba también, aun cuando sin darlo a entender, los tiempos en que Leopoldo le hacía la corte. Ella no había podido quererlo, y eso no era culpa suya, pero el amor callado del joven la había perseguido por espacio de largo tiempo, como una sombra, por bailes, por paseos, en visitas, en el campo, en kermeses de caridad, enviándole flores todas las mañanas, y cajas de confites y libros. Eso todo Santiago lo sabía, pues habían sido unas calabazas muy ruidosas. Durante los años tan largos de su matrimonio, Gabriela se había ido alejando de sus amistades antiguas y le había perdido de vista. Ahora le tenía de primo, le veía jugar cariñosamente con sus hijos Irene y Pepito, llevarles a correr, cuidándoles como si fueran propios, encargándoles dulces y juguetes a Santiago. Le inspiraba tanta compasión el estado de aquel matrimonio roto y de aquellos niños casi abandonados... Gabriela, en lo íntimo de su ser, comprendía la delicadeza de semejante actitud, invadida por sentimiento de amistad tierna, sentimiento nuevo, fundado en estimación y en agradecimiento. Comprendía la actitud de una alma noble en presencia de su desgracia, el deseo de hacerle menos amarga la vida, de distraerla, de adormecer sus desengaños. Esa humanidad que solía inspirarle tanta repugnancia, vista de cerca, en sus movimientos de bestialidad y de egoísmo, se le presentaba noble y generosa, con el cariño desinteresado de un hombre a quien ella había despreciado y herido con esas heridas de vanidad que nunca se perdonan. Y qué decir de Pepita, con su viveza y su ingenio rústico y un tanto inculto que se avenía a las mil maravillas con el de Leopoldo... Era igualmente cariñosa con ella y con los niños. Ni uno ni otro le tocaron ese punto, tan delicado, de las intimidades de su matrimonio. Pero ambos comprendían la borra de amargura que llenaba su alma, la continuada decepción que le había procurado el matrimonio.

En Santiago, volvieron a verse a menudo. Pepita vivía en la calle de San Martín, a distancia relativamente corta de sus primas. Las visitaba frecuentemente, y cuando no podía ir a verlas, ellas se dirigían a buscarla, en la noche. Las tres primas iban juntas a sus compras a las tiendas, a elegir colores y géneros consultándose mutuamente en materia de modas. Y como esa era la vida de Magda, ya se comprenderá la intimidad que entre ellas reinaba y la frecuencia con que se veían. Algunas veces iban al teatro, Magda con Pepita, acompañadas de sus respectivos maridos; Gabriela se resistía a seguirlas; no quería pasear, ni exhibirse, le parecía que era viuda, que su situación especial le imponía cierto retraimiento. Insistían las otras, pero notaban en el fondo de su negativa tal tristeza, mezclada con amarguras de abandono, que sentían hasta remordimientos de divertirse. Sin embargo, solían arrastrarla a las carreras, llevarla al parque, o al fondo de un palco. Magda redoblaba su ansia de paseos; ahora se daba una disculpa a sí misma, y tenía la frase pronta en los labios. «Necesito salir para distraer un poco a la pobre Gabriela, tan desgraciada. No es posible, señor, que una mujer joven y bonita se sepulte así en vida. Hace el papel de viuda, no quiere ir a ninguna parte... Si su marido se hubiese muerto, pase, pero está bien vivito, demasiado vivo, y divirtiéndose a más y mejor por Europa..., en donde los hombres no hacen, por cierto, una vida de santos... Para qué andar con bromas... Yo le aconsejo que salga y que pasee, por eso tratamos de llevarla a todas partes...» Y en efecto, hacían lo posible por divertirla. Emilio Sanders, en compañía de Leopoldo, que era gastrónomo y muy entendido en materias culinarias, organizaban paseos de campo y comidas en la Quinta Normal que tuvieron cierta resonancia. A veces, Gabriela se vio arrastrada por el torbellino; tratada en confianza solía deponer sus exterioridades graves y se mostraba alegre, si bien no loca ni disparatada como Magda, ni con la viveza de Pepita. Las tres primas aparecían siempre juntas en todas partes, y Leopoldo, atento, cortes, dándoles gusto en cuanto se les ocurría, generoso y rumboso por naturaleza.

Sucedió lo que había fatalmente de suceder. El joven sintió renacer en su pecho el antiguo cariño, aún cuando sin atreverse a confesarlo, muy respetuoso, muy callado, sin esperanzas, aterrado de sentir ese afecto por una mujer como Gabriela, a quien admiraba y comprendía. Ella también lo adivinó, por una especie de presentimiento, queriendo retraerse de ese amor prohibido y que la rectitud de su alma rechazaba. Nacieron frialdades súbitas, y dejó de ir a casa de su prima, pero ésta se quejó y se puso a perseguirla, llamándola. ¿Cómo desairar a una persona que había sido tan buena con ella? ¿Qué motivos positivos, precisos, tenía para huir? Sintió Gabriela, dentro de sí, una lucha, y fue como en todos sus conflictos, en busca del confesor. Salió más tranquila. Aconsejábale que continuara su vida en la forma acostumbrada. ¿Qué no estaba segura de sí misma? ¡Ah!, en cuanto a eso, no abrigaba temores, se sentía dueña de sí, mujer de su hogar y de sus hijos, para quienes vivía. No tenía ni asomos de pasiones, ni alcanzaba siquiera a concebirlas. Estaba cierta de que Leopoldo no sería nunca otra cosa, sino amigo sincero, alma noble y desinteresada. Su amor no entraba en la categoría de esos otros amores que a ella le inspiraban tanta repugnancia como desprecio. El viejo sacerdote que conocía la pureza de su alma, la frialdad de su temperamento, la bondad de su carácter y de su temple, le recomendó que, en estas circunstancias delicadas, evitase despertar en su prima celos infundados que pudieran destruir la paz de un hogar.

—Usted debe continuar sus relaciones de amistad con su prima, evitando, en cuanto sea posible, el extremo de intimidad. ¿No le había hecho ninguna manifestación especial el joven? ¿No le había pronunciado palabras...? ¿No le había dado a entender alguna cosa de amor?

—Nunca, nada... ni palabras, ni actitudes que no fueran respetuosas.

—Entonces no tiene motivo de preocuparse.

Gabriela volvió a su vida ordinaria, más inquieta, más desconcertada que nunca. En el fondo de su alma sentía la opresión de aquel amor adivinado, presentido, expresado sin palabras, por estremecimientos involuntarios, por alusiones veladas, por tristezas profundas cuando ella se alejaba de él, por alegrías súbitas cuando compadecida le daba, como de limosna, alguna buena palabra. Y tenía con él actitudes y gestos crueles, frases duras e inmotivadas que sorprendieron a Magda.

—¿Qué te ha dicho algo, ese pobre, que le tratas de ese modo?»

—Nada, absolutamente nada, si es un infeliz...

Y Magda atribuía el mal humor de su hermana a la amargura natural de un ser sacudido por el infortunio, que no puede perdonar la dicha ajena.

En cambio, Leopoldo estaba siempre dispuesto a servirla en sus negocios, en pequeñas cosas relacionadas con la vida de familia, pues Emilio Sanders se ausentaba frecuentemente, con sus labores de campo. Y crecía la intimidad entre ellos, profunda y respetuosa de parte de Leopoldo, enternecida y agradecida del lado de Gabriela. Pero la joven reflexionaba...; no había nada, absolutamente nada, era verdad, mas no debía continuar así. En estas circunstancias le anunció el clérigo Correa la vuelta de su marido y le habló de perdón, de olvido, de paz, de reconstitución del hogar, de los sacrificios exigidos por los hijos. Siempre la misma cosa... Le habló, además, de las murmuraciones sociales y de los peligros que asedian en el mundo a una mujer joven y bonita, separada de su marido. ¿Por qué le decía eso? ¿Había algo en su vida que se prestara a duda? El orgullo de Gabriela se sentía herido. Lloró. Al día siguiente mandó llamar al señor Correa y quedó concertada la reconciliación. Le perdonaba su falta, la olvidaba, y le pedía que volviera; ella también necesitaba perdón de sus impaciencias, acaso de durezas involuntarias de carácter. Pero surgían algunas dificultades íntimas. Magda, con su ligereza ordinaria, había echado por todas partes sapos y culebras en contra de Ángel y de los Heredia; ahora no sabía cómo retirar cartas. En fin, todo se arregló. La familia quedaba contenta, pero cuán honda pena leía en el alma de su amigo Leopoldo, a pesar de su sonrisa, y no era la irritación del egoísmo amoroso, sino una mezcla de cariño con lástima y admiración profunda. Era que Leopoldo se sentía *por algo*, en el fondo de aquel sacrificio. El señor Correa le habló de sus hijos, precisamente en los momentos en que ella, sobresaltada, veía en el horizonte unas cosas oscuras a las cuales tenía miedo.

El silbido lejano de la locomotora hizo estremecerse a Gabriela, y su corazón palpitó de un modo tan inesperado, que la sorprendía, en el momento en que la campana y el poderoso reflector de luz anunciaba su entrada a la estación. Era que se despedía interiormente de un rápido ensueño de paz, de aquel *intermezzo*, para ella tan dulce, de amistad desinteresada, de quietud no interrumpida por las dolorosas e inevitables desavenencias de su vida conyugal, basada en un permanente desacuerdo de caracteres y de vidas.

Sobre la plataforma del Pullmann aparecía su marido con el *necessaire* en una mano y una maleta plana, de cuero, de evidente procedencia inglesa, en la otra, vestido con irreprochable traje de viajero. Su cuerpo, delgado y esbelto, lo llevaba con desenvoltura y elegancia natural de movimientos, revelada en actitudes fáciles. Sentíase, a primera vista, lo que había de notable en Ángel, el cuerpo ágil y maravillosamente conformado, en el cual la fuerza parecía resorte oculto, en vez de exhibirse en músculos enormes. Su actitud, su porte de cabeza, la línea oblicua de su frente, su mano, sus rasgos todos dejaban impresión de fuerza varonil, a la cual se unía la mirada melancólica y la sonrisa escéptica de los retratos de Byron. Pero en su mirada se notaba ahora cómo resaltaba la dureza, ahondándose, con los años y con las impresiones, ciertos rasgos apenas perceptibles antes, reveladores hoy día de las tendencias de carácter.

Detrás de unas señoras a quienes esperaba su familia, cediéndoles cortésmente el paso, descendió Ángel repartiendo saludos, sonrisas y apretones de mano; llegó rápidamente hasta Gabriela y se dieron un abrazo estrecho, apretado, efusivo, cariñoso, como en el mejor de los hogares. Las señoras esperaban este instante con impaciencia, y los amigos con curiosidad: unos y otros quedaron decepcionados al ver una escena de la vida ordinaria, sin aspavientos de mal gusto, sin ribetes de drama, tranquila y de buen tono. Eran dos esposos, momentáneamente separados por un viaje, que volvían a reunirse, y nada más.

—¡Vivan los novios! —gritó la voz de Javier Aguirre, que se acercaba dando codazos.

Y mientras el mundo apreciaba de este modo su actitud, ambos, involuntariamente, experimentaron un sentimiento raro y nuevo, que, por un curioso parecido, muy leve, de dos estados de al alma diversos en el fondo, les hacía sentirse totalmente extraños el uno al otro en ese momento. Gabriela acababa de experimentar la sensación de abrazar a otro, no a su marido, y se había sonrojado con el rosa del pudor. Ángel recordaba, involuntariamente, la sensación de los abrazos dados y recibidos sin amor, a mujeres elegantes de París. Ambos tuvieron la conciencia instantánea de ser totalmente extraños el uno al otro, y de que existía algo pasado e irreparablemente muerto entre ambos. La joven se sentía asustada, como avergonzada en presencia de aquellos ojos de llama casi negra, desprendida muy hondamente, bajo los párpados cansados y violáceos; el color moreno de su rostro y lo sombrío del cabello, daban a esas miradas relieve duro, acentuado por sonrisa irónica, en tales condiciones, que para ella despertaban sensación desagradable de dominio y de tiranía. Ángel, a su vez, dominado por su temperamento sensual, contemplaba a Gabriela con mirada rápida pero profunda, y la sentía cambiada, más gorda, más mujer. Su cuerpo esbelto de otro tiempo se había redondeado, tomando aire inesperado y nuevo de fuerza, casi viril. La belleza rubia había perdido su delicadeza virginal, y si bien los ojos, envueltos en el nimbo de su cabellera de oro, conservaban la misma expresión límpida de bondad, Ángel sentía que la mujer adorada, la Gabriela de antaño había muerto en la fuga del pasado irreparable, había desaparecido para siempre, cediendo el paso a otra, a una mujer de deber, de hogar, de virtud, a una madre de familia, pero *a otra.* Y como relámpago, vio desfilar sus ojos la imagen de Nelly, con tal fuerza de seducción y tal precisión de contornos que le maravillaron. Esa sí que era la Gabriela adorada de otro tiempo...

Los abrazos, las felicitaciones, los apretones de mano de los íntimos, le solicitaban de todas partes. Luego, aquella masa de gente se puso en movimiento, siguiendo el lento caminar de los viajeros, a quienes arrebataba el torbellino de mandaderos de gorra encarnada, de niños, de canastos, de maletas, de gente varia, arrojada incesantemente del fondo de los vagones. Magda, al abrazar a su cuñado, le pidió el obsequio de un horrible ramo de flores de Quillota que traía un sirviente: ella sabría a quien dedicárselo, no faltaría viuda, inconsolable pero con deseos de consolarse.

Por el camino Gabriela iba refiriendo a su esposo que los niños no habían venido a recibirlo porque la noche estaba fría y ellos un tanto resfriados, se habían quedado llorando. Por una especie de instinto, sentía que en ella la madre había sobrevivido a la esposa, y que en adelante el terreno de unión estaría en los niños. Ángel también lo comprendía al abrir las puertas del carruaje, cuyos faroles niquelados brillaban en la oscuridad con intensa luz. Y cuando el coche se puso en movimiento y ambos se encontraron solos, sus impresiones tomaron un relieve súbito, se aclararon, se precisaron y experimentó dentro de sí una suerte de malestar inquieto, en vez del aparato de júbilo esperado. A su mujer la sobrecogía un acceso de timidez, como si se encontrara a solas con un extraño, y su alma casta se estremeció con el horror de lo prohibido. Así marchaban en silencio, sin atreverse a interrumpirlo con una palabra, el uno al lado del otro, con el sufrimiento súbito de sentir tan palpable y tan completo el hielo que debía reinar, entre ellos, en el curso forzado de aquel matrimonio legal, repudiado con toda su fuerza por los corazones de ambos. Y fue una sensación tan inesperada en ese instante, de tal manera súbita y sobrecogedora, que Gabriela experimentaba escalofríos y se puso a recitar una oración mental, pidiendo fuerza a Dios para sostener el peso de la vida. Ángel notó que pasaba por su cerebro una idea que le horrorizaba, y la desechó con miedo. Esa idea criminal, que le hacía temblar ahora, le había sorprendido la víspera, y en otra ocasión durante el viaje, rechazándola siempre. Pero la esperaba: había presentido que volvería infaliblemente y ahora le sobrecogía de nuevo. Había deseado la muerte de Gabriela, y como sentimiento de protesta contra eso, cogió su mano y la besó ardientemente, encima del guante blanco, sintiéndola helada. Ella le dejó hacer con sorpresa, pero sin ternura, y temiendo de súbito, esas intimidades que despertaban en su alma terror invencible, la retiró rápidamente sintiendo con esto una gran confusión. Pero ambos se habían adivinado, sin hablarse; ya se conocían tanto con los dilatados años de matrimonio transcurridos y experimentaron, de nuevo, la sensación creciente del hielo que los separaba, de la falta de ternura amorosa, de la carencia de ideal que los uniera. Lloraron, en sus almas, la certidumbre inamovible ya, de ser imposible el acuerdo de amor, la unidad de espíritu que los condujo al matrimonio y se mantuvo por algún tiempo. Ahora serían los prisioneros del deber, de una institución social y religiosa cuyo más mínimo contacto les hacía saltar, como si experimentaran una quemadura en la superficie de la piel, de esa misma piel tan voluptuosamente besada por Ángel en un tiempo ya lejano, tan lejano que ni uno ni otro comprendían cómo pudo existir.

 El carruaje había salido ya del suave piso de asfalto, de la Avenida de las Delicias, para caer en el rudo y primitivo pavimento de la calle Manuel Rodríguez. A pesar de las llantas de goma de las ruedas, se veían sacudidos reciamente, con lo cual se cortó el hilo de las imaginaciones. Pocos momentos más tarde llegaban a la calle de Compañía. La casa de doña Benigna se hallaba iluminada brillantemente. El portero, vestido de gala, esperaba con cara de júbilo, en compañía de varios sirvientes; Ángel los reconoció y los saludó por sus nombres. Algo como una atmósfera de contento reinaba en la casa, por la cual iba y venia la «Tato», la vieja sirviente, contenta con la llegada del marido de su «hijita». Se notaba que todos esperaban algo, vida nueva, el término de un estado de malestar y de indecisión. Luego, llegada a la ancha galería, Gabriela dijo a su marido:

 —¿Vamos a ver a los niños? —y le notó pálido, sobresaltado, palpitante cuando penetraron a la pieza de vestirse. Ambos lo esperaban acostados, en sus catrecitos de bronce. Pepe se arrojó de la cama en camisa de dormir, exclamando:

—¡Papá!..., ¡papá! —y dando gritos con tal júbilo que Ángel sintió el alma toda removida y le estrechó apretadamente entre sus brazos. Y cuántos besos no dio a Irene, más tranquila, más callada, pero igualmente sensible, con esa sensibilidad interior y vibrante de su madre... Enseguida se volvió a Gabriela, transformado por el cariño paternal, agradeciéndole aquellas tan puras emociones de su vida, y la besó también, cerca de sus hijos. Lágrimas silenciosas rodaban por las mejillas de la joven. Ángel sentía bienestar indecible, una santa paz en aquel instante, algo tan dulce, tan íntimo, tan imborrable, que debía recordar con amarga melancolía meses después, como se llora en las horas tristes los breves momentos de dicha ya lejana. Pero se sentía mejor, más sano de alma; comprendía unos horizontes nuevos y puros, dentro del deber y de la familia. Al ver a Gabriela inclinada junto al lecho de sus hijos, con las ondas de cabellos rubios reflejando la luz en su seda, y los grandes ojos negros emocionados, recordó haberla visto muchas veces allí mismo repitiendo, en compañía de sus hijos, el bendito y las demás oraciones que les enseñaba. La monotonía sencilla y conmovedora de la voz de los niños repitiendo el rezo, repercutió nuevamente en su alma y dijo a su esposa, con voz de aspiración íntima:

—Gabriela, tú eres la paz...

Al entrar al salón se encontró Ángel con doña Benigna, recostada en su silla de enferma, esperándole como para sellar el olvido de lo pasado. Allí estaban Manuelita Vásquez, Marta Liniers y media docena de personas íntimas que habían acudido a saludar al viajero y a beber una copa de champagne por su regreso. El clérigo Correa, radiante, embromaba a las señoras y reía, como pensando interiormente: lo que ustedes ven es obra mía; sintiéndose pastor del rebaño de Cristo, pacificador de hogares. Junto con la satisfacción de su obra evangélica, experimentaba ese placer de vanidad de verse como centro de la religión elegante y de buen tono, de las ovejas con prendedores de brillantes, collares de perlas y grandes apellidos. Magda, entre tanto, rompía estrepitosamente en el piano con el *Cake-Walk* «On the Ohio».

Mientras los sirvientes circulaban por el salón con bandejas de champagne, Ángel experimentaba sensación rara, al oír los acordes de música escuchada tantas veces a bordo del transatlántico *Iliria* en compañía de otra mujer, de *Gabriela joven*, de Nelly. La música ejercía sobre su alma fascinación evocadora, de precisión cruel; levantaba imágenes, les daba carne y cuerpo, las animaba con soplo tan extraordinariamente vivo que entraban en la realidad de la existencia. Además, excitaba su sensualismo en una especie de embriaguez amorosa. Y mientras resonaban, palpitantes, los compases de música americana, la imagen de la ausente se imponía, arrastrábale, enloquecíale en desesperante nostalgia de amor. El pasado le perseguía contra su voluntad; ya no se sentía libre sino esclavo de una fuerza interior, como los hipnotizados. «Tú eres la paz», había dicho a Gabriela en un transporte sincero, junto a sus hijos a quienes miraba enternecido, y luego, casi al lado, sin quererlo, sin poderlo evitar, sentía esa evocación de la ausente que le llamaba a sí, abriéndole sus brazos enamorados, ofreciéndole su boca, esa inolvidable sensación de sus besos que todavía conservaba. ¿Era posible luchar, en tales condiciones? ¿Podía, honrada y sinceramente creer en la posibilidad de reconstruir su vida sobre las ruinas del antiguo hogar, en el templo desierto y oscuro, sin sacerdotes y sin fieles? Los compases del baile americano, briosamente tocados por Magda, resucitaban, nítida y nerviosa la imagen de Nelly, con su cuerpo de viajera, tan esbelto, alto y flexible, y su elegancia fastuosa de millonaria... Y sintió placer en cerrar los ojos para verla de nuevo, inquietante y turbadora, con la conciencia de que ya no podría apartarla de sí, sintiendo el fuego de su alma atizado por la ausencia y el deseo más vivo y cada vez más lacerante...

Cenaron todos alegremente, fuéronse los invitados, apagáronse las luces, perdiose en la noche el rumor de los coches que partían y Ángel se encaminó a la habitación preparada, junto a los niños. Contigua estaba la pieza de Gabriela. Mientras por una parte renacía en su alma con desoladora fuerza la imagen de la mujer amada, experimentaba ya la sensación de alejamiento, de separación de hecho de su mujer legítima, y eso que en otra circunstancia hubiera mortificado su orgullo, le producía ahora una suerte de bienestar como si la hubieran suprimido de su vida. Más tarde habría de recordar horrorizado ese mal sentimiento.

III

Los primeros días transcurrieron tan ocupados que Ángel no sabía darse cuenta de sí mismo, preso aún, como todos los viajeros, de la idea de movimiento. Recibía visitas, no podía salir a la calle sin toparse con amigos que le sujetaban, abrazándole. La ciudad, las calles, los edificios de Santiago le producían impresión extraña e indefinible. Sentíase viajero, eterno viajero a pesar suyo. En los primeros tiempos de su salida de Chile había sentido nostalgia del país; ahora, transcurridos apenas unos cuantos días, le crecían alas para arrancar de nuevo, viajar y perderse. Ahora el corazón se le oprimía al escuchar tanta queja y tan continuada lamentación. Los negocios emprendidos al vapor y sin estudios, cuatro años antes, habían fracasado casi todos. Varios de sus amigos quebraron, pasando de la opulencia a la miseria. Uno de ellos, antiguo hacendado, había entrado con empleo inferior, a los ferrocarriles; otro estaba de pesador de Aduana. Las Sociedades Anónimas andaban por los suelos. Y sobre todos pesaba la terrible preocupación de las deudas por pagar, de los intereses acumulados, de los plazos vencidos. En las arrugas de la frente, en el mirar apagado notaba la pesadilla de los malos negocios. Los suyos también habían ido a mal; la baja de papeles, aun de los más sólidos, reducía a una miseria la fortuna de Gabriela, y había concluido con todos sus ahorros. Notó, con terror, que había perdido ya su independencia. Las cuentas comenzaron a caer, como goteras, unas en pos de otras; eran pequeñas deudas atrasadas, de sastre, de unos caballos, cosa que ya no recordaba, pagos de médico, y, junto con esto, notó, con espanto, las cuentas de Gabriela y de los niños que eran bastante subidas. Como había bajado el valor de la moneda, ahora duplicaban sus precios. Ángel, ya inquieto, se dirigió a los bancos en busca de préstamos, y se encontró con las puertas cerradas; nadie prestaba, no había dinero. La marea de las cuentas continuaba subiendo: había recibido las de los encargos a Europa, de dieciséis mil quinientos treinta francos, es decir, cerca de veinte mil pesos, con el cambio malo del día. Gruesas gotas de sudor le empapaban la frente, mientras las preocupaciones comenzaban a herirle en el cerebro. Era angustia horrible, de no saber qué hacerse, ni a qué puerta golpear. Su padre, a quien había acudido, le había prestado diez mil pesos, refunfuñando, y echándole en cara la locura de su viaje a Europa en aquellos momentos en que dejaba su fortuna comprometida.

Y bajo el peso de preocupaciones aplastadoras y de temores que la imaginación agrandaba, exagerándoles, mostrándole ya el papel sellado de las ejecuciones y las horribles notificaciones judiciales, el embargo de muebles, el descrédito social; aplastada el alma, degradado de antemano, tenía que exhibirse en victoria, en compañía de Gabriela vestida con lujo. Era preciso sonreír, contestar saludos, atender a la gente, mostrarse amable y alegre, cuando hubiera querido arrancar y esconderse donde no le vieran.

En medio del torrente de carruajes en cuádruple fila, cerca de los jardines de la laguna del parque, los soldados de policía, con cascos negros, mantenían el orden, inmóviles en sus caballos. La inmensa cantidad de coches desfilaba al paso, con los caballos de cuello fino, los cocheros tiesos, en medio del rumor metálico de bocados, sonido de cascabeles, chasquido de fustas, ruido acompasado y sordo de enorme masa de caballos y de coches. Gabriela se inclinaba, sonriendo, para hacer observaciones a su marido que le contestaba con afectuosa cortesía, presentando a los ojos del mundo el modelo de los matrimonios unidos y perfectos, sin una sombra que los perturbe. Marta Liniers de García, en un vis a vis arrastrado por magnífico tronco de *hackneys*, les saludaba. Más atrás iban sus amigos Belmar; Magda en compañía de Manuelita, en victoria arrastrada por pareja de alazanes. Javier Aguirre, que manejaba un *tandem* les dijo una barbaridad, a lo que contestó Magda, a media voz: «Cállate burro loco...» También pasaba, en flamante carruaje, con caballos de fina sangre y *footman*, alguna gente desconocida, ricachos advenedizos de la última cosecha, con su insolencia descarada, exhibiendo lujo, deseosos de casar alguna hija con joven de buena familia, aun cuando fuese calavera descerrajado. Más allá les saludaba la baronesa de Strinberg, diciéndoles al pasar, con su ironía acostumbrada: «*Tout est pour le mieux, au meilleur des mondes possible*». (Lo mejor en el mejor de los mundos). Gabriela hizo notar a su marido el traje elegantísimo de Nina Oyanguren. Una de las hermanas de Ángel pasó con todos sus chicos en victoria admirablemente puesta. Gabriela y su marido saludaban, contestando esos gestos cariñosos que ordinariamente se dirige a los recién llegados de viaje, y se veían obligados a vivir pendientes del mundo.

Entre tanto, angustia sorda mordía el alma del joven. Las deudas, los plazos, las ejecuciones, el fin estrepitoso de una situación falsa, comenzaban a perseguirle, no ya como posibilidades, sino como cosas próximas, que habrían de realizarse fatalmente dentro de breve plazo. Y era necesario contemporizar mientras tanto, y sonreír a la gente mientras la procesión desesperante corría por dentro. El peso de las convenciones sociales le abrumaba.

Sentíase prisionero de una sociedad que se lo daba todo hecho, instituciones y modas, desde el sombrero hasta el matrimonio y que nada le toleraba que no fuera conforme con el molde, con el formulario social. Le parecía una mala comedia, ya demasiado prolongada, que torturaba su existencia.

¡Ah!, era necesario ponerle fin, tener explicaciones terminantes y claras con Gabriela, exponerle su verdadera situación y poner término a una vida que le torturaba demasiado. Si no tenían para vivir como ricos, lo harían como pobres, pero sin deudas, sin fastidios, sin ejecuciones, con la frente levantada y con dignidad. ¿Qué le importaban, al fin y al cabo, las frivolidades de los paseos? Ángel tomó una resolución, y en cuanto la hubo tomado, se sintió tranquilo, notando, con sorpresa, cierto placer en aquel movimiento de carruajes mareador, en los saludos dados y recibidos, en ver cómo las mujeres miraban el traje de Gabriela, en sentirse todavía en el centro de la elegancia santiaguina, y ese placer se acentuaba con un sabor especial, llegando hasta engañarse a sí mismo con la comedia mundana, hasta experimentar la sensación de algo permanente y firme. Era algo enteramente ilógico, pero la lógica del sentimiento suele ser rara. La vanidad produjo efecto perturbador en el alma de Ángel: ya no vio claro. Sintiose como sobrecogido por doble mareo: el físico, de ver los carruajes desfilando en interminable fila junto a él, en ronco y acompasado movimiento, y el moral, de vanidad satisfecha, al sentirse convertido en centro de miradas, de saludos cariñosos de la buena sociedad. Aquel mundo en medio del cual vivía, como el pez en su elemento, le sorprendía ahora como cosa agradable, notando en sí, con sorpresa, algo del advenedizo, del *rastaquere* tan pagados de exterioridades.

En victoria, tirada por magnífica pareja de animales de sangre pasaron Leopoldo Ruiz y su mujer, haciéndoles saludos familiares. Esto no dejó de causar extrañeza desagradable a Ángel, que jamás había cultivado relaciones de intimidad con Leopoldo Ruiz, a quien miraba de arriba abajo entre los jóvenes de su tiempo. Hasta le consideraba con cierta antipatía como a «huaso intruso».

—¿De dónde le ha bajado tanto cariño al *señor* Ruiz? —dijo a Gabriela, con retintín.

Ella se ruborizó involuntariamente con aquel tono.

—Pero si es casado con mi prima Pepa Alvareda...

Notábase altivez en su respuesta como si una bocanada de orgullo la sofocara, viendo mirar en menos a personas relacionadas con su familia. Así lo creyó Ángel. Era, sin embargo, otra cosa. Gabriela había sentido caer mano torpe y ruda sobre la amistad delicada y sentimental, sobre el apoyo que había sentido cerca de sí en horas amargas.

A la vuelta siguiente, Pepita hizo detener su carruaje al encontrarse con el de Gabriela.

—¿Cómo te va, linda, preciosa? —le dijo—. Esta noche iremos al Santiago, dan el *Cyrano de Bergerac*..., es una espléndida compañía española..., tenemos palco y pasaremos a buscarles. Irá también Magda con nosotras... No admito escusas...

La fila de carruajes que se ponía en movimiento, nuevamente, vino a cortar el diálogo. Ángel recibió la invitación con frialdad.

—Sin duda será un sacrificio para ti, que acabas de ver en París admirables compañías dramáticas —le dijo la joven—. Pero nosotros solo muy de tarde en tarde tenemos piezas del teatro moderno ejecutadas por buena compañía. Ésta es bastante regular... ¿Y como no hay otra parte mejor a donde ir? Además no es posible hacerlas perder su palco que toman precisamente para llevarme...

Ángel le dirigió una mirada aguda que la hizo bajar la vista y cubrirse de rubor, sin saber por qué, después de esas palabras tan inocentemente pronunciadas. No se atrevía a decir a su marido que durante su viaje, tanto su familia como ella, miraban el matrimonio como roto y la separación producida de hecho. Su prima quería distraerla a toda costa, y con ese motivo la invitaba. Gabriela trató de resistirse, al principio, mas luego cedió a las instancias reiteradas de su hermana Magda, y las tres primas comenzaron a figurar entre los asistentes que daban tono a las funciones de esa compañía. Ambos se callaron; mas el hecho de no explicarse estableció entre ellos hielo súbito, algo desagradable, y aún cuando sin importancia creó ligera mezcla de irritación y de tensión nerviosa, manifestado en ligero fruncimiento de la boca de Ángel y en cierto pliegue del párpado, que conocía bien.

IV

De vuelta a casa, el joven se sentía de mal humor, guardando silencio durante la comida. Cerca de las nueve, pasó a buscarlos el americano de Pepita, que se apareció al comedor, como un huracán, con su viveza acostumbrada; Leopoldo la seguía.

—Vengo a buscarte... —dijo—: ¿Por supuesto que usted nos acompaña? —agregó, dirigiéndose a Ángel, con una sonrisa—. No puedo, tengo un poco de dolor de cabeza...

—¡Cuánto lo siento!, pero eso no impedirá a Gabriela que venga con nosotras, a pasar un buen rato... No tema que los corran divorciados de nuevo... —agregó con su ligereza y falta de tacto habituales. Ángel se puso pálido; estaba seguro de que su mujer declinaría la invitación. Magda intervino en ese momento:

—Por supuesto que irá...; ¡no faltaba más!... La gente podría creer que Ángel era mal marido, tirano... y es tan buen marido... —agregó con leve acento de ironía.

—Yo no digo nada, que vaya si quiere... —contestó Ángel.

Las mujeres se miraron entre sí, y Gabriela se puso de pie, dirigiéndose, en compañía de Magda y Pepa, a sus habitaciones para ponerse el sombrero. Cedía, porque le faltaba carácter y no sabía negarse a un ruego, a pesar de que eso disgustaba a su marido; iba, sin ganas, al teatro, por bondad de corazón, para que su prima y Marcos no creyesen rota o enfriada, de súbito, esa amistad de las horas tristes, abnegada y generosa, hecha de consuelo y de afecto; pero iba descontenta consigo misma por el visible gesto de contrariedad en Ángel. Éste miró un instante, en silencio, el fondo negro de su taza de café, y luego encendió maquinalmente un cigarro habano, arrojando al techo larga bocanada de humo.

Pasó una noche bastante desagradable. Sin saber por qué padecía desasosiego nervioso que le tenía a vueltas en la cama, sin poder conciliar el sueño. Era como un malestar latente y sin causa. Sentíase aislado, en su departamento, pues Gabriela vivía en el suyo, y en el fondo del matrimonio subsistía la separación, como si ambos estuvieran solteros, situación extraña, ilógica, en la cual suelen vivir muchos hogares con algo trizado pero invisible a los ojos del mundo.

Y de repente, sintió Ángel la necesidad de pensar en Nelly, hacia quien convergieron, de súbito, las fuerzas todas de su alma. Se dirigió, en puntillas, a una de sus maletas, la abrió, cogió un pequeño envoltorio y lo llevó a su lecho. Sacó un pañuelo con riquísimos encajes de Inglaterra, sintiendo cómo se desprendía de él perfume sutil y penetrante de magnolia, tan lleno de vida, tan emanado de ella como si estuviera próxima; levantose dentro de su alma esa misma sugestión que experimentaba siempre que se hallaban juntos, unida esta vez a un ansia ardiente y sin esperanza. Luego, cuando palpó un guante blanco en el cual se conservaban amoldadas las huellas de sus dedos largos y delgados, la impresión finísima de sus coyunturas, las arrugas de la muñeca, sintió como un estremecimiento nervioso que le recorría el cuerpo. Nada más que a la simple vista del guante, ya la veía en los giros elegantes de un vals o hallando el *two-steps*, con el vestido recogido de manera que ceñía las formas adorables de su cuerpo, el talle esbelto y fino, largo, muy largo; las caderas redondeadas; la garganta delgada de la pierna, de media de seda; el pie marcando un gesto infantil que graciosamente contrastaba con aquellas sus magníficas líneas de escultura antigua; el cuello largo y flexible, el nimbo de oro de sus cabellos en los cuales resaltaban la palidez mate de su tez y el brillo de sus ojos. Parecíale ver la deliciosa languidez de su cabeza echada atrás, al bailar, y la expresión melancólicamente picante de una sonrisa en la cual se unían el escepticismo y las voluptuosidades, el amor y el hastío. Y cuando hubo colocado el retrato de Nelly sobre su mesa, le pareció al joven que entraba, de nuevo, triunfante, en su corazón, dominadora e irreemplazable, con una forma de tentación sensual desconocida y poderosa, como la realización de lo inconsciente de su propio temperamento. Al mismo tiempo se le aparecía Gabriela como acababa de encontrarla a su vuelta, con ojos de desencanto, más gorda, sin la gracia ligera de esos veinte años volados e irreemplazables, con algo pesado que contrastaba con la imagen sutil de la *otra Gabriela*, de la joven americana. El tiempo le había robado su primer amor. Ángel sintió que ya nunca más volvería a ver a esa graciosa criatura ya desvanecida, muerta, perdida muy lejos en los años. En cambio sentía de tal modo, con tan honda profundidad, cómo Nelly había penetrado en él, sobrecogiéndole y dominándole, que bastaban la forma del guante y el simple aroma de su pañuelo, para hacérsela sentir toda entera en fatiga de amor. Sentía fiebre pensando en ella, ansias del deseo, tendencias a tomar el vapor, presentarse a ella y seducirla, aun cuando para eso hubiera de abandonar a su mujer y a sus hijos para siempre, dando irreparable campanada social. En su sueño agitado la veía en todas las circunstancias, con diversos trajes, en las más variadas actitudes, sin poderse desprender de ella que le perseguía como una tentación.

Al día siguiente partieron al campo; era necesario concluir siembras de trigo y prepararse para labores de invierno. La agitación y la vigilancia del trabajo le ocupaban casi todo el día, pero llegaban las horas interminables de la oscuridad. A las seis era preciso encender luces. Leía, o trataba de leer, mientras los pensamientos se agolpaban a su cabeza llenándole de visiones que trataba de apartar en vano. Luego comenzaba la terrible soledad en compañía de Gabriela. Su mujer cosía, en silencio, ropa de niños, o bordaba, o tejía contando sus puntos. De tarde en tarde, el mayordomo, o algún sirviente, le pedía órdenes, o le daba cuenta de algún tropiezo en las faenas; de enfermedades de animales; de potreros que era menester regar u operaciones de bodega; de carretas por comprar o que pedía prestadas un vecino. Luego volvían a sentirse en soledad, los dos, más apartados que nunca.

Gabriela también sufría cruelmente, sintiendo el desacuerdo irreparable entre ambos y su vida irremediablemente rota. Ansiaba consuelo, hubiera querido llorar desesperadamente y contar sus penas íntimas, sus desengaños de esa vuelta en la cual esperaba la paz del hogar. ¿Pero a quién podría abrir el fondo de su ser? ¿A su madre, enferma, clavada en una silla? Habría sido imponerla sufrimiento cruel, dolor inútil en sus últimos días. ¿A Magda, su hermana? Era bondadosa, pero tan indiscreta; de seguro pondría el grito en el cielo, se lo contaría todo a su marido, produciendo un verdadero escándalo. Por otra parte, cuando una mujer se ha casado pasando por sobre la voluntad de sus padres, no tiene derecho de quejarse, imponiéndoles nuevos sufrimientos por algo que quisieron evitar en tiempo y que no pudieron; una imposición de orgullo le sellaba los labios. En cambio, en su sacrificio veía la tranquilidad futura de sus hijos. Se educarían en medio del hogar, entre su padre y su madre, de la mejor manera posible.

Irene saldría a sociedad, más tarde, y tal vez sería feliz, casándose con hombre bueno y tranquilo. Si ella se hubiera separado, ¿cuál sería la posición de su hija? A los hombres no les gustan las casas donde hay drama, se decía; acaso estaría yo mejor, personalmente, pero sacrificando el porvenir de mi hija. Y callaba sus lágrimas. Ese mismo silencio, esa acusación muda y permanente, desesperaban al marido, irritando sus nervios, por lo cual hacía estallar su descontento con cualquier pretexto, y a veces sin causa: en el fondo había siempre lo mismo.

Un día principió a recibir cartas de las principales tiendas de Santiago. Cobrábanle cuentas de su mujer, gastos varios, inconsideradamente hechos. Gabriela se creía rica, y juzgaba inagotable su fortuna, pues nunca, de soltera, hicieron objeciones a sus gastos. Pero su padre, a quien irritaban profundamente, como degradándole, esas cuestiones mezquinas de dinero, había contraído deudas considerables que acumulaban intereses.

La liquidación de la fortuna de don Leonidas Sandoval se había llevado a cabo con grandes dificultades. Vendiéronse propiedades, pagáronse deudas, gravose nuevamente la casa de Santiago y el fundo. Pero no podía Gabriela seguir con los gastos de otro tiempo. Ángel recibía diariamente nuevas cuentas que se iban acumulando. ¿Con qué las pagaría? Al llegar se había encontrado con la baja de todos los valores por la crisis iniciada en 1906, a raíz del matrimonio. La dote de Gabriela se hallaba reducida a una miseria, dado el valor actual de los papeles: Ángel sintió la necesidad de poner término a una situación insoportable. Resolvió hablar francamente con Gabriela.

A los dos meses de su regreso a Chile, ya se encontraba en el antiguo círculo vicioso. Un receptor vino a notificarle, por exhorto judicial, la demanda ejecutiva iniciada en Santiago, en contra suya, por uno de los grandes almacenes de novedades y artículo de lujo. La cuenta ascendía a doce mil pesos, y estaban cansados de esperar. Ángel tomó el expreso para la ciudad. Ahora maldecía el plan sistemáticamente seguido por ciertas grandes tiendas de abrir créditos. Comenzaba a conocer la terrible pesadilla de las ejecuciones; las noches de insomnio pasadas en continuas vueltas en su lecho, pensando de dónde sacaría plata; el valor de pedir dinero prestado a un amigo y de hallar la negativa junto con la excusa; el inútil golpear a las puertas de los bancos que se niegan; el ir y venir desesperadamente en todas direcciones, con el embargo encima; la idea fija de una humillación, terrible para el que no se halla acostumbrado a esa existencia. Por fin consiguió nuevo préstamo de su hermano Santiago, hecho en condiciones onerosas y comprometiendo su legítima de herencia paterna.

A la vuelta, Ángel venía caído, mustio, pensando en el terrible día de mañana, en otras deudas, en dificultades pendientes. Su imaginación las abultaba, convirtiéndolas en montaña, mostrándoselo todo negro, cerrados y sin salida alguna los caminos. Cada carta le parecía una amenaza, y rompía los sobres temblando, sin saber si al día siguiente se hallaría con alguno de esos receptores de cuello grasiento, con el paquete de escritos judiciales, en una servilleta de cuero, la mirada torva, el gesto sorpresivo. El día estaba nublado; el joven sentía sobre sus nervios, conmovidos por el insomnio, la depresión de la atmósfera húmeda, de la luz descolorida, del cielo cubierto de nubarrones. Los árboles, desnudos de hojas, tenían aspecto desolado, y hacía frío intenso. Parecíale que su alma se sumía en la penumbra angustiada de aquel día, pesado y sin aire, como si unas manos invisibles le fueran estrangulando. Por momentos deseaba que todas las ejecuciones llegaran a un tiempo, para verse libre al cabo, de tantas ansiedades como le atormentaban, y en su exasperación nerviosa, llegaba a parecerle que la pobre Gabriela tenía la culpa de cuanto le pasaba. Los «Almacenes del Nuevo París» le habían ejecutado por una cuenta de trajes y sombreros de su mujer. ¿Cómo era posible que hubiese gastado esa enormidad en lujo, en un solo año? Dábanle ganas de patear de cólera, dentro del coche que le conducía a las casas del fundo, a la vuelta, y la misma placidez tranquila del rostro de su mujer se le hacía insoportable.

Apenas llegado a las casas, la mandó llamar con una sirvienta. Los niños, Irene y Pepito, salieron a recibirle con cariños, los pobrecitos.

—Papá, ¿qué nos trae de Santiago? ¿Compró caramelos? ¿Se acordó de mi tambor?...

El joven los hizo a un lado desabridamente y los chicos, extrañados y heridos con semejante brusquedad, se echaron a llorar. En ese instante entraba Gabriela, que se puso pálida:

—¿Qué les has hecho? ¿por qué lloran los lindos?

Ángel dijo a los niños secamente, sin contestar a su mujer:

—Váyanse, que tengo que hablar con la mamá...
Ella se sentó en una silla, lentamente, con el rostro contraído y los labios apretados. No se miraron, pero ya sentían, el uno en presencia del otro, indecible malestar que crecía por momentos, como dos enemigos que tienen que hablarse. Gabriela miraba, a través de los vidrios de la ventana, el campo yerto y Ángel se paseaba, a grandes trancos, por el vasto salón, con la mirada clavada en el suelo: pero ambos se veían y se sentían en una atmósfera hostil. Junto a esa ventana, años atrás, habían cambiado juramentos de amor con la mirada; Ángel lo recordó, de súbito, pareciéndole como desesperante ironía.

Y sin poderse contener, entró violentamente en materia, refirió sus padecimientos, la ejecución, las dificultades para encontrar dinero. Era vida insoportable, y ella tenía la culpa de todo, de todo absolutamente, con su lujo insensato, con su afán de rivalizar en trapos y sombreros con amigas millonarias. Gabriela se defendió como pudo. Los dueños de la tienda tenían la culpa, escribiéndole circulares, haciéndole saber que habían llegado nuevos sombreros y géneros de moda; la tentaban y se los metían por las narices y por la cara. En vano se negaba a tomarlos, decíanle que no se preocupara por el pago, que ella lo haría cuando quisiera, sin apuro. La francesa, jefe de la sección de modas, la seducía con sus sonrisas y sus cariños...

—Señora, este sombrero le sienta a usted tanto... Se ve divina... *c'est ravissant...*

—Pero si no puedo comprárselo, trescientos pesos es muy caro..., mi marido no tiene dinero...

—Su marido está millonario... —le contestaba la francesa—; con un traje elegante la querrá mucho más..., se lo dejo en doscientos ochenta... Es de balde..., pero solo por la simpatía que tengo por usted...

Ángel sonreía sarcásticamente. A su turno hablaba con dureza, quejábase de los despilfarros, del hijo, y sin saberlo, iba levantando el diapasón de su voz. Era una vergüenza lo que pasaba. Y contó el caso de cierta señora, conocida de ambos, que se hacía pagar sus cuentas por el amante. A eso se llegaba por la pendiente resbaladiza: a la pérdida de la vergüenza y de todo pudor. Eran intolerables aquel camino y aquella vida que conducían a la ruina y a la infamia. Estaba «hasta aquí», decía señalando la coronilla de su cabeza, con las deudas y los malos ratos.

Ángel se paseaba a grandes trancos por la pieza, gesticulando violentamente, contra su costumbre, poseído de una tendencia incontenible a la acción. Pero, de repente, se detuvo, pues con los movimientos desordenados se le habían salido los puños. Su voz exaltada se calló, escuchándose en el silencio, el rumor acartonado de esos puños que volvían a su sitio. Esto produjo disonancia chocante entre la futileza del gesto y la gravedad de lo que hablaba.

A su turno la mansa y calmosa Gabriela tuvo un movimiento de revuelta. No toleraría ya más ni esas recriminaciones, ni semejante lenguaje... Al fin y al cabo gastaba su propia fortuna, la herencia de su padre...

—Me como *lo mío, ¿entiendes?, lo mío*... y no tengo que *darle cuenta a nadie*!...

Ángel se quedó estupefacto, ante el lenguaje y el tono empleado por su mujer. Era tan grande su sorpresa que no volvía en sí... ¿Era aquélla la Gabriela con quien se había casado? Pues había sufrido transformación inmensa; tenía otra alma, que él no sospechaba, y que le parecía monstruosa.

—¿Qué causa secreta la había mudado a tal extremo? —fue lo primero que se le ocurrió pensar. Ambos callaron un momento.

Y cortando el silencio, la joven, con tono frío, que pareció por eso aún más insultante, le dijo con desdén:

—¿Y por qué no trabajas? ¿Quieres decirme? En algo que nos dé lo necesario.

Entonces, por primera vez, Ángel concibió la duda de que su continuo juego de Bolsa no fuera trabajo, y contestó sonrojándose involuntariamente:

—¿Que no me has visto día y noche ocupado en negocios de Bolsa?

—¡Ah!..., antes me decían que eras millonario... Ahora, acaban de contarle a mi mamá que te encuentras arruinado... ¿Y mi herencia, dónde está?...

Esta vez, el marido no supo qué contestar, tan grande era su sorpresa, y tan de improviso le cogió la pregunta. Sintió, sobre sí, el peso de una gran humillación; había querido confundirla, refrenarla en sus gastos, y, más que todo, descargar sus nervios tan conmovidos por las agitaciones, y se encontraba convertido de acusador en reo, y sin escape, sin respuesta, vencido. Todas las delicadezas y pundonor de hombre y de hidalgo quedaban bajo las patas de los caballos. Sintió que indirectamente se le echaba en cara el vivir a costa de su mujer, el no tener fortuna propia, el haber perdido la de Gabriela... Y la conciencia de que todo aquello era cierto y de que no podía negarlo, le infundió una desesperación creciente. No había en el mundo ser más desgraciado que él... De ahí le mordió un sentimiento de odio en contra de Gabriela, en forma tal que no lo dominaba y se arrojó sobre el sofá con la cabeza entre las manos. Entonces, de nuevo, surgió el pensamiento monstruoso, ya rechazado con horror otras veces: quería ver morir a Gabriela, hacerla desaparecer, por algún medio, sin que ella sufriera, y sin que lo supiera nadie... Matarla... El corazón le latía apresuradamente y sentía la boca llena de saliva...

V

Las últimas hojas amarillentas caían de los árboles al final del otoño, o más bien, ya entrado el invierno. Ángel, arropado en su manta de lana, de vicuña, con el corbatín arrollado al cuello, iba por los caminos centrales de la viña, al paso largo de su caballo que hacía resonar las espuelas. Cuadrillas de podadores cumplían su tarea, cortando cargadores y pitones con chasquido seco de tijeras. Era una hermosa viña de uva carbenet, perfectamente alambrada y tenida toda limpia de maleza. El joven recorría la faena mirando a todas partes, inspeccionando cuidadosamente las labores y de trecho en trecho, bajándose del caballo para ver personalmente el largo que iban dando a los cargadores y a los pitones, con arreglo al sistema Guyot; hacía observaciones, llamaba al viñatero, y luego proseguía. Una sensación de hielo y de tristeza subía del alineamiento regular de los alambres y de las plantas desnudas, cuyos sarmientos negruzcos se retorcían de trecho en trecho como arañas. Los alambrados a pérdida de vista, en líneas paralelas y regulares, le producían impresión de mar y de extensión, aumentando el descorazonamiento que de algunos días a esa parte le roía las entrañas.

—¿Por qué hay tan pocos trabajadores en la viña? —preguntó mal humorado al mayordomo.

Éste se rascó la oreja, enarcó las cejas y contestó con el tono pausado de los «huasos».

—¿Que no ve que es san lunes, patrón, y que los curaos andan arando, no más, por los caminos?

—Ya lo sé; pero debía haber más peones..., de otra manera no acabaremos nunca la poda..., por lo menos unos treinta podadores...

—No es náa lo del ojo... Acabo de echar el quilo[39] pa juntar los que ve su mercé...

—¡Pero esto no se puede tolerar...! ¡Ese hombre no ha podado en su vida!

—Miren cómo corta los cargadores... —gritó el joven señalando una parra.

—Otra te pego —refunfuñó entre dientes el mayordomo—, el patrón está bien de mala... a que no se aguanta a sí mismo...

---

39 Afanarse, trabajar duro. (N. del E.)

Y así era, en efecto. Ángel estaba de humor emperrado, hablaba poco, andaba taciturno y descontento de todo. En cambio, nunca a los ojos de la servidumbre, se había mostrado el matrimonio más unido. El joven prodigaba atenciones a su mujer, le hacía venir dulces, postres y conservas de Santiago. De su último viaje le había traído «Femina», «Le Theatre» y otras revistas ilustradas. La joven se quejaba constantemente de jaquecas, desvanecimientos y vómitos. Cuando se había sentido mal, el marido había partido a los pueblos vecinos en busca de médico.

Gabriela decaía visiblemente, estaba pálida y ojerosa. Había enflaquecido tanto que las chaquetas le quedaban anchas. Los médicos no atinaban con la enfermedad. El doctor Morán había dicho que se trataba de algo interior, pero había dado a entender a su madre, con guiñadas de ojo, que era caso corriente con el matrimonio. El doctor Boildieu, consultado por la familia, creía que era enfermedad nerviosa. Admiraban las preocupaciones de Ángel, cómo cuidaba en lo posible a su mujer. Nunca matrimonio se había presentado mejor a los ojos del mundo. Cuando pasaban juntos en victoria por las calles del centro, ella, un poco pálida pero sonriente, y él inclinado a su oído, murmurándole palabras afectuosas o se bajaba a comprarle dulces y flores escogidas en la tienda de Santa Inés, o recorrían juntos los escaparates de una librería escogiendo libros, la gente les contemplaba con envidia. Para el mundo constituían ya un matrimonio feliz y reposado; eran una pareja de gran tono, cuya amistad se solicitaba por los que deseaban figurar en el grupo de moda, cuyos saludos se cotizaban en los círculos de *snobs* y se buscaban como adquisición que enaltece en la feria de vanidades mundanas. Los sombreros se alzaban, las cabezas se inclinaban respetuosamente cuando ellos pasaban orgullosos, distraídos, henchidos de vanidad inconsciente, sin ver a nadie, otorgando medio saludo, inclinación de cabeza imperceptible, como dos semidioses, mientras una niña decía a su amiga:

«¿Vistes a Gabriela Sandoval? ¡Qué elegante iba! ¡Qué sombrero tan lindo! ¡Qué buen mozo es Ángel Heredia! ¿Te fijaste en la pareja de caballos? Valen, por lo menos, seis mil pesos...»

Y el mundo les admiraba, les envidiaba, les codiciaba, después de haberlos calumniado como es costumbre. Gabriela continuaba, como antes, en el mismo sistema de lujo y derroche. Su marido nada le decía, dejándola obrar como si sus negocios prosperasen en medio del universal decaimiento; hasta parecía fomentar, por el contrario, sus gustos dispendiosos, dándole anillos y prendedores que ella no solicitaba. Y por extraño fenómeno, a medida que aumentaban los extremos del no sospechado y súbito cariño del marido a los ojos del mundo, la mujer experimentaba hacia él pavor desconocido, terror sin causa, el recelo de algo irreparable y tremendo, sin que pudiese explicar a nadie lo que sentía. ¿Y a quién hubiera podido decirlo? ¿A su madre? No era posible aumentar las ansiedades ni los sufrimientos de una mujer clavada en lecho de enferma y acosada por el remordimiento de haber puesto de su parte cuanto era dable para el desgraciadísimo matrimonio de su hija. Ambas se miraban, y se comprendían, pero no podían decírselo todo. ¿Hablarle a Magda? Pero si era la ligereza misma, si la había comprometido de todas maneras, si se había comprometido a sí misma con su lengua desenvuelta y sus caprichos absurdos. Ya se comenzaba a murmurar en sociedad la historia, imaginaria a su entender, de los amores de Magda con Pepe Arcos, el refinado elegante, el Petronio de barba negra. Dado el carácter de su hermana, no ignoraba que largaría a los cuatro vientos cualquiera confidencia, y se trataba de cosas tan delicadas que no eran para repetidas. Pero se había acumulado tal cantidad de pequeños, casi imperceptibles, incidentes, que la joven se sentía ya inquieta, acosada por duda que crecía por momentos y se hacía de todo punto insoportable. El peso de la horrible comedia cala entero sobre sus espaldas: Ángel no solamente no la amaba ya, sino que la odiaba con toda la intensidad de una pasión feroz, tan fuerte como su antiguo cariño. Eso lo reconocía en ciertas vibraciones de su voz; en tales entonaciones que solo ella notaba; en vacilaciones rápidas de su pupila, aun cuando aparentaba mayores atenciones y afecto; en un temblor nervioso que no siempre ocultaba al ponerle su abrigo, al darle la mano a la bajada del coche. Había, sobre todo, un movimiento del párpado, involuntario e inconsciente, y leve contracción de la boca, apenas perceptible, que la llenaban de íntimo espanto. Luego esos decaimientos súbitos de su salud, esas fatigas y vómitos sin causa la llenaban de sobresalto, particularmente después de un hecho inexplicable y sospechoso. Uno de los médicos le había recomendado que tomara ciertas dosis de café, cuando el corazón comenzara a fallarle y disminuyera su pulso, en esos extraños ataques que solían sobrecogerla, enfriándola toda entera. La Tato, su vieja sirvienta, le dejaba preparada una tacita sobre su velador, junto a un anafe. En cierta ocasión le había faltado azúcar, acaso por olvido de la Tato, y su marido, sin que ella lo llamara, se había presentado. Otra noche, se había sentido mal, dándose vueltas en la cama, sumida en la modorra insoportable del insomnio. De repente, había sentido el crujir imperceptible del entablado, luego otro rumor, un silencio, y otro; había cerrado los ojos, presa de súbito miedo, pensando en historias de aparecidos. Pero un malestar indecible la desazonaba; los abrió, hallando a su marido, de pie, junto al velador. ¿Qué podía traerle a esa hora, a las dos de la mañana?

—Creí que te sentías mal... —le dijo, y salió.

Diez días después se había sentido nuevamente presa del mismo indescriptible malestar físico. El Doctor Boildieu le había dado inyecciones de morfina, enseñando las aplicaciones a su marido. Con esto había experimentado un placer indecible, sentíase más ligera, más alegre, borrándose toda preocupación moral, en medio de la alegría física. Ahora crecía en ella un remordimiento sordo. ¿Cómo era posible que hubiera llegado a dudar de su marido, del padre de sus hijos? Ni siquiera se atrevía a pronunciar mentalmente la fórmula del envenenamiento que sin embargo la sobrecogía de un terror loco. Luego las inyecciones se repitieron, produciéndose en ella sentimiento nuevo de gratitud hacia Ángel que calmaba sus dolores y la aplicaba, con mano ligera, inyecciones y remedios. Se notaba, en su marido, esfuerzo visible, por mejorarla, y ella misma sentíase mejor. Hasta el propio Doctor Boildieu le había hablado, con emoción, de los cuidados y atenciones de Ángel.

Una mañana, al despertar, no quiso tomar desayuno, sentía cierta repugnancia en el estómago. La «Tato» se había llevado la taza de café con leche, dándosela en un platillo a «Bijou», la perrita fox-terrier. Dos horas después, el animalillo se retorcía desesperadamente; murió. Y cuando la «Tato» dio la noticia a su ama, se miraron ambas en silencio, sin atreverse a formular sospecha, ni buscar causa atenuante. La vieja sirvienta, que amaba a Gabriela como hija, con ese afecto de esclavas de la antigua servidumbre de grandes

285

familias chilenas, estaba desesperada; la sobrecogía una zozobra invencible. La joven, profundamente conmovida, le pidió por la memoria de su padre, por el nombre de sus hijos, que no dijera nada, sucediese lo que sucediese. Es que el concepto del honor de la familia suele producir, en Santiago, los efectos más extraordinarios; el padre llegaría hasta callar un crimen en que se encontrara comprometido su nombre, sacrificando a ese aun los sentimientos más naturales y más humanos. El padre de sus hijos no podía ser criminal..., ni parecerlo.

Sobrecogida, luego, por terror creciente, y por amor no sospechado a la existencia, que era, sin embargo, infierno; arrastrada por el instinto humano de conservación, Gabriela quiso volver a Santiago. Se sentía protegida en medio de la familia, en el bullicio, en el hormiguero del movimiento mundano. Y paseaba, en sociedad, por salones, carreras, bailes y teatros, la agonía de su drama íntimo, de sus temores ya casi convertidos en certidumbre, pero inconfesables.

VI

Ángel se dirigió al Club, en la tarde, como de costumbre. Halló un grupo de socios, en la puerta, comentando las noticias del día, unos, viendo pasar la gente, otros. El patio, con sus palmeras, sus plantas siempre verdes y sus estatuas de bronce oscuro, le causaba sensación de agrado. Saludó, al pasar, a Bamberg que comentaba las cotizaciones de Bolsa puestas en el tablero, y se detuvo, un momento, junto a un grupo de *sportmen* que discutían las condiciones le la yegua *Flirt*, de fina sangre, nacida en el país, hija de padre y madre importados. De ordinario, el joven hacía unos saludos desganados, a medias, que le suscitaban malas voluntades, pero de algún tiempo a esta parte, desplegaba ostensible amabilidad con la gente, esforzándose en prodigar saludos y sonrisas, que le resultaban un tanto forzadas —obedecía instintivamente al sistema de disimulación que se había impuesto; quería prepararse buena atmósfera.

Con paso largo y desmadejado penetró a la cantina, toda inundada de luz eléctrica que caía a plomo sobre los grupos de bebedores, sentados junto a mesitas barnizadas de claro. Hiciéronle señas, desde una, para que se acercara; acababan de mandar pedir los dados al «Tirano», tipo de *clubman*, bajo de estatura, hundido de hombros, vividor, buen compañero. Era, en la materia, autoridad. Desde que se había desterrado ese juego, por orden del Directorio, andaba con una colección de dados en el bolsillo del chaleco. Le miraban como juez, y sus fallos eran inapelables, ya se tratara de casos difíciles de «Poker», o de «Chicago».

—No vale, señor, es caso de empate... Tampoco vale, porque el que tiene los dados en mano, comienza en el empate...

Sus reglas formaban un código, y se le miraba como inapelable.

Rodaron los dados, pidiéronse copas y Ángel, frente a un *whisky and soda*, metió su cuchara[40] en la conversación. El «Senador» Peñalver atacaba el matrimonio.

—Es una institución absurda y anticuada —decía—, propia de la Edad Media, pero incomprensible en la sociedad contemporánea, y de la cual se reirán vuestros nietos... Hoy día, el hombre que haga semejante disparate,

---

40   Participar. (N. del E.)

solo puede tener disculpa si su mujer le lleva un millón de dote... Como dijo Nuestro Señor Jesucristo: «No solo de pan vive el hombre...».

Celebraron todos esta nueva interpretación de las Sagradas Escrituras.

—Su cálculo significa unos quinientos mil por barba —agregó Javier Aguirre—. Eso es poco... Es casi nada con el cambio a nueve. Yo subo la dote a dos millones...

—¡Otra te pego! —dijo a su turno Leopoldo Ruiz—. No es nada lo del ojo... Dos millones... Con esos quereres cualquiera niña le dirá a uno: «Adiós, que me voy llorando y te dejo...».

—Pues yo solo me casaré cuando se arregle matrimonio por tiempo limitado, como los nuevos medidores de la compañía de gas —observó Polo Sánchez bebiéndose un *cocktail*.

—¡Senador! date a preso... —gritó Leopoldo Ruiz, golpeando el hombro de Peñalver—... Más fácil que casarse es ir a tomar frutillas[41] a Renca...

Aludía Ruiz al cuento, de todos conocido, de cierta joven que se había fugado de la casa paterna en compañía de un dependiente de tienda. Sorprendida en Renca, por la justicia, contestó que se había ido a ese lugar, junto con su raptor, «a comer frutillas» que tanto abundan por esos parajes y son sabrosas.

Julio Menéndez arrojó sapos y culebras en contra del matrimonio. Casi todos los que él conocía estaban mal avenidos; marido y mujer andaban como el perro y el gato. Era todo hipocresía y disimulación; los que se arañan dentro, al lado de afuera de la puerta se besaban casi, para que la gente les viera. Todo era engaño, farsa y mentira... Citó luego casos, sacó nombres a relucir...

Ángel escuchaba en silencio, poniéndose rojo como tomate, la vena de la frente se le hinchaba, mientras Menéndez continuaba su plancha, sin darse cuenta, con gran aplomo. Pero Heredia, que se contenía a duras penas, dio una gran voz, interrumpiéndole groseramente:

—Eso es una estupidez —dijo, y movía los brazos violentamente, metiéndole al otro los dedos por los ojos—. Es una mentira... ¿De dónde saca usted que todos los matrimonios andan tan mal avenidos?... ¿De dónde?... ¿Por qué no han de ser las mujeres virtuosas y los hombres honrados?

---

41 Especie de fresa propia de Chile. (N. del E.)

Estoy hasta aquí... de mentiras y de calumnias; vivimos perpetuamente desacreditándonos y amargándonos la vida, devorándonos unos a otros como los caníbales... Esto ya no se puede tolerar... —y al pronunciar estas últimas palabras dio un gran golpe en la mesa con el puño. Su voz había subido el diapasón, sin que él mismo lo notara, y en las mesas vecinas se había formado gran silencio. Julio Menéndez, pálido como un mantel, se puso de pie, oyéndose con sonido lúgubre el arrastrar de la silla por el piso. Los corazones palpitaban, la escena iba a concluir a botellazos. Los amigos intervinieron, hablando todos a un tiempo. Estaban estupefactos de la salida de Ángel sin venir a cuento y de aquella explosión formidable y súbita. Diéronle explicaciones, si nadie quería ofenderle. Luego todo se tranquilizó, destapándose «un frasco de Champaña»...

En los pasillos se hablaba ya de duelo, contándose historias de desafíos; se recordaba uno que cuatro años antes estuvo a punto de costar la vida a un general. Momentos después comenzaba el gran *match* de billa, en el salón central de billares, y nadie se acordaba ya de lo ocurrido.

Ángel Heredia, con el cuello del gabán alzado se retiraba a su casa cuando vio salir al Doctor Pascual Ortiz, a quien se acercó, saludándole amablemente. Seguían el mismo camino, calle Huérfanos abajo. ¿Por qué no se irían juntos? Era Ortiz joven pobre y bastante inteligente. Su lucha por la vida había sido extremadamente ruda. Amigo, en otro tiempo, de Ito García, de Antonio Fernández, y del grupo de jóvenes elegantes de la generación anterior, aun cuando no había figurado en la misma sociedad, la conocía a fondo, por las facilidades especiales que la profesión procura a ciertos médicos; vislumbraba el mundo de miserias, de rivalidades, de envidias, de odios, de ambiciones, de vanidades, de pobreza dorada, de lujo de oropel. Más de una vez, tomándole por cobrador, le negaban la presencia del enfermo a quien iba a visitar, o bien tenía que dejar dinero para medicinas en casas al parecer acomodadas. Tal conocimiento de la vida lo puso misántropo. No dejó de extrañarle, siendo agudo y observador como era, la amabilidad desusada de Heredia. Aceptó, no obstante, con la debida cortesía, las obsequiosidades y la compañía de Ángel que le alargaba un cigarro puro; prendieron y echaron a andar por la calle de Huérfanos abajo. Ángel hablaba exageradamente de su amor por los animales, en especial por caballos y perros; el doctor, que no entendía gran cosa de *sport*, asentía amablemente con la cabeza, experimentando cierta sensación no razonada de vanidad en tratar de estas materias, de las cuales se había burlado tantas veces y que ahora se le presentaban, por una asociación de ideas, con todo el prestigio del gran tono, de vida ociosa y elegante. Heredia, con el puño de plata de su bastón en alto, el sombrero echado atrás, y el tono convencido, hablaba de su pasión por una perrita fox-terrier que le habían regalado, y era tal su mala estrella que, según le acababan de asegurar, estaba loca. Por eso, con pena profunda, resuelto a matarla, había cogido su revólver, pero no había tenido coraje para ultimarla. «Quisiera hacerla morir de un modo humanitario, sin dolores, ni sufrimientos... ¿No existe algún veneno que destruya en esa forma?...» El doctor reflexionaba. El arsénico era brutal, así como el fósforo... Una inyección de cocaína sería eficaz, en regular dosis. El cianuro de potasa era, también, un veneno extraordinariamente activo, y tenía la peculiaridad de no dejar huellas en las vísceras. Pasados unos pocos días desaparecía enteramente. La atropina y la digitalina eran lo mejor. Y luego se puso a disertar sobre los nuevos y terribles tóxicos descubiertos por los químicos últimamente. Ahora se sabía, de fijo, la composición del célebre veneno de los Borgia, incoloro e insaboro como el agua, que no dejaba rastro ni huellas y que consumía lentamente a una persona, disecándola, momificándola, destruyéndola como una enfermedad desconocida.

    Heredia le escuchaba con vivísima atención, sin perder palabra. Un velo transparente de neblina se arrastraba por las calles envolviendo los focos de luz eléctrica en nimbos pálidos como de luz de Luna. Las aceras se habían humedecido, tomando color negruzco, y en la calle silenciosa resonaban la voz del doctor y el sonido de sus tacos. De repente se detuvo, y en son de broma, dijo, con su voz cavernosa, a Heredia: «Pero hombre, ¿qué piensa usted matar alguna persona?» Éste soltó una carcajada sonora y le estrechó las manos efusivamente. Acababan de llegar a la esquina de San Martín.

VII

La comida anunciada, desde hacía una quincena, en casa de Marta Liniers de García, debía figurar entre los acontecimientos del pequeño gran mundo santiaguino. «Paco», su marido, tenía fama de gastrónomo eminente, de eximio catador de vinos, y de autor sin rival de minutas de banquete. Inútil para las cosas serias de la vida, incapaz de comprender esos problemas ardientes de la sociedad moderna, había gastado su fortuna en comer, en Londres, donde había residido muchos años, en compañía de damas de nombre y de fortuna considerable o de sus hijos, quienes le hacían el alto honor de pedirle prestado un dinero que jamás le devolvían. En cambio, a Paco se le llenaba la boca nombrando con unción casi mística a Lady Avendale o a la Marquesa de Dunmore. Era loco por el *sport*, y había pagado cincuenta libras esterlinas, en remate, por la huasca del famoso jockey Max Oliphant. Así derrochó cerca de un millón de pesos, casándose, enseguida, con Marta, a quien deslumbraban las corbatas, los chalecos, las levitas y hasta el lenguaje de su marido que en cinco minutos metía en la conversación los nombres de un par de lores, de dos millonarios y hasta el de don Mariano y el Presidente, concluyendo la enumeración con los *pedigrees* de los últimos ganadores en las carreras. Pero en materia culinaria, su autoridad era inapelable. Como detalle de importancia capital, decían en el Club, que los mozos servirían la comida de librea violeta y de calzón corto y zapato con hebilla. Se comentaba, con viveza, el nombre y calidad de los invitados, los trajes que llevarían las señoras; extrañábase que se hubiera invitado a fulano y no a mengano. Circulaban cuentecillos, chismes de toda especie; referíase que Paco García andaba preguntando a la gente, en el Club, si había visto a Pepe Belmar, con quien debía tratar un asunto culinario, sin darse cuenta de cómo se murmuraban historias, dándole por amante de su mujer. Pero Paco no podía resolver ningún detalle sin consultarlo. Por su parte, Belmar le había ofrecido regalarle todas las orquídeas de la mesa.

—¡Qué diablos! Con algo había de contribuir... —exclamaba Javier Aguirre.

—El matrimonio, amigo mío —le contestó Peñalver, según ha dicho alguien que no recuerdo—, es una cruz..., y tan pesada, que para llevarla se

necesitan dos..., y a veces tres. Ahí tiene usted la razón de por qué yo no me he casado a la edad de treinta y pico...
—De sesenta...
—No; de dos veces treinta...
El día de la comida fue acontecimiento memorable. Estaba la escalera adornada de plantas, de sicas, bambúes y palmas; el pasamanos cubierto de enredaderas de copihues[42] que destacaban sus delicadas flores encarnadas, de brillo de cera, sobre el fondo verde y reluciente de sus hojas... Paco García andaba en la gloria, ocupado hasta en los más ínfimos detalles de etiqueta, en la cual ponía todo su amor propio. Nadie le igualaba en materia de minutas, como decía Ruiz, o de *menú*, como llamaba Magda. Poseía ciertas recetas especiales, como la de una sopa de ostras y tortuga en leche, un postre de plátanos asados y pasados por miel, y había hecho viaje a Lima para comer, en compañía de su tío José Francisco, la «sopa teológica» cuyo secreto conservan, desde hace un siglo, las descendientes de cocineras de Virreyes. Esto, sobre todo, entusiasmaba a Paco: el comerse lo que había paladeado, un siglo antes, el jefe supremo de las colonias españolas. Y como suspiraba, recordando las marquesas y condesas en cuya compañía había comido en el Carlton y el *Savoy* de Londres y en los grandes *Restaurants* de Picadilly; esos platos inolvidables constituían el orgullo de su vida. Tal emoción, para él, solo era comparable con la que le había producido la entrevista con su Santidad el Papa León XIII, quien le había concedido el honor insigne de audiencia especial, en compañía de la colonia chilena. Paco, por su fortuna y su elevada posición, recibió el encargo de hablar en nombre de todos, pues en Chile, para las representaciones colectivas, se prefiere a los hombres adinerados sobre los inteligentes. Mas en la presencia augusta del Jefe de la Iglesia, delgado, fino, vestido de blanco, imponente, el joven García perdió los estribos, comenzando su *speech* de esta manera... «Santo Padre: Yo viaggio con cuatro domestici e cinque bambini...» Al pronunciar tales palabras se le agotó la inspiración, y el discurso se hizo clásico. Esto no obstante, Paco mantuvo, a la vuelta, su prestigio de hombre de tono. Ahora se encontraba tan ocupado como en días de procesión, cuando estaban a punto de salir las andas de la Iglesia.

---

42   Flor nacional chilena que crece en los bosques del sur. (N. del E.)

Iba y venía, como ardilla; examinaba las libreas de los sirvientes, con todos sus botones y zapatos; el arreglo de flores en la mesa, sobre la fina tela de seda y encajes llamada *chemin de table*; probaba personalmente el «punch a la romaine» y los vinos; levantaba esta flor, enderezaba aquella vela en su candelabro Luis XV, arreglaba tal cuadro. Y por uno de esos detalles cómicos de la vida santiaguina, al cochero francés le había transformado en «maitre d'hotel» echándole al cuello una cadena plateada.

A pesar de eso, el conjunto resultaba verdaderamente elegante y de gusto, el arreglo de flores bien hecho, todo sobrio, el servicio silencioso y preciso, los lacayos en su puesto, el vestuario con sus números y servidores listos, despojaba de sus abrigos a los invitados. A cada instante resonaba el estrépito de tronco súbitamente detenido, de portezuela que se cierra de golpe, acompañado del destello luminoso de los faroles niquelados; y cruzaban rápidamente las señoras envueltas en pieles, mostrando los encajes de las enaguas al recoger la falda para subir la escalera. Marta, elegantísima, vestida de terciopelo violeta bordado de plata, recibía de pie, en el vestíbulo, en compañía de Paco García, con los bigotes cortados a lo Roosevelt, y un cuello tan alto y tan tieso que estaba a punto de estrangularlo, pero, con esto, y gran posesión de sí mismo, él se tenía por un Conde d'Orsay.

En casa de Sandoval se alistaban para la comida. Gabriela recibió los últimos toques. El peluquero compuso pequeños detalles, alzando crespos, desprendiendo ondas, y se colocó a distancia, mientras la modista arreglaba prendidos de lazos en el escote. La joven estaba elegantísima con su traje de seda lila que ceñía, como estuche, sus formas llenas, la morbidez de sus caderas, las turgencias de su seno, la línea esbelta de su talle. Las mangas eran cortas y terminaban en ondas de encajes que caían sobre el larguísimo guante blanco, terso y fresco. Su mano, larga y delgada, recogía la falda del vestido, con lo cual se diseñaba, nítida, su pierna escultural. Era la belleza opulenta y cálida de una flor de conservatorio, de color blanco mate y de tez azulada en su transparencia enfermiza y exangüe.

Pepa Alvareda la contemplaba con admiración:

—Estás adorable, mi linda; pareces una diosa... Todos los hombres deberían adorarte de rodillas...

Manuelita Vásquez se acercó, besándola y abrazándola:
—Eres ideal...
—¡Cuidado con despeinarla! —gritó Magda que esperaba ya lista, contra su costumbre. También asistía a la comida de Marta. Las amigas y primas las ayudaban en los últimos arreglos. Sacaron de su estuche el collar de perlas, de gran valor, colocándolo suavemente sobre la garganta de Gabriela; pusiéronle, prendida en el pelo, a un lado, la pequeña corona Condal, de perlas con brillantes, hereditaria en la familia; cubriéronla con capa de capucha de encajes, y se dio la señal de partida.

Ángel, en compañía de Sanders y de Javier Aguirre, esperaba en el saloncito, fumando cigarrillos Maryland y charlando sobre el asunto del día, la caída del Ministerio. El reloj señalaba las ocho. Al ver a las señoras, todos se pusieron en movimiento. El joven divisó una carta en el piso del vestíbulo, y se agachó para recogerla:

—Espérame en el coche, que te alcanzo —dijo a Gabriela, y se detuvo un segundo.

La carta estaba escrita a máquina y era anónima:
«Abre bien los ojos, Ángel —le decía—, y mira. ¿Que te has puesto demente o ciego? Tu mujer te engaña. Está enamorada de Leopoldo Ruiz. Ayer, a las seis, se vieron en el Cerro Santa Lucía; el lunes, a las cuatro, en la Quinta Normal. En el teatro, se sientan juntos y conversan la noche entera... Solo tú ignoras lo que sabe todo Santiago. Una amiga.»

El primer impulso del joven fue arrugar la infame misiva, arrojarla sobre el piso de mármol, y patearla; pero enseguida la recogió, la desarrugó y la introdujo en el bolsillo del frac. Gabriela esperaba en el cupé. Ángel abrió la portezuela, cerrola violentamente, y el carruaje partió con la suavidad de las ruedas enllantadas y el trote regular de los caballos hackneys.

—¿Qué tienes? —preguntó con timidez Gabriela.

Reinó, entre ambos, silencio pesado. Ella presentía algo ignorado y angustioso; la oprimió la congoja de la terrible situación ya diseñada entre ambos y agravada, pero llegada ya a la crisis. Y esto hacía latir su corazón con el desorden loco de los grandes miedos, y helarse las gotas de sudor en su frente, mientras, por una extraña ley fisiológica, su pulso se debilitaba

—¿Estuviste el lunes en el Santa Lucía? —preguntó secamente Ángel.
—Sí...
—¿Y por qué no me habías dicho nada?»
Gabriela calló.
—¿Estuviste sola?
—No, con Magda».
—¿Y nadie más?
—Allá se juntaron con nosotras... César Elduayen y Leopoldo Ruiz.
Gabriela se había estremecido y su voz se perturbaba visiblemente. Era que desaprobaba aquellas citas dadas por Magda, ignorándolo ella. Ahora sentía la complicidad de tales citas, y la conciencia de su responsabilidad, que en este momento se le aparecía clara, llenábala de inesperada turbación.
—¿Estuviste el lunes en la Quinta Normal?... ¿Con quiénes?... —preguntó Ángel con esa voz *blanca*, incolora, que infunde tanto terror a las mujeres.
—Sí... —contestó Gabriela, sintiendo que la voz se anudaba en su garganta—... Con los mismos.
Perdía la cabeza, estaba confundida, y a pesar de ser inocente, se sentía culpable por la forma y el tono en que se desarrollaba el cruel interrogatorio de su marido. Luego quiso dar explicaciones, mas él se las cortó con gesto autoritario, sin murmurar palabra, de modo brutal. Ángel experimentaba súbito ardor en la cara, pues la sangre se le subía a la cabeza; sentíase dominado por una cólera irreflexiva, con deseos de romper los cristales, de golpearla, de ejecutar actos de irrazonada destrucción. No eran celos; había conservado el fondo de conciencia de sí mismo, y bien veía que ya no la amaba. Pero sentía renacer, dentro de sí, vanidad desmedida; era todo el orgullo de raza de los Heredia, impetuoso y altanero, como en los tiempos en que sus abuelos vistieron coraza para luchar en contra de moros españoles y de los indios araucanos; era el sentimiento de sorpresa indignada al ver su nombre, junto con el de su mujer, puesto en la picota del escándalo, arrojado a los cuatro vientos, en vergonzosa revoltura con otros nombres conocidos de él, y salpicados de lodo y de ridículo. No se paraba a considerar si Gabriela era o no era culpable; bastábale con que la gente lo creyera, y con que ella, por ligerezas de conducta, diera motivo a infames

habladurías. Le había entregado su nombre para que lo mantuviera sin sombra de sospecha, como la mujer de César; no le había dado un nombre cualquiera, sino uno de los más conocidos de Santiago, de pura sangre azul por sus cuatro costados. Y ella lo dejaba caer en el lodazal, exponiéndolo a esos anónimos, a las murmuraciones de vividores y de mujeres que disimulan o creen ocultar sus faltas propalando las ajenas... Y cerrando los ojos parecíale ver a Carmen Velarde o a Pilar García, sonriendo para mostrar los dientes menudos y bajando el tono para contar, con risita melosa y a media voz, la historia de las citas de Gabriela Sandoval, y cómo las virtudes más estiradas tienen fragilidades y caídas...

El carruaje se detuvo un instante, en la calle de San Martín, ante un tranvía eléctrico al cual se le había cortado la corriente. La súbita detención le hizo saltar, de tal manera se habían excitado sus nervios.

¿Y si en realidad Gabriela fuese culpable? ¿Acaso no existía, entre ellos, sentimientos insoportables y latentes de odio, corrientes de hostilidad muda, reveladas, en todo, en tanto que las leyes, la religión y la sociedad les obligaban a mantenerse pública, legal y socialmente unidos en aquel infierno? ¿No era acaso lo humano, lo natural y lógico, lo fatal que ella buscara por instinto el amor en otro? ¿Acaso no estaba mirando en todas partes el funcionamiento seguro y fijo de las leyes de la especie, de afinidades y de repulsiones, de oscuros instintos sexuales que obraban tan seguramente como el imán sobre el hierro? Esas desconocidas atracciones de carne y de sangre y de nervios se ejercían a pesar de tenaces y desesperadas resistencias morales de algunos, de sublevaciones íntimas de ideal, de protestas, de sentimiento arraigado por la adulación, y así venía el naufragio de sólidas virtudes que de repente desfallecían y se entregaban. Al llegar a este punto, Ángel tuvo, en la imaginación, la visión precisa y brutal, la visión física de la traición de Gabriela, y le produjo tal impresión de repugnancia y de protesta indignada que dobló la caña del bastón hasta romperla. El ruido seco de la madera quebrada le hizo volver en sí...

El coche se había detenido cerca de la puerta de Marta y ocupó el puesto que dejaba un americano. La gran mampara de calle se encontraba con ambas hojas abiertas de par en par. Habíase extendido una alfombra, a través de la acera, hasta el pie de los carruajes. La escalera, brillantemente iluminada y el vestíbulo cubierto de plantas junto a las cuales esperaban, rectos e inmóviles, lacayos de calzón corto, ofrecían perspectiva de verdura y de alegría un tanto estrepitosa. Ángel descendió primero del carruaje, extendió su mano sobre la cual se apoyó ligeramente la manecita enguantada de blanco de Gabriela, y le ofreció el brazo con las maneras elegantes y sueltas de marido de buen tono, discretamente cariñoso en público. Subieron lentamente, sin apuro, dando tiempo a que se disipara el ligero castañeteo de los dientes de la joven que reaccionaba poderosamente para dominar sus emociones.

—Así me gusta la gente...: amorosa y tierna como un par de pichones —dijo una voz de barítono gastado, a sus espaldas— y no como esos matrimonios del día que parecen perros y gatos que se arañan...

La joven, al volverse, vio la cabeza blanca de su tío don Pablo Sandoval, muy afeitado, correcto y elegante.

—¿Cómo está, tío?... ¿Tanto bueno por acá?...

Y subieron juntos, charlando animadamente los tres, como si nada hubiera sucedido. Don Pablo Sandoval, como las personas que se sienten felices y rebosan dicha, aun al través de contrariedades y pobrezas, todo lo veía de color de rosa, y se reprochaba interiormente el haber pensado mal de Ángel y de su matrimonio. Le encontraba especialmente simpático ese día; su terquedad era cosa de buen tono. «No me den esos hombres almibarados, decía para su interior, ni esos todo miel por fuera: los prefiero secos y sinceros como Ángel, hombres de veras, capaces de dar de trompones y de balazos, pero también de alargar la mano a los amigos». Y pensó, con este motivo, en que bien podría pedirle su fianza más tarde para un negocio entre manos, con lo cual redobló su amabilidad con la pareja.

Marta, en lo alto de la escalera, recibió a Gabriela con un brazo; la encontraba pálida, pero muy hermosa, era Venus. Sí, estaba un tanto enferma, y hasta se había sentido mal en el camino, pero había venido porque no quería dejar *hueco*[43] en su mesa. Las voces bien timbradas y agradables de las jóvenes se perdieron en el corredor, mientras se dirigían a la pieza de señoras. Ángel entregó su abrigo, en cambio de su número, al sirviente, y penetró al saloncillo en donde fumaban los hombres cigarrillos

---

43 Dejar un espacio. (N. del E.)

egipcios en medio de animada charla. Del fondo de las otras salas llegaban acordes de la Polonesa de Chopin. Una atmósfera tibia, de conservatorio, saturada de ámbar, producía una sensación que dilataba los nervios con algo agradable e indefinido de confianza, de lujo y de refinamiento, de bienestar que provocaba la charla.

Leopoldo se adelantó hacía ella con la faz sonriente; sus dientes albos relucían por el contraste con su barba negra y cuidada, en punta, y sus ojos verdes reflejaban ese contento desbordado del bienestar en la vida, la salud exuberante de existencia campestre. Experimentaba la misma emoción particular cada vez que se encontraba con Gabriela. Ésta le recibió secamente, impresionada y vibrante con la escena del carruaje, y cuando la ofreció el brazo para entrar al salón, se negó con un gesto, sin palabras, ni explicaciones. Leopoldo Ruiz estaba herido; la expresión de su fisonomía cambió al instante, poniéndose intensamente pálida y se inclinó con los ojos bajos y los dientes apretados, golpeándose contra el marco de la puerta para darle paso. Ángel, detrás de ella, observaba todo eso, y cuando Leopoldo se acercó a él, solo recibió dos dedos alargados con indiferencia desdeñosa: era que en todo cuanto ahora observaba creía ver síntomas que confirmaban la verdad del denuncio anónimo. Su alma, atormentada por la vanidad herida, sentía esa forma especial de los celos que consiste en la ira del dueño y señor, en la cólera del propietario que ve sus heredades invadidas por un intruso; los instintos de la especie y del sexo estaban demasiado latentes en su naturaleza poderosa para no dar un sobresalto de animal herido. Y mientras, en lo íntimo, en lo más delicado de su ser, surgía Nelly como en apoteosis —bella, radiante de fascinaciones, enamorada, enloquecida de él, elegantísima, añadiendo las frivolidades y refinamientos del mundo al despertar de ignoradas sensaciones—, experimentaba la fuerza del contraste con esta nueva situación, inesperada del todo, que le llevaba al despeñadero del desprestigio en el lodazal en que se hundía Gabriela. Porque Gabriela, a sus ojos, se comprometía más y más; ya leía en su alma las vacilaciones de amores inconfesables, y tomaba nota de la honda emoción de Leopoldo Ruiz, y esa emoción había sido, en realidad, tan intensa, que el pobre, poco avezado a las artes mundanas del disimulo, revelaba, al desnudo, cuanto se desbordaba de tribulaciones en su ser.

La orquesta tocaba el preludio del vals *Quand l'amour meurt*, de Granger. La dueña de casa se acercó a cada caballero, dándole una tarjeta con el nombre de la señora a quien debía dar el brazo para llevarla al comedor. El «Senador» llegaba el último, pedía disculpas, y para excusarse refería que se había atrasado con motivo de un duelo concertado entre dos Congresales, e interrumpido por la policía en el momento en que los adversarios llegaban al terreno.

Peñalver, apoyado en la chimenea de mármol rosa, refería los detalles del escándalo parlamentario, insinuaba delante de las señoras, en términos de salón, unos insultos muy soeces que se habían cruzado. Su fisonomía expresiva de fauno, de larga barba nazarena, blanqueada a patacones, y su gran nariz, emergían al lado de un florerito de plata cincelada en el cual se alzaban los tallos elegantes y las hojas de cera violeta pálida de unas orquídeas. El «Senador» embellecía el incidente, poniendo en boca de los personajes insultos feroces que él expresaba por medio de perífrasis cultas que hicieron reír a los asistentes. Un círculo de señoras le había rodeado, pero él continuaba refiriéndolo todo, sin omitir detalle ni concepto, en forma irreprochable de corrección mundana. Una viuda, vestida de terciopelo morado, le ponía los «impertinentes», aplicándose los vidrios de largo mango de carey a sus ojos ligeramente fruncidos:

—Picaronazo..., y qué bien cuenta sus barbaridades...

—Señora, no hay más que taparse los oídos cuando yo hablo...

—Y la cara cuando usted mira... —añadió ella.

Un sirviente, abriendo ambas hojas de la puerta, pronunciaba, en francés, las palabras sacramentales: «*Madame, le diner est servi...*» Los caballeros buscaban a las señoras a quienes debían acompañar. Leopoldo Ruiz leía en la suya, que acababan de darle, el nombre de Gabriela Sandoval de Heredia, escrito con hermosa letra inglesa. Y se pusieron en movimiento al través de la ancha galería vidriada, entre plantas de helechos de Juan Fernández, cuyas grandes hojas parecían encajes iluminados con luz eléctrica. Era un rumor de finas pisadas de mujer rozando con sus tacones el parquet, de sedas que crujían, de voces cristalinas, de leves risas contenidas detrás del abanico, de voces graves de hombre y los ladridos del perrillo japonés de Marta que llevaba un sirviente al interior.

Después del rumor de sillas arrastradas por el parquet, y de buscar sus asientos, sentáronse todos. Comían las ostras, mientras los mozos servían el Jerez, en medio del silencio general de los invitados. La cosa comenzaba un tanto fría, pues los fraques violetas y el calzón corto de la servidumbre, desusados en las costumbres santiaguinas, causaban, en algunos, cierta sensación molesta de estiramiento. Javier Aguirre encontraba aquello como de comedia, pero no lo decía. La orquesta comenzaba un pizzicato: Emilio Sanders se inclinó al oído de su compañera. Había oído, esa misma música, en matrimonio, hacía quince días, y en misa de entierro hacía ocho: lo que va de ayer a hoy... Junto con los compases cadenciosos de la orquesta, oíase rumor de ostras que caían en los platos, sobre los cuales brillaban los tenedorcillos de tres dientes, y el «*maitre d'hotel*» servía personalmente un «Chateau Iquem de 1874». Abel Rosales, sentado a la derecha de Olga Sánchez, lucía su calva aristocrática, su fino perfil un tanto enjuto, y entornando los ojos se inclinaba al oído de Marta Liniers, sonriente y amable, como quien se prepara a decir una galantería: «Exquisito el Iquem, exquisito..., capaz de resucitar un muerto... —le dijo entornando los ojos. «Este Paco García, su marido, es mucho "peine"... Ahora nadie sabe preparar un "menú", solo él se las vale...» Y agregó Rosales, con gesto de displicencia aristocrática: «Es que todo anda tan perdido, hijita...»

En toda otra circunstancia, Gabriela se hubiera sonreído al escuchar la fraseología tan personal de Rosales, mas no se encontraba para bromas. Sentía sobre sí los ojos de su marido, quemantes y escrutadores, clavados en ella. Era una especie de magnetismo el que se desprendía de su mirada perturbadora, produciéndole indecible malestar íntimo y hasta una especie de mareo físico próximo al vértigo. Y en su extraña turbación, sin darse cuenta de lo que hacía, se volvió a su compañero de mesa, a Leopoldo Ruiz, diciéndole con enervamiento, en voz baja: «Hábleme, por Dios, de cualquier cosa, más tarde le diré por qué lo pido...» El joven se sintió sobrecogido de estupor, hasta llegó a creer, en un principio, que Gabriela se hallara enajenada; mas luego, siguiendo la dirección de sus ojos, encontrose con la mirada de Ángel, y adivinó, instintivamente, uno de esos dramas íntimos que pocas veces se dejan ver al descubierto. Al sentarse a la mesa estaba profundamente herido con la actitud que tanto Ángel como Gabriela tomaron para saludarle; su alma había sufrido profunda herida de vanidad y su delicadeza íntima, ajamiento rudo. Ahora comprendía, lo penetraba todo de una ojeada. Esa honda compasión que había removido sus entrañas, en el año último, cuando supo, en sus detalles, el drama íntimo de Gabriela, renacía, y de su corazón iban cayendo las cenizas encubridoras del cariño inconfesado, de la ternura profunda, del amor sin esperanza que tiembla hasta con su propio nombre, que de todo se asusta. Obedeció la orden de Gabriela, sin vacilar, ni discutir, y se puso a decirle, en voz alta, una serie de vulgaridades insustanciales. Habló del tiempo, de las cosechas, del mal que hacían las heladas a las viñas, y de los humazos hasta el día de Todos los Santos; de caballos hackneys e Yorkshire; de pulmonías, de corrientes de aire y de braseros, de una receta infalible para curar dolores de cabeza, del encarecimiento de los artículos de consumo... Y cuando callaba, notaba en la actitud nerviosa de Gabriela y en el aparente interés con que ella la escuchaba, como una orden de seguir, de hablar siempre, y obedecía. ¡Cosa extraña!, para tratar ese cúmulo de asuntos baladíes, vulgares, o ínfimos, tomaba tono cariñoso, palpitante, casi emocionado, humilde, y empleaba notas de barítono que conmovían a Gabriela, en su insignificancia, como si hubieran sido suspiros de amor. En realidad, la mirada perseguidora de Ángel, le hacía perder la cabeza, en un vértigo, la llevaba a lo ilógico, a la contradicción de su actitud moral. La indignación producida en ella, dentro del coche, al oír de boca de su marido la infame calumnia que asociaba su nombre al de Ruiz, había tomado tal forma, que al verle, a la entrada del salón, no pudo contener un movimiento nervioso de repulsión que no era sino forma de la protesta de su alma, y había estado con él extremadamente dura y terca. Mas al ver el efecto producido en aquel infeliz, inocente de toda culpa, irresponsable de la calumnia, había sentido remordimientos. La mano del destino les colocaba nuevamente el uno al lado del otro, y había reaccionado, queriendo, con delicadeza, borrar la impresión de ofensa injusta. Los ojos de su marido la perseguían, la acosaban, se clavaban sobre su alma, se cebaban en su honra, parecían repetirle esa acusación; y para evitar esa obsesión insoportable había pedido a su compañero que le conversara, y precisamente a Leopoldo, al supuesto *amante*. Había, en eso, toda la falta de lógica, la inconsecuencia horrible que suele existir, en ciertos momentos, en la conducta humana, sujeta a perturbaciones y a nerviosidades que mueven a ejecutar cosas enteramente ajenas al carácter y a la situación o al temperamento.

La animación de los convidados era general. La orquesta tocaba la *Geisha*, y el «sommelier» servía el «Mouton-Rotschild» tibio, en su cesta de mimbre, como en los restaurants parisienses. Los rostros de los hombres aparecían congestionados, se hablaba un poco más fuerte y la alegría discreta, de buen tono, sin carcajadas estrepitosas se mantenía al nivel de la casa.

En los extremos de la mesa había dos hermosísimos candelabros antiguos, de plata, que representaban niños desnudos en vendimia; rojas flores de *copihue* colgaban de sus ramas, con entonaciones de carne, de sangre y de cera. Y bastaban esas hermosísimas piezas para dar aire de dignidad antigua, *pedigree*, a esas fisonomías de bellezas jóvenes y frágiles vestidas de seda clara, y a las caras exangües, ligeramente coloreadas por los vinos, de algunos vividores.

Las miradas de Gabriela iban de los candelabros a las flores, se paseaban por los artesonados del techo, por las tapicerías d'Atibisson de las murallas que representaban una escena de caza, en fondo verde, por las pecheras y corbatas blancas de los invitados, por los brillantes y perlas de las señoras —y no veían sino manchas semicoloridas y confusas, desleídas en la angustia de su alma bajo la sugestión perseguidora de las miradas de su marido. Eran ojos negros, de siniestro destello, que le parecía preñado de acusaciones y de cargos que la atormentaban y la acosaban —y en la línea espesa de su bigote negro y de sus labios apretados sentía la decisión de las resoluciones crueles e inapelables.

El mozo, en ese instante, pasaba otro guiso; la joven se sirvió maquinalmente y se puso a comer, sin saber lo que hacía, mientras, a su lado, Leopoldo le hablaba sin cesar, sin que ella le escuchara, a pesar de que le miraba sonriendo. Abel Rosales, frente a ella, con gesto suelto del índice expresaba el refinado sabor del «supréme de volaille» que solo sabía apreciar su amigo don Justo Donoso.

Ángel conversaba con Marta Liniers y tocaban un punto delicado, por casualidad. Tratábase de los amores ocultos de la vida santiaguina; el joven sostenía la tesis de la discreción mundana y Marta, acaso llevada del espíritu de contradicción, o arrastrada por la paradoja, se puso a referirle casos de damas altamente colocadas y modelos de matronas, de seriedad clásica y consagrada, que habían tenido sus aventuras de marca mayor, ignoradas del mundo y sobre todo de sus maridos. Mientras a unas desgraciadas se las aplasta por cualquier cosa, a otras pecadoras, decía ella, se las deja presentarse triunfantes en los salones, respetadas de todos, aplaudidas por su virtud que no es sino un vicio ignorado. Y sobre semejante peligroso tema encajaba multitud de cosas, detalles y anécdotas que Ángel escuchaba con ansiedad malsana, aplicándolas a su propia situación, viendo alusiones clarísimas a su caso, tal como lo señalaba el anónimo, dando por sentado, en su interior, que todo el mundo lo conocía. Y era tal el estado de su alma, que, junto con recibir la sensación aguda de herida en cada palabra de Marta, quería prolongar voluntariamente su propio suplicio, apretar la cadena que le estrangulaba clavándole sus púas, y anhelaba *saber más*, sufrir más con *aquello*. La mirada de sus ojos negros se clavaba en Gabriela, y la perseguía, sintiendo que ella quería escaparse. Luego veía el prolongado diálogo a media voz, el incesante hablar de Leopoldo, y sentía, en él, esa sumisión absoluta del que se ha entregado y deja de ser persona para ser un siervo de amor. Aun la actitud de su mujer, escuchándole con los ojos bajos, le parecía signo evidente de complicidad. ¿Y qué decir de la palpitación del ala de su nariz y del leve, casi imperceptible, temblor de su barba? Para él, que la conocía tanto, eran señales evidentes, innegables, de emoción poderosa, del sentimiento de amor compartido, de pasión vencedora que ya se revela y arroja la máscara en presencia del mundo, en uno de esos movimientos irresistibles. Y mientras escuchaba a Marta, con actitud política, sus nervios, en tensión ya horrible, parecían vibrar todos a un tiempo, y sus ideas tomaban fijeza espantosa, presentándole, en la imaginación, lo que había comenzado de mera sospecha, y sobresalto del anónimo, convertido ahora en hecho consumado. Le parecía evidente que Leopoldo y su mujer se amaban, que eran cómplices en uno de esos dramas ocultos de que hablaba Marta, y lo veía todo con precisión brutal. Hasta sentía y daba como hechos y aplicados a su caso los detalles de otras aventuras galantes y vulgares: el coche de alquiler, la casita de mala muerte y peor catadura... En su excitación nerviosa creía hasta escuchar el rumor de bajos de seda y broches de corsé que crujen. El verla tan soberbiamente hermosa —el sentir, en Gabriela, esa misma expresión de soberana belleza que le había dado Nelly— llegó a producirle sensación intolerable y quemante de angustia, pues las asociaciones involuntarias de ideas despertaban en el fondo oscuro del hombre la sensación exclusivista del dominio, confundiendo, en ese instante, en uno solo, el recuerdo sensual del amor pasado con la tiranía del amor presente.

Ángel comenzaba a sentir el zumbar de los oídos y la mirada turbia. El vino francés, tan delicado que lo bebemos sin sentir, aumentaba su exaltación nerviosa y el doloroso don de visión imaginativa que le dominaba en ciertos instantes. Veía el amor, asociado a la idea de la muerte, como dos ideas que se completaban mutuamente en el curso natural de las cosas y ya el valor de la vida humana —de la suya y de la ajena— iba disminuyendo insensiblemente, a su vista, hasta el punto de borrarse. El instinto de la destrucción, necesario e inevitable como solución impuesta por la vida. Extraordinaria ansiedad se apoderaba de Ángel, pensando en que con eso quedaría libre y en que le amaba Nelly —estaba completamente seguro de tenerla cogida, sugestionada, entera y absolutamente suya.

La orquesta ejecutaba el Cake Walk. Un sirviente le pasó una tarjeta y vio, en el extremo opuesto de la mesa, que Félix Alvareda les invitaba, a él y a Gabriela, a beber champagne; ambos aceptaron y sonrieron, inclinándose, vaciando, a medias, el contenido.

Mientras tomaban el café, en el hall, y fumaban log cigarros puros, Javier Aguirre pronunció unas cuantas palabras al oído de Ángel. Su mujer acababa de sentir fatiga en el salón azul, donde conversaban las señoras. Javier se mostraba muy inquieto, de algún tiempo acá notaba en su prima un mal semblante, de color a veces cetrino, otras de palidez transparente. Y como el joven andaba siempre de broma, esto de oírle en serio y con tal ternura, llamó la atención de Ángel.

Gabriela, cuando él llegó, se encontraba recostada en el sofá, intensamente pálida, con círculos azulados en torno de los ojos, y manchas cárdenas en los pómulos. No había perdido el conocimiento, mas, según dijo a Marta, experimentaba en la cabeza una sensación como si fuese a volar, y no sentía los pies, de tal manera se encontraban helados. Pepita Alvareda se los envolvió con un chal, mientras Olga Sánchez le pasaba un pomo minúsculo, de sales inglesas, lindo frasquito de cristal de roca y tapa de plata —lo que produjo extraña impresión en Ángel, mostrándole como la vanidad mundana encuentra fórmulas hasta para esos instantes críticos. Leopoldo, de pie junto a la puerta, se encontraba desconcertado entre la corriente de las diversas emociones que le agitaban y la actitud que le correspondía. Muy pálido, hacía esfuerzos para ocultar su emoción profunda; había comprendido, en la comida, la actitud de Ángel, atribuyéndola a celos furiosos, y esto le había llenado de goce íntimo de vanidad satisfecha —si Ángel tenía celos de Gabriela y si a él le recibía con tan marcada hostilidad era porque había sentido en ella el amor latente, el amor oculto y no confesado. Y luego, con cuán honda emoción le había dicho la joven: «Por Dios, Leopoldo, hábleme, hábleme, necesito que me hable...» Era, sin duda, porque así ella sentía físicamente su apoyo moral. Y eso de que el débil busque instintivamente el apoyo del fuerte, en la vida sentimental, ¿qué cosa es sino la corriente del amor que pasa? Y al pensar así, un celeste goce le inundaba el alma devorada de amor no satisfecho. Había sufrido tanto con la desesperación de romperse la cabeza contra los muros de piedra de la inalcanzable, unas veces, nadando, otras, por un mar sin orillas... Y ahora que su corazón palpitaba hasta romperse, dando ya no solamente como posibles, sino como realizados, sus más delirantes ensueños, una angustia le sobrecogía —comenzaba a darse cuenta de que en Gabriela existía junto con la perfección opulenta de la belleza física, el ideal moral que no era posible tocar sin destruirlo. Y luego, durante la comida, en las miradas del marido que pisoteaban, ofendían y apuñalaban a la joven, él veía su corazón manando sangre y se sentía unido estrechamente a ella, comulgando en el dolor de ella, haciéndolo común, con el supremo y ardiente goce de los cristianos en el circo, al sentir el diente de las fieras hincado en sus carnes para libertar y unir sus almas.

Ahora miraba mecánicamente, y vio la entrada de Ángel al salón azul, y cómo se inclinaba respetuoso y tierno, con delicadezas inesperadas, ante Gabriela, conservando el gesto altivo y algo seco, habitual en él, pero templado por algo tan hondamente humano y dolorido que a todos impuso respeto. Leopoldo no sabía qué pensar; veía en Ángel *otro* hombre, enteramente distinto del que había contemplado casi dos horas —y todo lo que acaba de pasar desaparecía de su conciencia como la imagen se borraba en el espejo, sustituida por otra. Ángel, personalmente, fue a buscar las sales a que su mujer estaba acostumbrada, y las cápsulas de fenálgina que Gabriela llevaba siempre en el cupé. Preparó el vaso con gotas de agua de «Carmelitas», y lo pasó a su mujer con el gesto comedido y la mirada «buena» que ella tanto le agradecía. A Gabriela, que le observaba sin mirarle, pareciole que se había equivocado al ver en las miradas de su marido, durante la comida, intenciones que no tenían y reaccionó, súbitamente. Luego sentía un homenaje tan delicado en la manera como su marido le ponía la capa, daba la mantilla, le envolvía el cuello en su boa de pieles, le rectificaba un pliegue, le pasaba los guantes; en la actitud, en las líneas, en el silencio, en la mirada, en lo aterciopelado de la voluntad —que la sonrisa mundana acudió súbita y suelta a su boca de mujer: —Me siento mejor, pero me voy, hijita, para no turbar la fiesta —dijo a Marta, dándole un beso en las mejillas. Se despidió, y al llegar a Leopoldo le pasó unos dedos que sintió helados y flojos. Era que en la reacción de su espíritu lo sentía odioso, cargando a su cuenta lo pasado. Él vio que todas sus ilusiones se desplomaban, y experimentó la sensación física de que las luces girasen junto con los muebles.

Luego sintió la voz de Paco García en sus oídos: «Tu café se ha enfriado... ¿Otra taza...? ¿Un «Monterrey»?

Cuando la esbelta y hermosa figura de Ángel Heredia se dibujó en la puerta, envuelto en abrigo de cuello de nutria, puestos los guantes blancos y con la pechera muy alba destacada entre las pieles, ojos intensamente negros, el bigote levantado, la boca fina, la barba imperiosa y varonil, la línea de las cejas casi unida y vigorosamente delineada, experimentaron las mujeres esa especial sensación de la belleza masculina. Y admiraron, luego, la pareja que formaba con Gabriela, de cuerpo mórbido y elevada estatura, de físico tan bien armonizado, al parecer, con el suyo, como si en ambos se completaran las líneas de dos tipos bellos y raros.

VIII

Mientras el cupé rodaba suavemente sobre sus llantas de goma, conduciéndoles a su casa, reinaba entre ambos silencio, pero Gabriela ya no se sentía sola. Había desaparecido de su alma esa horrible sensación del interrogatorio de Ángel, al marchar a la comida, y se había borrado, también, la persecución de su mirada perturbadora, quedando eso en su alma, a manera de bruma flotante. Ahora, con mayor frialdad de análisis, sentía regocijo íntimo, inesperada felicidad en los celos que, a su entender, comenzaban a devorar a su marido. Y era que, con el criterio corriente en el mundo, tenía para sí, como artículo de fe mundana, que los celos eran síntoma de amor, y creía que, con esto, el amor de Ángel hacía ella renacía. Turbación extraña y voluptuosa, ansia de amor y de muerte la sacudió todo el cuerpo en lento escalofrío. Y cuando Ángel, en la sombra del cupé, sin mirarla, cogió su larga y fina mano, Gabriela experimentó el estremecimiento de la sugestión y sintió que sus dientes castañeteaban, uno contra el otro, sin que le fuera dable retirarla, notando ya su voluntad desfallecida: quería resistir, pero inútilmente, la invasión inesperada de otra voluntad.

Ángel quiso combatir en esa ocasión el horrible pensamiento que le había en otras asaltado. Su fisonomía tuvo, en la sombra, la contracción nerviosa de un amargo disgusto. «Vamos, ¿soy capaz *de eso*?», se dijo a sí mismo. Y cayó en abstracción profunda, mientras sentía correr por sus venas como un plomo líquido. En la comida no había probado bocado alguno, bebiendo en cambio de todos los vinos abundantemente. Al principio, había rechazado esa idea con horror, pero poco a poco se había familiarizado con ella, y desde hacía una quincena ya la admitía como posible y hasta se complacía en observarla, sin pensar en que la idea lleva, en sí, el germen de la acción. Era, sin duda, algo espantoso, pero quedaría libre, y este sentimiento de libertad se unía al de otro amor satisfecho en toda su plenitud sensual, y sentía entre sus brazos a Nelly, olía su perfume, enlazaba su cuello nervioso y delgado, besaba sus labios ardientes. La idea era infame y seductora, a la vez, pero la parte de infamia se desvanecía, casi, en el secreto, puesto que nadie lo sabría, tomadas de antemano precauciones. De algún tiempo a esta parte, su agitación nerviosa iba en aumento, y no digería bien. Y en el desvelo del insomnio, su conciencia resistía. En el anónimo, y en su acusación infame, se esforzaba en hallar pruebas, convicciones que le justificara ante sí mismo, desesperándose de sentirlas caer y aplastarse con el desvanecimiento de la voluntad de Gabriela que ahora sentía suya. Luego el carruaje se detuvo en la puerta de Sandoval y Ángel notó que el corazón le desfallecía y que un temblor agitaba sus nervios. El lacayo abrió la portezuela; Ángel dio su mano a Gabriela, y al ofrecerle el brazo sintió en ella presión ligera, casi imperceptible. Al cruzar por el parquet de las galerías vidriadas notó extrañamente la uniformidad rítmica de sus pasos que resonaban, como uno solo, en el silencio de la noche. El corazón le palpitaba tan fuerte que lo sentía latir, como el péndulo de un reloj.

Así penetraron al peinador de Gabriela. Allí, una lámpara, encendida a medias, reflejaba sus luces sobre el gran ropero de tres cuerpos, de lunas biseladas. Los estores, cayendo tras las cortinas de fondo malva, encerraban discretamente la pieza en tono suavemente voluptuoso, acentuado por el perfume de Royal-Begonia. Hasta el riquísimo Cristo de marfil, colgado en la pared tapizada en seda de listas, tenía sabor mundano. La joven se detuvo en el centro de la pieza y se quitó su capa, arrojándola sobre una silla, con lo cual quedó en su traje de comida, de gran escote. Sobre su fino y alto cuello se destacaban dos hileras de perlas con el brillo suave y mate de un oriente purísimo, en competencia con su cutis de palidez nacarada y transparente.

Ángel, al verla en ese instante, a través de un velo de sensualismo, sintió surgir la duda del anónimo, y recordó la actitud que tenía con Leopoldo Ruiz, durante la comida. La encontraba ahora, de repente, como transformada, y tan hermosa, que creyó ver en ella la irradiación de felicidad de los amores culpables. ¿Por qué se había embellecido de improviso? Y era que en su casto hogar, Ángel aplicaba la lógica perversa de sus resabios mundanos. Y de nuevo cruzó por su cerebro el pensamiento criminal, pero esta vez en forma definitiva, irresistible, enteramente resuelta. Sintió el peso de la fatalidad, dominante en la naturaleza entera, como si acabara de concentrarse en él, y le empujara a la acción.

—Ángel, ¿por qué no me haces una inyección de morfina?... Tengo una jaqueca horrible... —le dijo Gabriela.

Ángel se estremeció. Ya en otras ocasiones le había aplicado el calmante. Ahora, sin decir palabra, cogió el estuche:

—La aguja está mala... Espérame.

Y se encaminó rápidamente a su escritorio. Debía atravesar el dormitorio de los niños, y de la vieja «Tato» que los cuidaba. El corazón le latía horriblemente y todos los rumores nocturnos se le presentaban aumentados. Estaba tan nervioso que tuvo gran dificultad en poner la llave en el cajón del escritorio, de donde sacó la jeringa y un frasco pequeño de «digitalina», con el cual la llenó. Acababa de recobrar su sangre fría, por lo cual, efectuada la operación, se trepó sobre una silla y ocultó el veneno en la parte superior del estante. Mas, al volver, sintió nuevamente que crujía el entablado y esto le produjo unas gotas de sudor helado en la frente. Se detuvo, entonces, sintiendo que las piernas le flaqueaban hasta el punto de buscar apoyo en un mueble, a tientas. Vaciló, en su propósito, por un segundo. Acaso sería mejor irse y abandonar *eso* para otra vez. Mas reaccionó luego, notando que su voluntad se cristalizaba. Y era lo más curioso que mientras más pensaba en «eso» lo encontraba más absurdo. Siguió, sin embargo, adelante, en las puntas de los pies, notando cómo eran cada vez más violentas las palpitaciones de su corazón, con lo cual coincidía el vacío quemante en su estómago y aflojamiento de todo su organismo y de sus nervios. Al llegar a la pieza, instintivamente, se agarró de la cortina, que tembló toda entera, de arriba abajo. Allí estaba su mujer, tendida sobre un largo canapé de «moquette» con flocaduras que tocaban al suelo. Tenía la joven las caderas ceñidas por el traje, con las formas llenas y mórbidas de una estatua de Niobe; las líneas de su talle eran esbeltas, el seno turgente se movía en suave palpitación. Ángel se detuvo a contemplarla, bajo la media luz, con la mano izquierda, en la cual ocultaba la jeringa de inyecciones, echada a la espalda. Su cabellera, de un oro rojizo, oscura, redondeada en la frente con el peinado de moda, en una onda, como de ala que cae, parecía de metal bruñido, con suavidades aterciopeladas por las cuales resbalaban los reflejos. Y sus ojos, cerrados a medias, con expresión de insoportable sufrimiento físico, parecían agrandados por unas ojeras cárdenas que le invadían el rostro en forma tan semejante a la que dejan las voluptuosidades infinitas que Ángel contuvo un grito. La veía, en su imaginación, físicamente en brazos de otro; la veía acudir a la cita y desvanecerse en un beso, y el anónimo infame tomaba las evidencias de un proceso juzgado. Ya no vaciló, acercándose a ella con paso lento, al cual se esforzaba en dar su naturalidad ordinaria, sintiendo, sin embargo, que ya era otra cosa.

—Cuánto has tardado, amigo mío... —le dijo ella.

Ángel no contestó, sentándose a los pies del canapé. Estaba acostumbrada Gabriela a que le pusieran sus inyecciones un poco más arriba de la rodilla, en la pierna. Su marido levantó el vestido con delicadeza, sintiendo, con el crujir de las faldas, una sensación desagradable. Las piernas delgadas y fuertes, cubiertas con media de seda, quedaron en descubierto, así como los pies calzados con zapatillas de baile, tan finas que calzaban sus pies como guantes. Ángel se estremeció; eran exactamente del modelo usado por Nelly, y le pareció, por un instante, que la obsesión del recuerdo amoroso iba a perturbarles.

Sentándose en el extremo del canapé, cogió la pierna de Gabriela, colocándola sobre su propia rodilla, y corrió un poco el calzón de batista con vuelos de encajes y cintas, buscando el punto acostumbrado. Allí hundió la aguja suavemente. Gabriela dio un gritito nervioso, y Ángel apretó la jeringa con fuerza, pero no alcanzó a vaciarla por completo, pues la joven dio un grito horrible y estridente, que resonó por toda la casa —una de esas voces inolvidables que se graban en la memoria por toda la vida. Su marido se llenó de terror, cubriendo su rostro mortal palidez; la mandíbula inferior le temblaba. Había creído que la acción de la digitalina con atropina en fuerte dosis, sería instantánea, pasando, sin sentirlo, del sueño a la muerte, y veía la aguja quebrada, la jeringa medio llena y a Gabriela de pie, de un salto. Entonces, violentamente, la cogió del talle. Mas ella, con ver su rostro, comprendió lo que había pasado, arrojando instintivamente otro grito: «¡Miserable!... ¡Dios mío!, me muero...» Sentía por todo su cuerpo un fuego líquido... Eso no era morfina...

En ese instante aparecieron en el marco de la puerta, una en pos de otra, las figuritas de niños, de Irene y de Pepe, con las camisitas largas de dormir y los pies descalzos, los ojos saltados de las órbitas, y en pos de ellos la «Tato», la vieja sirviente, nieta de esclavos servidores de la familia de padres a hijos. Sus ojos chispeaban debajo de su tupida cabellera, negra a pesar de los años. Era muy inteligente y lo había comprendido todo, antes del primer golpe de vista, al escuchar el grito. Pero Gabriela, junto con ver a los niños, se sintió dominada por angustia inmensa —su corazón de madre se desbordó.

—Ha sido un accidente... Tato... —le dijo—... Me equivoqué de frasco en las inyecciones... y me muero...

A la vieja sirvienta se le rodaron las lágrimas por su hosca y fea cara arrugada, de leona. Comprendía que su ama quería salvar el nombre sus hijos a toda costa y mentía. Al mismo tiempo, viéndola en pie, no perdió la sangre fría y se fue al teléfono, a llamar médicos, al Doctor Boildieu, a Pascual Ortiz, a Morán, a cualquiera que estuviese en el Club de la Unión, y a Olga Sánchez o a Marta Liniers, en cuya casa debía encontrarse Magda.

IX

Gabriela Sandoval se moría... Estaba muerta. La noticia comenzó a circular en el gran salón de billares del Club. Julio Menéndez, mientras hacía una billa, dijo a sus amigos que acababa de saberlo de fuente segura. Resonaba el golpe seco de las bolas, cuando alzó el taco y refirió lo que acababan de contarle, junto con el llamado al Doctor Ortiz a casa de las Sandoval.

—¡Pobre Gabriela! —exclamó, buscando salida para su bola que acababa de encerrarse en lo que llaman los jugadores un *pillullo*.

—¿Vamos a la casa?

—Espérate un momento... En cuanto concluyamos la mesa... Ya solo me faltan cuatro.

En ese mismo instante, en los pasillos de la ópera, se daban unos a otros la noticia los muchachos de frac y de corbata blanca. Acababa de caer el telón del tercer acto de *Africana*, cantada por Julian Biel. Javier Aguirre cruzaba por el *foyer*, entonando entre dientes el *¡Oh! Paradiso...* Rafael Oyanguren le detuvo para transmitirle el terrible rumor. Gabriela Sandoval había muerto, de un ataque al corazón, decían unos, envenenada casualmente afirmaban los otros, pues se había bebido un remedio equivocado. Javier, su primo, que la amaba de veras, se demudó, poniéndose tan pálido como el estuco de las columnas, sintiendo que las piernas le flaqueaban. En ese instante bajaban por la grande escala del segundo orden de palcos las hermanas de Ángel Heredia, que acababan de recibir la noticia; en pos de ellas desfilaron todas las familias emparentadas con los Heredia o los Sandoval. Manuelita Vásquez iba llorando a gritos, con el pañuelo en el rostro y la mantilla anudada al cuello. Al principiar el cuarto acto de la ópera, la sala se encontraba semivacía. Todos iban a casa de Sandoval; la sociedad entera se encontraba sobrecogida por el horror de la catástrofe inesperada. Los unos, los íntimos, tenían tal ansiedad, que necesitaban irse en busca de noticias, inmediatamente; los otros, los más, experimentaban un goce de vanidad satisfecha en pisar esos lujosos salones que, por espacio de largos años, habían distribuido las ejecutorias de nobleza y de buen tono en la sociedad de Santiago; a muchos aguijoneaba la curiosidad.

El patio de la familia Sandoval presentaba un aspecto raro, con los corredores llenos de gente: de frac y de corbata blanca los hombres, muchas de las señoras y niñas de traje claro y escotadas, con las capuchas levantadas y las capas blancas orladas en pieles o en encajes, tal como acababan de salir de la ópera. Diríase una noche de baile, a no ser porque había escasa luz y se hablaba a media voz. En el salón rojo, Pepa Alvareda, con su hermoso traje azul bordado de plata y de gran escote, sobre el cual había anudado su mantilla, colgando el abrigo casi desprendido de los hombros, recibía las visitas, como persona de la familia, y daba explicaciones, entrecortadas con sollozos. ¡Quién lo hubiera creído! Acababan de encontrarse juntas en la comida de Marta Liniers. «Gabriela estaba hermosísima... Nunca la había visto tan bien... Parecía diosa, con su elevada estatura y sus cabellos de rubio de Venecia... Su sonrisa era tan atrayente... Se había presentado elegantísima y formaba con Ángel una pareja admirable. Si la hubieran visto con el abrigo de pieles ya puesto y la doble vuelta del collar de perlas: parecía la reina Alejandra en los dibujos de Hellen. Antes de salir de casa de Marta había tenido grave desmayo. Dicen que los ataques al corazón suelen venir así. Y al llegar a casa, equivocó el frasco, envenenándose. Cuando llegó el médico ya era tarde, solo vino a constatar la muerte...»

Las señoras hablaban en voz baja, compadecían a los niños, suspiraban, y muchas de ellas lloraban también. Manuelita andaba con los ojos hinchados y enrojecidos de tanta lágrima. El saloncito estaba lleno de hombres, de maridos que esperaban a sus mujeres y hermanos a sus hermanas. Algún advenedizo, que llegaba a la casa por primera vez, examinaba con curiosidad el célebre retrato pintado por Goya. En el rincón del escritorio, en la pieza vecina, estaba sentado Ángel, de frac todavía, y con el cuello del gabán levantado: sentíase en extremo inquieto. Unas veces se paseaba, otras se sentaba, fumando cigarrillo tras cigarrillo. Emilio Sanders, con su voz de cobre algo ronca, hacía comentarios y hablaba sin cesar. Aguirre lloraba en un rincón. De repente se puso de pie, y pasando por las piezas interiores, se encaminó al dormitorio de Gabriela. El cadáver había sido tendido sobre su catre de pinturas de «Vernis-Martin». La cama se encontraba entreabierta y con la camisa de dormir ya desdoblada, a la cabecera, cuando pusieron el cuerpo encima. Gabriela parecía dormida, con expresión cansada y un leve pliegue amargo en el ángulo del labio. Su rostro tenía la transparencia de la cera y su nariz, algo tosca, se había como afinado con la muerte. El rojo de sus labios, sobre la palidez intensa de su rostro, semejaba una mancha de sangre. Nunca le había parecido su prima tan soberanamente hermosa como en el triunfo de la muerte... Mas, al verla vestida de gran parada, con bordados de plata y con encajes de punto de Alancon, tuvo, sin saber cómo, la impresión de un maniquí... Hasta su calzado le pareció demasiado perfecto y su largo guante blanco demasiado fresco y nuevo...

En el rincón, detrás de un biombo, se había sentado Leopoldo Ruiz en una silla de paja, que desentonaba con el lujo refinado de aquellas habitaciones. ¿Cómo había ido a parar allí aquel humilde mueble de sirvienta? Llevado acaso por la vieja «Tato», para acompañar a su hijita. Ruiz ocultaba su rostro entre las manos, y tenía los ojos cerrados. Javier Aguirre, que con instinto de hombre de mundo le adivinaba, tuvo impulsos de compasión, y se le acercó, mas luego volvió atrás, cerrando la puerta que crujió tras de él. La pieza quedó sola, en gran silencio. Ardían numerosas velas en dos grandes candelabros de plaqué, colocados en mesitas de laca, junto al cadáver. Las flores, en grandes vasos, desprendían fuertes perfumes muy acres.

Leopoldo se acercó al cadáver, puso entre sus manos el crucifijo de marfil colgado a la cabecera, y lo contempló con angustia amorosa. Luego dio un paso y la besó en la frente con reverencia y con temor apasionado – como si su alma se pusiera de rodillas... Era el primer beso. Y le pareció que se esparcía por la pieza el perfume tenue, casi imperceptible, de violetas olvidadas en un vaso...

X

Había pasado Ángel varios días probando uno que otro bocado, sin apetito, y las noches de claro en claro, escuchando el lento rodar de las horas por los relojes de la ciudad. Estaba excesivamente nervioso e inquieto, en continuos paseos por el escritorio, en el cual vivía encerrado el día entero, revolviendo en su imaginación hasta los detalles más triviales de la noche horrible. Aún creía ver, pasadas las diez de la mañana, a través de la gran mampara que dividía los grandes salones, el grupo de mujeres de manto, llorando todas, en medio de Pepita Heredia que soltaba el trapo a cada momento. Estaba vestida de baile, en pleno día, y había echado sobre sus espaldas un chal gris, cogido no se sabía dónde. Manuelita Vásquez conservaba su capa de teatro, pues había pasado también la noche en pie. El Sol, penetrando por las ventanas del jardín, caía violento sobre los trajes de fiesta nocturna de las señoras, el frac y la corbata blanca de Emilio Sanders y de Javier Aguirre, dándoles un aire deshecho y marchito, poniendo en relieve las ojeras y las arrugas de los rostros, como si saliesen de una bacanal. Pepita, que se daba su mano de gato, aparecía con la tez morena y un tanto aceitunada, y Manuela, con ondas caídas del postizo, mostraba al descubierto un manojo de canas. Sus ojos, hinchados y enrojecidos, los ángulos de la boca semicaídos, la sinceridad espontánea de la angustia abrumadora de la tragedia, se revelaba en sus rostros y en sus gestos que ya no obedecían a la comedia mundana.

Ángel recordaba con amargura la necesidad despertada imperiosamente en él de contemplar el cadáver de su víctima y de ver la impresión que esto habría de producir en los que estaban velando el cuerpo. Por eso había estado rondando la pieza en donde había sucedido «eso». Allí, al pie del ropero de tres cuerpos, tendida sobre la alfombra, pasó toda la noche Magda. Había penetrado como un rayo, teatralmente y a grandes zancadas, a la pieza en donde estaba el cadáver de Gabriela, abrazándose de él, alzando el cuerpo inerte y desmadejado entre sus brazos que nadie hubiera creído dotados de tamaña fuerza. Pero entre Sanders y Pepa Alvareda la separaron, arrastrándola a la otra pieza. Allí se había echado al suelo, aullando como bestia herida, derramando torrentes de lágrimas, llamando, sin cesar, a Gabriela, en todos tonos, como si pudiera oírla, sin

315

resignarse a la catástrofe. Allí, también, permanecía tendida, con el peinado deshecho, la cabeza oculta en el brazo. Y como en el desorden de la caída su vestido se había enredado, quedaban al descubierto sus largas y finas piernas, apretadas en medias de seda y sus zapatillas de charol, exhibidas a la vista de todos los pasantes. Pepita, pudorosamente, se las cubrió con su capa de teatro, cogiendo, al pasar, un pañuelo de rebozo que echó sobre sus propios hombros.

A pesar de que se juzgaba seguro y a cubierto de toda sospecha, con las declaraciones de Gabriela, antes de morir, sobre la casualidad del accidente. Ángel no podía apartar de sí el sobresalto que le tenía dominado. El corazón parecía saltársele del pecho cuando se acercaba a «esa» pieza, y no podía dejar de hacerlo, como si una fuerza imantada le arrastrara. Él, que de ordinario miraba a los hombres con desdén, saludándoles apenas, se sorprendía ahora, contemplándoles en las niñas de los ojos, clavando las pupilas como para llegar hasta el fondo de las almas y descubrirse lo que realmente pensaban respecto de él, y hasta mendigando una señal de conmiseración o de simpatía. Y eso lo hacía respecto de seres a quienes siempre había tenido en menos. Dos detalles le habían causado alarma profunda: el «señor Correa», al salir de la pieza de Gabriela, había pasado envolviendo la mano en su manteo, sin duda para no saludarle. El Doctor Pascual Ortiz, en cambio, le había mirado fijamente, pronunciando unas palabras, no recordaba cuáles, tal perturbación le produjeron, pero heladas para esos momentos.

¡Qué par de días tan horribles aquellos que precedieron al entierro! La conducción del cadáver al Sagrario, en la noche; la ceremonia fúnebre del día siguiente, que había presidido en persona por un esfuerzo de voluntad, y para alejar toda sospecha de «la maledicencia»; el templo todo enlutado y cubierto de crisantemos blancos y rodeado de palmeras y de sicas; el par de helechos de Juan Fernández que alargaban sus grandes hojas de filigrana verde, como encajes, sobre la cabeza y los pies del féretro; la luz pajiza, en pleno día, de los cirios, sobre grandes candelabros tapizados de crisantemos; la voz doliente de un tenor que cantaba en el coro con acompañamiento de orquesta y a media luz —todo revivía en su imaginación. El corazón le daba golpes recios, y tuvo impresión fuerte al ver a tres sacerdotes, revestidos de ornamentos fúnebres, bendiciendo el cadáver, entorno del cual dieron vuelta, el uno en pos del otro, arrojando agua bendita, y cantando letanías. Se abrió, de repente, la puerta del templo, y aparecieron, entre jirones de neblina de fría mañana, los árboles de la Plaza de Armas, los mirtos, los talles delgados de palmeras. Ángel sintió, solo entonces, la sensación absoluta del vacío dejado por Gabriela. El calor, la falta de alimentos, el estado nervioso, le causaron fatiga. Y mientras la tierra le faltaba, y se le helaban las extremidades y la cabeza, experimentó cierto sentimiento de alivio, pensando en que su desmayo contribuiría a alejar toda sospecha de «eso». Paco Velarde le llevó a la casa y partió el acompañamiento, presidido por el coche en el cual iban don Pablo Sandoval y Emilio Sanders.

Esos días transcurrieron en medio de excitación nerviosa creciente. Ángel no probaba, casi, bocado, ni acertaba, tampoco, a conciliar el sueño, pues caía continuamente en una especie de sopor en el cual no acertaba a definir si se hallaba dormido o despierto, caracterizado por una sensación desagradable de la boca. Al mismo tiempo le era imposible apartar de sí aquel olor de almendras, propio del cianuro mezclado a la digitalina. Y cómo acudían pavorosas las asociaciones de ideas, con esto, trayéndole visiones de muerte, cuerpos rígidos y fríos, miembros inanimados.

Los amigos íntimos le hicieron compañía durante la primera semana, mas esto aumentaba las angustias y las zozobras de su alma. Le fue preciso repetir, una y otra vez, la historia de la muerte de Gabriela, y cómo ésta le había pedido le hiciera una inyección, para su terrible jaqueca, pasándole un frasco de digitalina. Al repetir la historia, experimentaba cada vez la misma angustia del temor de contradecirse. Por fin, cuando le interrogaban nuevamente, cerraba los ojos y movía la mano, como apartando lejos de sí todo recuerdo. ¡Y cómo evitaba el encontrarse con las demás personas de la familia! Las conocía tanto, que leía, en el fondo de sus almas, la parte de comedia. No podía penetrar al saloncito de Magda, lleno de amigas, sin observar cómo ésta se consolaba de su desgracia con cierto placer que hallaba en aparentarla.

Luego comenzó largas caminatas por los alrededores de Santiago, a la Avenida Pedro Valdivia, a Ñuñoa, al viejo barrio de la Recoleta, en el cual han conservado las casas todo su aspecto del siglo XVIII, con grandes solanas y balcones corridos. Y siempre le perseguía la misma inexplicable inquietud nerviosa, el descontento de la vida, el hastío, el temor a la compañía de los hombres y el horror de sí mismo. ¿Qué les daba a sus amigos por tocarle siempre esos puntos en que él hubiese querido guardar silencio? ¿Por qué Julio Menéndez había cogido un retrato de Nelly, puesto junto a la chimenea, y lo había pasado a los demás, diciéndoles: «¡Vaya con el capricho de Ángel! ¿A quién se le ocurre hacer reproducir, en Estados Unidos, el retrato de Gabriela?...»? Y los demás lo habían examinado atentamente, declarando que ese era, sin cuestión, el mejor retrato de la joven que acababa de morir, solo que la nariz era más fina y el cuerpo más delgado.

Sorprendido por esa uniformidad de pareceres, Ángel se había contentado con mirarles hasta el fondo del alma, y sonreír con su sonrisa enigmática, diciendo, lentamente: «Esa... es otra persona».

Y se echaba a vagar por calles apartadas, notando, con temor, que ya no era dueño de mandar en sus propias ideas, como si hubiera flaqueado el dominio de su voluntad sobre su imaginación. Mientras andaba a pie por la calle de Lillo, en el barrio de Recoleta, se puso a pensar, involuntariamente, en una conversación que acababa de tener con el doctor Ortiz. Parecíale que éste sospechaba el crimen y le hacía preguntas capciosas, procurando envolverle. Grave turbación se adueñaba de su alma, mientras la voluntad le mantenía dueño de su cuerpo. Semejantes esfuerzos no se realizan sin una contracción de todo el ser, manifestada por la tensión de la máscara inmóvil, la veladura de la mirada, la voz incolora. Y ahora, en la angustia de su imaginación desbordada, andando solo por una callejuela, había sentido reproducirse la escena, agravada con tal acuidad en la pregunta y en las actitudes de Ortiz, que Ángel ya no fue dueño de sí mismo y exclamó, en voz alta: «¡Cállese!, ¡cállese!... Esto es horrible... Soy inocente...»

Y solo entonces, sorprendido por sus propios gritos, y por un sentimiento desesperado, se vio solo, en plena calle de Lillo, mientras dos personas, al parecer decentes, se paraban a mirarlo. Esto le produjo gran confusión y volvió a la casa.

Allí, sobre la mesa de su escritorio, encontró un paquete de cartas recién traídas por el correo. Eran, en su mayoría, tarjetas de pésame y dos o tres comunicaciones de negocios. Pero una, entre todas, llamó su atención, reconociendo la letra grande y redonda de Nelly.

Ángel se detuvo, apoyándose en la mesa, tan grande era su agitación y de tal manera el corazón le palpitaba. Luego, sintiendo la necesidad de leer aquella carta a solas, y sin que nadie le turbara, se puso el sombrero y cogió un tranvía eléctrico en la esquina de Compañía y San Martín, en busca de sitio apartado. Cinco minutos después se encontraba en el Parque Forestal, junto al pequeño castillo de finos torreones. De allí pasó a la terraza de estilo italiano, con balaustradas grises, a cuyo pie ondula un estanque. A su espalda se alzaba una palmera de tronco rugoso y ramas que se abrían en forma de abanico. Más allá del río canalizado, los edificios chatos de los galpones de la Vega se dilataban, entre el bullir de carretones y de vendedores que partían, sus negocios ya hechos. De codos en la balaustrada, el joven veía destacarse, a lo lejos, la masa del Santa Lucía, cubierta de árboles, de tono verde oscuro, que envolvían el cerro dominando la ciudad como una fortaleza fantástica. Su mirada vagaba de unos edificios viejos y carcomidos, restos atrasados de la Colonia, a los chalets agrupados al terminar de la avenida, con sus líneas pintorescas de estilo americano y suizo, hasta sumirse en las hondonadas de árboles del parque. Y lentamente bajó de la colina. Elevada palmera surgía en la ciudad, entre edificios lejanos, sobre cielo anaranjado, y más lejos, las torres de Santo Domingo, grandes y fuertes. Bruscamente dobló por el puente rústico, de madera, que comenzaba a desvencijarse. Ahora marchaba en dirección a la cordillera de los Andes, imponente y cubierta de nieve, muy alba, con ligeros toques de rosa. Los árboles de la gran avenida, a su izquierda, despojados de hojas por el invierno, aparecían esqueletados y de color café, con sus grandes ramas tristes y desnudas, extendidas lamentablemente, enmarañadas como telas de araña. Hacía su poco de frío, en el banco solitario elegido entre bosquetes de pinos y de arbustos de hoja permanente, desde los cuales solo se divisaba una faja de cielo gris perla. El alma de Ángel no era insensible a la naturaleza, comprendiéndola más en el fragor de las tempestades que en el ritmo dulce de su reposo. Ahora, sin embargo, sentía, a su contacto, esa calma relativa, dominadora de las voces interiores, con la cual podía entregarse, todo entero, a su lectura. Allí, sobre un banco rústico, sacó la carta de Nelly, se detuvo a palparla, como si de esa envoltura frágil se desprendiese algo vivo, y rompió el sobre, sintiendo que de los pliegos se desprendía ese mismo perfume de ella, ese mismo que continuaba flotando en la atmósfera cuando ella pasaba, y leyó...

«Se ha demorado mucho en llegarme la última de sus cartas que vienen, casi siempre, puntualmente. Como siempre, a la sola vista de su letra me he sentido feliz, experimentando el mismo sacudimiento nervioso de horas inolvidables, al simple roce de su mano.»

«Ahora me siento desgraciada, profundamente desgraciada, amigo mío, y en mi pena, entra usted por mucho, involuntariamente. Mi pobre madre, que tanto me quería, ha muerto. Usted y yo tenemos la culpa, y esto pesa sobre mi conciencia con peso que me abruma. Es preciso que se lo diga todo, todo, todo. Después de su partida hemos viajado constantemente. Mi madre ha conocido en Roma, en París, en Alemania, caballeros y diplomáticos chilenos a quienes ha interrogado sobre usted. ¿Sabe lo que han dicho? Que usted era casado en Chile y que tenía hijos, mujer y familia. Y tuvimos explicaciones completas, definitivas, con mi madre. Yo le contesté que ya lo calculaba. ¿Cómo explicar sus tristezas, sus desesperaciones súbitas, el alejarse de mí en las horas inolvidables en que sentíamos nuestro amor completo? Yo no podía ignorar, amigo mío, que usted era casado, pero tampoco me era posible apartar de mí el sabor de aquellos besos, cuando me sentí caer, desfallecida, en sus brazos. ¿Será posible que olvide aquellas horas en que me sentí creada para usted como usted lo ha sido para mí? Podrán separarnos el espacio, el tiempo, la vida, pero yo lo llevaré siempre en mi corazón, adherido a mi alma. Será usted casado, acaso un criminal, un indigno, lo más horrible, lo más monstruoso para el mundo, y así, yo lo adoraré y seré suya con todas las fuerzas de mi alma —y suya o de nadie.»

«Así se lo dije a mi madre que me escuchaba espantada, con sus ideas de puritana, y sin comprender los derechos supremos del amor. Se enfermó; estaba desesperada. Entonces comenzó entre ambas una lucha sorda. Quiso llevarme al mundo, para imponerme el olvido y buscarme novio, como se hace de ordinario con todas las muchachas. Acepté. Fui a las fiestas de Niza y de Montecarlo: me presentaron, en la Embajada Americana de Roma, un colección de Príncipes y Condes; asistí a las fiestas de la Duquesa

de Uzés, en París, a las de la Duquesa de Malborougth, en Londres, y a otras, siempre recibida como parienta de los Gould y de los Astor... ¿Y qué sacó mi madre? Que le rechazara todos sus pretendientes, uno por uno, con una sola palabra, siempre repetida... Heredia... Heredia... Heredia...
—¿Pero bien sabes que es imposible?
—Pues... nadie...

«Mi madre ha muerto de un ataque, amigo mío, ¡y yo tengo la culpa!, y también usted... Pero le he dado mi corazón y se lo guardaré hasta la hora de la muerte. Me encuentro profundamente abatida, junto a mi pobre padre que no levanta cabeza y que me adora. Sin eso, quién sabe lo que hiciera».

«Véngase, si es verdad que usted me quiere como lo decía —y yo sentí, con mi instinto femenino, que usted era profundamente sincero. Véngase, abandónelo todo por mí. Aquí, en las tierras de Ohio, nadie le conoce; podrá mudarse de nombre y las leyes dan facilidades para que hagamos un hogar. Los bosques y la naturaleza, los ríos inmensos, la vida sana del campo, el cariño sin límites de una mujer que solo piensa en usted, le darán esa parte de felicidad a la cual todos aspiramos en el mundo y el olvido para el resto. Venga. ¿O será posible que usted se olvide de su Nelly? Eso, no lo creo; usted nunca podrá olvidarse de mí...»

Cuando Ángel leía su carta por décima vez, la tarde caía, dilatándose la sombra por entre los árboles del parque. Los focos eléctricos brillaban, a trechos, con luz pálida de Luna, y las mariposas iban a chocar contra ellos. La faja gris perla del cielo parecía ya mancha de tinta. Una emoción involuntaria pasaba de la naturaleza a su alma, envuelta en ardores de fiebre y sacudida por tantas emociones imprevistas. A todo se hubiera esperado, menos a lo que en esa carta leía, y sin embargo, el fondo de su alma permanecía oscuro. La muerte le protegía decididamente, y sin embargo, su alma continuaba sumida en sombra. La muerte de Gabriela había pasado como un accidente, a pesar de que algunos sabían la verdad; el sobresalto que esto le causaba, y por lo cual andaba con su frasquito de digitalina en el bolsillo, para el caso de una orden de prisión o de una autopsia, ya no tenía razón de ser. Hasta la fatiga de la joven en casa de la señora Liniers de Vidal en la noche de su muerte le había servido. No quedaban huellas, ni datos positivos en su contra. Y junto con esto, venía el ardiente llamado de esa mujer que le enardecía como un tóxico. Todo se inclinaba a su favor; debería sentir esa delicia nueva y perversa de la felicidad en el crimen —y sin embargo, como en la naturaleza, la sombra continuaba flotando en su alma.

Volvió meditabundo y paso a paso a la calle de la Compañía, encerrándose con llave en el escritorio, pues no tenía deseos de comer. La agitación de sus nervios había crecido con la lectura de la carta, sintiéndose dominado por verdadera fiebre. Una vez en su escritorio, encendió un cigarro, y destapó una botella de whisky, sirviéndose vaso tras vaso. La cabeza le ardía; los pies, helados; y su imaginación se había desatado en vuelo poderoso. Sacó la cajita dentro de la cual guardaba sus reliquias: un guante blanco de Nelly, un trozo de encaje arrancado de su vestido, el pañuelito que solo conservaba un dejo vago del perfume primitivo, de ese perfume que se desprendía fresco y palpitante de su carta. ¡Y cómo la evocaba sugestionándose a sí mismo con aquellos recuerdos, resucitándola en la imaginación, desprendiéndola de su retrato con el cuerpo alto y delgado, la cabellera sedosa, los ojos soñadores, la nariz fina de alas palpitantes y sonrosadas, los dientes pequeños y de nácar que blanqueaban entre el rosa descolorido de sus labios, y el andar resuelto y ágil a un mismo tiempo, que daba el carácter a toda su persona! Cerrando los ojos sentía nuevamente la misma impresión de gracia melancólica, de vigor nervioso, de ternura y decisión a un mismo tiempo, y recordaba cómo, junto con verla, antes de cruzar con ella la primera palabra, ya se había sentido ligado a ella por unos lazos instintivos y secretos. Ahora sentía el revivir de todos sus sentimientos pasionales, del deseo de hacerla suya, de besarla, de confundir sus almas en una ebriedad amorosa en que perdiera la conciencia de su ser. A medida que la noche transcurría, en la fiebre de ensueños, sintió Ángel ese terrible malestar de insomnio: su cabeza había trabajado en exceso. Ahora contaba las horas, dadas por todos los relojes de la ciudad. Y deseaba, con impaciencia irritada, que transcurriese el tiempo, casi eterno, en que había de llegar el nuevo día. Ya tenía formada su resolución de partir a la América del Norte; ya sentía, en lo íntimo, la impaciencia de sus caricias y el ansia de un amor insaciable, ardiente, sin fondo visible, como los mares, como los cielos.

El desvelo irritante le incitó a beber un poco de alcohol, pasando así, entre desvaríos amorosos y modorra pesada, el resto de la noche. Por fin sintió, en el patio, unos cantos de pájaros, y vio filtrarse por las junturas del postigo entreabierto unos rayos de luz del alba, pálidos y entumecidos, que fueron a reflejarse en la Luna del espejo. Entonces, sin darse cuenta de la causa, ya sea por el exceso de la tensión nerviosa, ya por la falta de alimentos durante los últimos días, ya por la obra del alcohol sobre un temperamento que padecía de lesión hereditaria, sufrió el fenómeno de alucinación. Veía la luz reflejada en los espejos, los muebles claramente dibujados, y tenía conciencia de hallarse despierto. Mas, al mismo tiempo, notó que la cortina del fondo se movía, dibujándose, en el hueco, los perfiles de una imagen de mujer. Era Nelly. Llevaba puesta su larga capa Trianón, saliéndole guedejas de cabellos rubios de la capucha. Nunca la había sentido más hermosa. Y avanzó hacia él, con paso rígido, algo duro y pesado.

Ángel se sentó en su lecho, hincando las uñas en su propio brazo, hasta rasguñarse haciendo brotar la sangre. Era evidente *que no dormía*. Esa mujer, su Nelly, avanzó lentamente, sentándose a los pies de su propio catre. El joven extendió los brazos, con expresión enloquecida de amor y deseo. Ella, sin contestarle, sin pronunciar palabra, dejó caer su capa. Vio Ángel entonces que el rostro de la niña tenía la transparencia de la cera y que parecía la resurrección de algo muerto, pues sus ojos carecían de expresión. No era Nelly, era Gabriela, de gran escote, como en la noche fatal de la comida.

Y luego vio que la imagen, horriblemente exacta, de su mujer ya muerta, alzaba lentamente su falda, mostrándole su fina pierna cubierta por media de seda negra, recogía el encaje del calzón, y le señalaba, con el dedo, el punto en donde había clavado la aguja. Y la sensación era tan real y precisa, que hasta vio la luz reflejada en la punta de su zapatilla de baile. Ángel dio un grito y perdió el conocimiento. ¿Cuántas horas pasó sin sentido? Jamás lo supo. Caía ya la tarde cuando, arrastrándose, abrió la ventana de par en par. Estaba desesperado. Comprendía que la imagen de la muerta, que esa alucinación maldita de aquel fantasma que no lograba separar de sí, volvería de nuevo a perseguirle cuando tuviera a Nelly en sus brazos. Se creaba en su espíritu la certidumbre de que el parecido, entre ambas, la identidad que había despertado, por dos veces, el amor en su corazón, volvería, de nuevo, a traerle ese horrible recuerdo de la muerta en brazos de la viva. Y sus besos tendrían perpetuamente un sabor a crimen, y sus abrazos frío de muerte, y en sus éxtasis amorosos un súbito hielo de cadáver. Su imaginación tendría que asociar fatalmente a las dos mujeres en todos los trances de la vida. Ese amor, con aspecto de cadáver, le causaba escalofríos, era la existencia imposible, el suicidio a corto plazo...

Un rayo de Sol poniente vino a iluminar el viejo crucifijo de cobre, transmitido de padres a hijos entre los Heredia. Ángel, que se había golpeado la cabeza contra la muralla, mesándose los cabellos y arañándose tiras de los brazos, clavó su vista en el Cristo y sintió, en su angustia, la necesidad de apoyo moral que le salvara en el completo naufragio de su vida. Fue, como si se produjera, de súbito, en su interior, un desgarramiento inesperado.

Comprendía, en ese instante, por primera vez, y con claridad que le deslumbraba hasta cegarle, toda la honda verdad del símbolo cristiano — vio en el Cristo la redención por el dolor, y en el dolor la fuente necesaria, inevitable de la vida, su base amplia y fuerte de eternidad y de paz. Y este símbolo llegó aparecerle tan grande, que no cabía en lo humano, y era necesario ascender hasta él, por escala de tribulaciones y amarguras, de padecimientos infinitos, macerándose a golpes, chorreando la sangre de las carnes entreabiertas, acongojada el alma en las traiciones, en los desengaños, en humillaciones de vanidad, en decepciones de amor, inclinándose hasta besar el polvo pisoteado de las multitudes.

Sintió el ansia de vivir en la verdad junto con el horror y el vacío de las fofas vanidades de este mundo. Y la verdad debía comenzar con decir muy alto: «Yo soy criminal». Primero debía proclamarla ante la justicia humana, y después ante el tribunal de Dios. Mas sentía, junto con el ansia de la verdad, que las fuerzas de su naturaleza flaca no alcanzaban hasta ella. Se puso de rodillas delante del viejo crucifijo, buscando amparo en su corona de espinas y en la madera carcomida de su cruz, y sintió en su alma el eco de las primeras enseñadas en la infancia por su santa madre, en la *Imitación*: «Vanidad es buscar riquezas perecederas y esperar en ellas. También es vanidad desear honras y ensalzarse vanamente. Vanidad es seguir el apetito de la carne y desear cosa por donde te sea necesario ser gravemente punido. Vanidad es desear larga vida... Vanidad es amar lo que tan presto pasa...»

«El mundo pasa y sus deleites. Los deseos sensuales nos llevan a pasatiempos: mas pasada aquella hora, ¿qué nos queda sino derramamiento del corazón y pesadumbre de conciencia? La salida alegre muchas veces causa triste y desconsolada vuelta y la alegre tarde hace triste mañana...»

«El que me sigue no anda en tinieblas, más tendrá lumbre de vida».

....

¿La encontraría esa alma culpable y noble, débil y criminal? Cerrada ya la noche, los suspiros de agonía, ¿lograrían sacarla de la sombra?

FIN

Libros a la carta

A la carta es un servicio especializado para
empresas,
librerías,
bibliotecas,
editoriales
y centros de enseñanza;
y permite confeccionar libros que, por su formato y concepción, sirven a los propósitos más específicos de estas instituciones.

Las empresas nos encargan ediciones personalizadas para marketing editorial o para regalos institucionales. Y los interesados solicitan, a título personal, ediciones antiguas, o no disponibles en el mercado; y las acompañan con notas y comentarios críticos.

Las ediciones tienen como apoyo un libro de estilo con todo tipo de referencias sobre los criterios de tratamiento tipográfico aplicados a nuestros libros que puede ser consultado en Linkgua-ediciones.com.

Linkgua edita por encargo diferentes versiones de una misma obra con distintos tratamientos ortotipográficos (actualizaciones de carácter divulgativo de un clásico, o versiones estrictamente fieles a la edición original de referencia).

Este servicio de ediciones a la carta le permitirá, si usted se dedica a la enseñanza, tener una forma de hacer pública su interpretación de un texto y, sobre una versión digitalizada «base», usted podrá introducir interpretaciones del texto fuente. Es un tópico que los profesores denuncien en clase los desmanes de una edición, o vayan comentando errores de interpretación de un texto y esta es una solución útil a esa necesidad del mundo académico.

Asimismo publicamos de manera sistemática, en un mismo catálogo, tesis doctorales y actas de congresos académicos, que son distribuidas a través de nuestra Web.

El servicio de «libros a la carta» funciona de dos formas.

1. Tenemos un fondo de libros digitalizados que usted puede personalizar en tiradas de al menos cinco ejemplares. Estas personalizaciones pueden ser de todo tipo: añadir notas de clase para uso de un grupo de estudiantes,

introducir logos corporativos para uso con fines de marketing empresarial, etc. etc.

2. Buscamos libros descatalogados de otras editoriales y los reeditamos en tiradas cortas a petición de un cliente.

www.ingramcontent.com/pod-product-compliance
Lightning Source LLC
Chambersburg PA
CBHW031420150426
43191CB00006B/341